グローバル幕末史

幕末日本人は世界をどう見ていたか

町田明広

草思社

はじめに

幕末維新期は、戦国時代とともに人気が高い時代である。しかし、そこに注がれる視線は、相変わらず特定の団体や人物ばかりに向いている嫌いがあるのではないか。例えば、その対象として、新選組や海援隊、坂本龍馬や土方歳三、そして吉田松陰などが挙げられる。特定の対象にはめっぽう強いが、その他のことには関心が低く、また、時代背景そのものの理解についても、昔のままである。しかも、そのような姿勢が意に介されていないことが見受けられる。

筆者は二〇一〇年に、『攘夷の幕末史』（講談社）を上梓した。その中で、「公武合体」vs「尊王攘夷」の図式はあり得ないと指摘した。ちなみに、公武合体とは、朝廷と幕府を融和させて、国内を安定させようという政策である。尊王とは、天皇を尊ぶ思想のことであり、攘夷とは、外国を追い払う対外方針である。つまりこれらは、対立概念ではない。

また、攘夷については、当時の日本人は多かれ少なかれ、誰でも攘夷家であったが、攘夷の実行時期や方式に違いがあったと説明した。しかし、いつまでたっても、こうした一見新しい解釈はなかなか浸透せず、攘夷を唱えたのは一部の過激な尊王志士であるといった、今までの枠組みは堅持されたままである。

ところで、これまでの幕末史の描かれ方は、何かにつけ国内での対立構造を際立たせた叙述が大半を占めている。例えば、薩摩藩vs長州藩、幕府vs薩長、官軍vs会津藩といった具合である。こうした傾向こそ、特定の団体や人物ばかりが取り上げられ、また、「公武合体」vs「尊王攘夷」といった枠組みが堅持される一因ではないか。

筆者は、こうした我が国の内部の対立・抗争史に偏重した幕末史の捉え方に不満を持っていた。そこには、明らかにグローバルな視点が欠落している。確かに、どの幕末書においても、ペリー来航を幕末の画期として大きく取り上げ、通商条約が不平等であったことを強調する。また、その後の我が国が、植民地化の危険性をはらんでいたことを繰り返し述べているが、いずれも画一的で上辺だけの言及である。

さらに、幕末日本に大きな影響を与えた、イギリスやフランスといった外国の動向は、薩長両藩との武力衝突である薩英戦争や下関戦争といった、わずかなレベルの記述に止まっている。つまり、グローバルな視点は、国内の対立・抗争史を描く際の枝葉末節なレベルに過ぎないのだ。

こうした国内での対立構造史の枠を打ち破り、幕末史を世界史の中に位置付け、そして外国との対立・交渉史をメインに据えながら、従来の国際関係を軽視した幕末政治史を捉え直したのが本書である。まさに、「グローバル幕末史」と命名したゆえんである。

本書は、これまでの幕末維新史とは一線を画し、当時の日本人の世界観を見ることによってアプローチする。幕府や長州藩・薩摩藩の動向や、対外使節や留学生の実態を明らかにすることによって、それぞれの世界観がどのように形作られ、またどのように変化したのかを順を追って見ていきたい。そして、我が国の近代のスタート地点である幕末とはどういう時代であったのかを、グローバルな視点から、筆者なりに提示することが本書の目的である。

本書はおおむね、「幕府・長州藩・薩摩藩の世界観」「軍需（武器・艦船）貿易の実態」「海外渡航（使節・留学生）の展開」という三部構成となっている。この構成順に沿って、本書の内容を簡単に紹介しよう。

幕府の世界観

これまでの歴史書は、日本に開国をもたらした存在としてペリー来航を高く評価し、そこから幕末史の記述をスタートすることは珍しくない。しかし、日本人のそれまでの対外政策や世界観の理解なくして、ペリー来航から始まるウエスタンインパクトの重要性やその意義は分からない。

本書では、幕府が形成した国際秩序であり、幕府の世界観に相当する「日本型華夷帝国」がどのようなもので、それがどのように形作られたのか、また、対外方針であった鎖国政策が、時代とともにどのように変転してペリー来航に至ったのかを明らかにする。さらに、尊王攘夷を提唱した後期水戸学によって、武士層にナショナリズムの勃興を促し、幕末が思想的に準備された経緯などを詳しく述べたい。

次に、鎖国と開国、大攘夷と小攘夷、会所貿易と自由貿易といった対立概念について、それぞれの定義をもう一度行いながら、相違点について明確にしたい。そして、当時の対外交渉を担った幕府の政策はどのようなものであったのか、具体的には、老中阿部正弘と海防掛岩瀬忠震《ただなり》の動向を通じて明らかにする。

また、和親条約では箱館・下田が開港されたものの、実際には日本は開国しておらず、通商条約の締結によって開国したこと、さらに、通商条約の締結段階では必ずしも不平等ではなく、その後の薩長両藩による対外戦争によって不平等にされたこと、これらの点にも紙幅を割きたい。

同時に、幕府の対外方針が攘夷の枠組みの中で、撫恤《ぶじゅつ》政策（無二念打払ではなく、食料・薪水《しんすい》を外国船に提供）から積極的に開国を目指す開明派路線に転換し、そこからさらに、武備充実後に攘夷を実行する大攘夷を志向するに至る経緯をひも解き、幕府の劇的な世界観の変遷を理解したい。

なお、幕末の攘夷政策は、今まで大攘夷（通商条約を容認し、将来、武備充実後に攘夷を実行）と小攘夷（通商条約を否定し、即時、外国船砲撃などの攘夷を実行）に分類されてきた。この攘夷の方策や実行時期の相違からなる対外概念を、本書では大攘夷を「未来攘夷」、小攘夷を「即時攘夷」として再定義を試みる。

長州・薩摩の世界観

さて、為政者である幕府の対外方針の揺らぎは、当然諸大名にも影響を与えた。本書では、倒幕を成し遂げる長州藩と薩摩藩に焦点をあて、両藩の国政への参画や外国との対決・交渉の経緯を詳解する。そのことによって、両藩の対外政略がどのように形成されていき、どのような変遷をたどったのか、両藩の対外戦争である下関戦争・薩英戦争といった攘夷行動の実相などにも言及しながら、核心にアプローチしたい。

具体的には、吉田松陰の未来攘夷論から出発し、海軍の建設と「夷情《いじょう》探索」を目指した長州藩が、航海遠略策による公武合体を目指した動向をひも解き、そこから即時攘夷へと大転換を図り、結果として即時攘夷の幕引きを図らざるを得なくなった真相に迫りたい。

また、薩摩藩の未来攘夷に基づく世界観の形成過程を、島津斉彬《なりあきら》・久光の動向から明らかにし、一方で、攘夷実行に他ならない生麦事件・薩英戦争がなぜ起こり、それを契機としたイギリスとの友好関係の樹立が、その後の薩摩藩の方針にどう影響を与えたかを示したい。

これにより、過激な攘夷志向の長州藩と穏便な開国志向の薩摩藩という、単純な枠組みでは捉えきれない両藩の実態を浮き彫りにし、その世界観はどこにあったのか、またその世界観がどのように変化したのかを理解したい。その際には、朝廷の世界観にも留意しつつ、幕府の世界観との相違についても、十分に注意を払いたい。

幕府・諸藩の軍需貿易の実態

ところで、通商条約によって貿易が始まると、西国雄藩は幕府の貿易独占を非難し始めた。外国勢力にもその事実を訴え、外圧も利用して幕府の独占体制を打破しようとし、また、幕府と対峙するために富国強兵を図り、軍需品の輸入や貿易の促進を志向するに至る。

しかし、これまでの幕末史を扱う諸書では、幕府や諸藩の力の源泉に直結する軍需貿易の実態がそもそも曖昧である。本書では、最初に通商条約によって何が取り決められ、また幕府の法令によって、諸藩は武器や軍艦の購入をどのように制限されていたのかを、時系列に沿って明らかにしたい。

そして、軍需品（艦船）の輸入実態について、様々な貿易統計データを用いて、その購入額は貿易額全体のどのくらいにあたったのか、どの国からの輸入が多かったか、幕府を含め、どの藩の輸入が多かったか、また、貿易港によってどのような特色が見出せるのかを説明したい。

さらに、文久期の薩摩藩のイギリスとの軍艦購入の交渉経緯などを解明することによって、幕薩関係が次第に悪化し、薩摩藩が抗幕姿勢や割拠体制を志向するに至り、幕府の外交権を奪うことを目指した事実を明らかにする。そこから、幕府と諸藩の対立の構造が通商条約によって派生し、先鋭化していったことを読み解きたい。

幕府の海外使節団や薩長密航留学生の動向

ところで、幕末日本人の世界観の転換は、外圧によるものだけではない。特筆すべきは、日本人が外国に渡航して、実際に欧米列強を目の当たりにすることによって、世界観に劇的な変化が見られたことであり、むしろこちらの方が重要であろう。

また、外国を見聞した日本人が帰国後にもたらした経験や知識によって、その後の日本が形作られたこと、つまり彼らが明治近代国家の礎《いしずえ》になったことは、意外にもあまり知られていない。

その日本人とは、条約内容の変更等を目的に幕府から派遣された、福沢諭吉などの「夷情探索」要員を含む遣欧米使節団や、諸外国の制度調査をする西周《あまね》などの留学生、そして、「生きたる器械」（富国強兵に役立つ有為な人材）となる使命を帯びた長州ファイブや薩摩スチューデントといった、主として西国雄藩からの密航留学生である。

本書では、国禁であった海外渡航が解禁になる経緯を明らかにしながら、幕府の合計七回にも及んだ使節団や、ロンドンを中心に交流を図った幕府や諸藩の留学生の動向を追うことによって、日本人の世界観が大きく開明的に変化したことを詳しく紹介する。

そして、国家間の対等性や秩序を維持する「万国公法」への理解の始まりが見られることを指摘し、そこに幕府や藩といった意識を飛び越えて、日本を一つの国家として認識する近代日本人の誕生があったことを述べたい。

さらに、長州ファイブと薩摩スチューデントについては、派遣実現への経緯や「生きたる器械」となる使命感などを比較検討し、また、ロンドンにおいて両者が急速に接近し、本国に先駆けて「ロンドン薩長同盟」を成し遂げていたことを論じたい。あわせて、彼らがイギリス政府高官に対し、幕府から外交権を奪うといった外交工作を実行していたことを詳細に取り上げたい。

中でも、薩摩スチューデントの寺島宗則《てらじまむねのり》と長州ファイブの山尾庸三《ようぞう》は、幕府に対する自藩の立場をイギリス政府関係者に説明し、外国船の砲撃は本意でなく、幕府を窮地に追い込むためにしたことであり、その要因は幕府の貿易独占にあることを訴え、藩単位での通商条約の締結や貿易の開始を提案する。

また、寺島らは幕府から外交権を奪い、なし崩し的に王政復古（幕府打倒）を実現することに、協力まで要請していた驚くべき事実を明らかにしたい。そして、その工作が一定の成果を収めたこともお示ししよう。

なお、本書では、歴史に埋もれがちな人物が多く登場している。例えば、岩瀬忠震・小松帯刀《たてわき》・池田長発《ながおき》・山尾庸三・五代友厚《ともあつ》といった面々である。また、名前は知っているが、よく知られていない人物、島津久光・井上馨《かおる》・寺島宗則なども登場する。本書を通じて、彼らの業績にも触れて欲しい。

グローバル幕末史

幕末日本人は世界をどう見ていたか

目次

第三章　幕府の積極的「開国」戦略——未来攘夷という思想　77

第六章　幕末「武器・軍艦貿易」——輸入利権をめぐる幕薩対立　185

第七章　日本人、海を渡る——使節団・留学生が見た世界

第八章　幕末「極秘渡航」――長州ファイブと薩摩スチューデント

グローバル幕末史

幕末日本人は世界をどう見ていたか

第一章

幕末以前の日本人の世界観

――小中華帝国「日本」

1　幕府による「日本型華夷帝国」の形成

幕末以前の日本人の世界観——小中華帝国「日本」

幕末は、欧米列強による通商条約の締結要求によって始まった。その幕末、日本人は世界をどのように見ていたのであろうか。その問いに答えるためには、幕末に至るまでの日本人の世界観がどのようなものであったかについても検討しておく必要があるだろう。

つまり、幕末の段階まで、日本人は我が国を世界の中でどのように位置付け、また、世界とどのように付き合ってきたのだろうか。それを解くキーワードとして、華夷思想について、最初に理解を深めておきたい。

我が国は東アジアに位置するため、どうしても中国との関係を意識せざるを得ない。それは、古代から現在まで変わらぬ事実である。中国は二十世紀の初めまで、国土の広さや人口の多さ、あるいは強大な武力で周辺諸国を圧倒していた。

中国を世界の中心に据える考え方が、中国にも周辺諸国にも生まれたのは不思議なことではない。つまり、中国が一番優れているとする考え方であり、これが「華夷思想」である。一方で、中国は周辺諸国を「夷狄《いてき》」と見なした。夷狄とは、中国にとって野蛮な民族を指すが、もちろん、日本も夷狄の一つであり、朝鮮などとともに東夷《とうい》に含まれた。

華夷思想に基づく国際秩序は、「冊封《さくほう》」と呼ばれる。冊封とは、中国皇帝が東アジアの夷狄諸国の君主と君臣関係を結ぶことである。中国は冊封した国々の宗主国として、東アジアに君臨した。また、中国の皇帝に対して、冊封された夷狄の国王らが貢物を捧げ、皇帝側がその何十倍もの恩賜を与える仕組みを朝貢といった。

中国は王朝が興亡を繰り返してきたため、その都度、冊封から離れようとする夷狄諸国が現れた。例えば、朝鮮やベトナム、そして日本である。その際にこれらの国は中国帝国に倣《なら》って擬似的な小中華帝国の形成を目指したが、本書ではその志向を、中国の冊封体制を手本とする「東アジア的華夷思想」と名付けたい。

古代から中国の冊封体制下にあった日本は、少なくとも七世紀後半、天武・持統朝期の後半には、東アジア的華夷思想に基づく小中華帝国に変貌していた。これは天皇自身が政治を司る天皇親政体制の確立と軌を一にする。

とはいえ、国際的には東アジア的華夷思想に基づく、小中華帝国「日本」の成立条件としては、中国帝国による冊封体制からの独立が必要とされた。そして、独自の冊封体制に基づく、「東夷の小帝国」（石母田正『日本古代国家論』）を形成しなければならなかった。つまり、天皇に対する朝貢国を持つことが必須条件となった。その矛先は最も近い隣国である朝鮮に向かった。地理的条件からして当然の帰結であろう。

なお、これまでは歴史学の分野では、日本を「東夷の小帝国」としてきたが、本書では我が国の在り方を「日本型華夷帝国」と名付けよう。なぜならば、中国と比べると国土や人口では圧倒的に劣っていながら、日本は自らを夷狄ではなく中華と見なしており、国家としては対等という意識であった。まさに、日本型華夷帝国と呼ぶにふさわしい。

幕府はいかにして「日本型華夷帝国」を形成したか——天皇や周辺国との関係

幕末に連なる江戸時代前期に、「日本型華夷帝国」はどのように形作られたのか、対外政策である「鎖国」との関係に留意しつつ、詳しく見ていこう。まずは、江戸幕府を開いた徳川家康である。

家康は当初、明（中国）との貿易を期待していたが、日明関係は対等な関係であり、我が国が七世紀後半以降に離脱した中国帝国が形成する伝統的な冊封体制に、今さら復帰するつもりは毛頭なかった。慶長十五年（一六一〇）、家康は明に対して自らを「日本国主」と名乗る書簡を送り、国交回復を求めた。

その中で、日本を統一して九年が経過し、その影響は朝鮮・ベトナム・タイ・フィリピン・カンボジアやヨーロッパ諸国にも及んでいると明言し、しかも、これらの諸国は日本に朝貢しているかのように書かれていた。これは、日本の明に対する対等性や自立を意識した物言いであった。

その明も寛永二十一年（一六四四）に滅亡し、夷狄である女真《じょしん》族によって清が建国された。強国・清の誕生により、東アジアは再編を余儀なくされたが、その中で、徳川将軍家は清に対抗する現実的な新しい「日本型華夷帝国」の創出を迫られた。

将軍家を中心とする華夷国家を形成するにあたって、問題となるのが天皇の存在である。征夷大将軍は天皇から授けられる職位であり、序列的には天皇の下位でしかない。しかし、軍事政権である江戸幕府は、武威を背景にして天皇を抑え、事実上、国家の頂点に君臨した。

一方で、朝廷の存在を否定するわけではなく、権威の象徴として天皇を位置付け、幕府（将軍家・譜代大名）が朝廷（天皇・摂関家）を包み込み、そこに権力を集中させた統治機構を確立していた。つまり、幕府だけに権力が集中したように見えるものの、幕府は朝廷と一体になって日本を支配しており、朝廷も幕府を支持して支配階級を構成していた。

幕府が政事を独占したが、軍事政権である幕府の武威が圧倒的であったため、後に大政委任と称される国政担当の権利を朝廷から委ねられているという暗黙の了解が、諸侯をはじめ庶民に至るまで存在した。さらに、将軍家は対外的には、日本を代表する「大君」という称号を創作して臨んだ。

「大君」の存在によって、天皇は外国からは見えない存在に仕立てられた。そのため、将軍家は内外から事実上の日本の統治者と見なされたのだ。よって、江戸時代の「日本型華夷帝国」には、天皇ではなく、「大君」のための朝貢国が必要とされた。

当時、東アジアの対外政策の主流は海禁であった。これは、私的な海外渡航や海上貿易を禁止したもので、朝貢貿易のみ認める極めて排他的なものであった。日本の場合、明・清という中国帝国が形成する冊封体制外に日本を位置付け、幕府は海禁の一形態とも言える「鎖国」政策を採用した。

ここでいう鎖国とは、日本人の海外渡航・帰国を厳禁し、外国船を追い払うことを骨子としており、キリスト教を徹底的に排除した。しかし、当時の日本人にとって、これらの行為は幕末人が唱えた「攘夷」とは異質なものであった。

つまり、鎖国が完成する十七世紀前半まで我が国は世界と通商していたが、鎖国はこれを廃止した対外方針の変更に過ぎず、日本を神国として捉え、外国人を忌み嫌い排除の対象とする攘夷という考え方には至っていない。攘夷というのは、単なる外国船の打ち払いの行為そのものを指すのではなく、政治的な対外思想を伴うものである。

この鎖国という新しい対外政略は、外国船を追い払うことを肯定しており、次第に外国を夷狄と捉える排外思想を生み出した。この後述べる国学や後期水戸学を経て、鎖国は攘夷へと深化して、幕末日本に大きな影響を与えることになる。

鎖国の完成以降、外国との接触も限られ太平が続いたことから、いつのまにか鎖国をしている実感が多くの日本人には乏しくなっていた。その鎖国概念が呼び戻されたのが、老中松平定信の対外政策であった。これは、北方からロシアの南下政策があり、寛政四年（一七九二）にラクスマンが正式なロシア使節として根室に来航したことを契機とする。

それに続く、文化元年（一八〇四）のレザノフの長崎来航を踏まえ、幕府はあらためて「鎖国」が祖法、つまり先祖代々引き継がれてきた日本古来の国是（国の方針）であることを宣言した。日本独自の海禁政策「鎖国」を外交政略として、国際的にも表明した瞬間であった。

では、江戸時代を通じて、一体どのように冊封と鎖国を両立させていたのだろうか。鎖国していたからといって、日本が完全に世界から孤立できるはずはない。幕府は外に向かって開かれた四つの口、（オランダ・中国は長崎会所、琉球は薩摩藩経由、朝鮮は対馬藩経由、アイヌは松前藩経由）を設けた。

結論から先に言うと、幕府は薩摩藩を介して琉球を事実上、冊封体制下に置き、また、琉球に準ずるものとしてアイヌを位置付け、朝鮮とは国家として対等にもかかわらず、朝貢国として意識的に遇した。こうして、「日本型華夷帝国」としてのメンツを保つことになる。特に重要なのは、琉球と朝鮮である。次項ではこの事実を裏付けたい。

朝貢国・琉球の誕生と、朝鮮通信使問題

琉球は、十五世紀前半に建国された王国であり、当時は中継貿易によって大いに栄えていた。

一方、隣接する薩摩藩は十六世紀後半の朝鮮出兵後の財政難から、琉球の征服を虎視眈々と狙っ

ていた。そして、薩摩藩は徳川家康の許しを得て、慶長十四年（一六〇九）に三千もの大軍によって琉球に侵攻し、支配下に置くことに成功した。

寛永年間（一六二四〜四四）、特に中ごろの一六三〇年代になると、薩摩藩は琉球からの朝貢を藩財政の源泉として位置付け、重臣を琉球に在番奉行として常駐させた。一方で琉球の明への朝貢も継続させ、中国産の高級絹糸を手に入れており、琉球の交易を支配してその利益を吸い上げていた。

寛永十一年（一六三四）、薩摩藩主島津家久は琉球国王の使節を将軍家光のもとに同伴し、その後、将軍代替わりの際には慶賀使《けいがし》、国王の代替わりの際には謝恩使《しゃおんし》を、それぞれ江戸に派遣することが慣例化した。これは「江戸上り」と称され、幕末の嘉永三年（一八五〇）までの間に、計十八回に及んだ。朝貢国・琉球の誕生である。

明の滅亡後、琉球は寛文三年（一六六三）に清朝の冊封を受けた。琉球は大君（将軍家）と冊封関係を結んでおり、日本に対する朝貢国であったが、清とも冊封関係を結んだことにより両属となった。幕府は薩摩藩による琉球の実効支配によって、国内的には琉球を朝貢国として扱い、一方で貿易の利益を享受するために、清による冊封を認めていたのだ。

琉球は日本にとって、「日本型華夷帝国」を形成するための重要な朝貢国との位置付けであったが、清にとっても琉球は朝貢国として認識され続けた。そのことが明治以降、琉球（沖縄）の帰属をめぐる日清間の火種となる。

宝永7年（1710）の琉球王尚益の使節の江戸城登城行列（部分）。この年の江戸上りは同年7月2日に琉球を出発し翌年3月22日に琉球に帰着。使節は総勢168名にのぼり江戸時代で最大のものと言われる。図の左に慶賀使美里王子が見える。
原図サイズ：長さ1240cm×幅30cm（国立公文書館蔵）

続いて、日本と朝鮮との関係についても見ていこう。両国は文禄・慶長の役によって交渉が途絶えていたが、慶長十四年（一六〇九）に至り、対馬藩主宗《そう》義智《よしとし》と李氏朝鮮との間で己酉《きゆう》約条が結ばれた。これは将軍家を飛び越えており、極めて変則的ではあったが、日本と朝鮮が同等と意識された通商条約であり、朝鮮から通信使が派遣されることになった。

通信使は国家間の正式な使節であり、もちろん、朝貢のために来日する「来貢使」ではない。また、幕府においても、通信使を来貢使として遇した記録など残っていない。一方で、通信使の目撃者は朝貢のためと記しており、幕府は視覚的に通信使を来貢使として演出した可能性が高い。

つまり、幕府は朝鮮に対しては対等という立場を示しながら、通信使を来貢使に仕立て上げ、「日本型華夷帝国」の一翼を担わせたのだ。幕府が意図的に仕立てた通信使の解釈は、朝鮮蔑視観につながり、その後の政治思想に影響を与えたことは見逃せない。

幕末に至り、対馬藩士などから征韓論が頭をもたげてくる。次いで、明治新政府は朝鮮に開国を迫り、日本の権益を獲得して、大陸進出の足場にしようとした。当然、朝鮮の宗主国である清と激突することになり、それが日清戦争であった。

さらに、南下してきたロシアとも朝鮮をめぐって覇権を争い、その最終段階が日露戦争であった。朝鮮通信使の問題は、その後の歴史形成の背景ともなり、実は極めて重要な事柄であることを記憶しておこう。

少々話が進み過ぎたが、こうして徳川将軍家は、東アジア的華夷思想に基づく「日本型華夷帝国」を完成させた。しかし、実際には琉球は日本と清の両属であり、朝鮮は朝貢国ではなく、「日本型華夷帝国」の実態ははなはだ怪しいものであった。まさに、砂上の楼閣のようなレベルに止まっていたのだ。

2 幕末を準備した後期水戸学——尊攘ナショナリズムの誕生

ここでは、幕末に生きた武士に最も影響を与えた「後期水戸学」を取り上げ、幕末がどのように思想的に準備されたのかを見ていきたい。その前に、後期水戸学に至る思想（学問）の系譜について少し触れておこう。

江戸時代の二大思想——朱子学と国学

幕府によって受容されたのは、儒学の一派である朱子学であった。その理由は、極めて世俗的な倫理観を持ち、上下の身分秩序を重んじて礼節を尊び、封建制に適した教義を備えていたからである。こうした朱子学の理念によって、幕府は思想的に武士の統制を図り成功を収めた。

また朱子学は、徳川公儀体制（幕府は老中による譜代門閥制、朝廷は関白による摂関制。幕府が朝廷を事実上、包摂する体制）の危機を強く意識し、世を治め人民を救うこと、すなわち経世済民の具体的な政策などを論じて、為政者の覚醒を促す経世論を生み出した。為政者とは、大名である場合ももちろんあるが、実際には将軍以下、幕政を指導する老中をはじめとする幕閣を指していた。幕府に対する警告論と言えよう。

この経世論を唱える在野の知識人を、経世家と呼んだ。経世家が誕生した背景には、支配階級の財政窮乏、富の集中や賄賂《わいろ》の横行、農民の疲弊など、様々な社会矛盾の顕在化があった。政策の対象は政治（思想）・経済（商業・貿易）・農業・国防など、多岐にわたったが、幕府を批判する者と警戒され、政治犯として処罰されたケースも少なくなかった。

その中で、注目したいのが国防、とりわけ海防論である。十八世紀後半、ロシアが蝦夷地《えぞち》など北方に、十九世紀前半にはイギリスが日本各地に接近したため、知識人、特に経世家は国家防衛上の警鐘を鳴らし始めた。例えば、林子平《しへい》や佐藤信淵《のぶひろ》らである。

さて、江戸時代の思想史のもう一つの奔流は国学である。元禄期に始まった和歌や古典を研究する和学から発展し、『古事記』『日本書紀』の研究を通じて十八世紀前半に成立した、精神世界を日本の古典や古代史の中に見出す学問である。

中華思想はもとより、仏教・儒教（朱子学）といった外来の思想・宗教などを排除することが説かれた。万世一系の天皇の存在自体を、日本の優越性の根拠としており、幕府よりは朝廷が重んじられ、尊王論や攘夷論とも共通する立場であり、皇国思潮の促進を後押しした。

国学は、「国学四大人《しうし》」、つまり荷田春満《かだのあずままろ》、賀茂真淵、本居宣長、平田篤胤の系譜を持つ。中でも平田篤胤は、儒教・仏教と習合した神道を批判し、天皇が行う政治の道の発揚を唱えて民衆を導いた。宗教的神秘的色彩が濃厚であり、儒教・仏教に加えて蘭学やキリスト教まで援用して、平田国学を確立した。

その中で、儒教や仏教に影響されない日本古来の純粋な信仰、つまり古道を尊重する復古神道を完成させ、『霊能真柱』『古史徴《こしちょう》』『古史伝』などを著した。その思想は後期水戸学の生成に関与し、さらには尊王攘夷運動の大きな支柱となった。

篤胤によって、国学は復古主義的・国粋主義の立場を強め、民間から生まれた「草莽の国学」として、尊王攘夷運動という政治の変革を求める運動にも結びつき、社会に大きな影響を与えた。

江戸時代の諸思想を統合した「後期水戸学」

ここからは水戸学について述べていこう。水戸学とは、第二代水戸藩主の徳川光圀《みつくに》が始めた『大日本史』の編纂事業が継続される中で、藩内で醸成された学問のことである。その目的は、過去の日本の歴史を朱子学的大義名分から明らかにすることにあった。

水戸学は、前期と後期に区分されている。十八世紀初めまで、『大日本史』の本紀・列伝・論賛の編纂に取り組んだのが前期である。そして、第九代藩主の徳川斉昭《なりあき》の治世である十八世紀末期から幕末にかけて、編纂事業は継続しつつ、政治的課題の解決にも目を向けたのが後期である。その舞台となったのが、斉昭が設置した藩校の弘道館であった。

なお、水戸学が他藩の武士から注目されるようになったのは天保年間（一八三〇～四四）以降であり、当時は「天保学」「水府の学」と呼称された。水戸学と言われるようになったのは、実は明治以後であり、現在では前期・後期を含めて「水戸学」とされる。

徳川斉昭
（松戸市戸定歴史館蔵）

藤田東湖
（茨城県立歴史館蔵）

後期水戸学は、藤田幽谷《ゆうこく》（一七七四〜一八二六）、その門人・会沢正志斎《せいしさい》（一七八二〜一八六三）、幽谷の実子であり門人でもある藤田東湖《とうこ》（一八〇六〜五五）という系譜を持つ。本書では、「水戸学の三傑」としたい。

幽谷の没年は幕末期の直前、ペリー来航までまだ三十年近くある文政九年で、幕末を生きたわけではない。しかし、後期水戸学を思想的に基礎付け、水戸藩内に根付かせた功績は、後期水戸学の祖と呼ぶにふさわしい。

会沢は幽谷の思想を受け継ぎ、その内容を包括的かつ体系的に表現して、藩内だけに止まらず、後期水戸学の存在を広く世に知らしめた。東湖は後期水戸学の思想を、様々な詩や文章にして社会に喧伝し続けた。その著述は極めて情熱的で、日本中の若年武士層に感嘆をもって受け入れられ、深く浸透した。

また、東湖は徳川斉昭の補佐役として政治の世界でも活躍し、後期水戸学の思想を政治の実践の場面で活用した。東湖の活躍によって、水戸は後期水戸学の聖地となり、全国に勃興する尊王志士のコミュニケーションの中枢的役割を果たしたが、その中心にいたのが東湖であった。

後期水戸学は、これまで述べてきた江戸時代の諸思想・学問を整理統合したところに大きな特色があろう。幕府が、封建社会を維持するために重視した朱子学をベースにし、上下の身分秩序を重んじて、礼節を尊ぶ精神を引き継いだ。

また、経世論も取り入れ、政治・経済・農業・国防などを論じた。特に国防論を重視し、鎖国論を堅持して攘夷を声高に主張し始めた。加えて、平田国学を受け入れて、東アジア的華夷思想の中心に天皇を据え、尊王論の勃興を促したのだ。ナショナリズムの全国への浸透は、こうした後期水戸学によってもたらされたと言えよう。

異才、徳川斉昭と「水戸学の三傑」の思想

「水戸学の三傑」を詳しく紹介する前に、本書でも度々登場する、後期水戸学の理解者であり体現者である斉昭について触れておこう。斉昭は、最後の将軍・慶喜の実父として有名であり、烈公と称されるほど劇烈な性格で、ジェットコースターのような浮き沈みの激しい生涯を送った。

会沢正志斎・藤田東湖などをブレーンとして藩政改革にあたり、西洋式軍備を導入し、民政を重視して藩財政基盤の再建に努め、藩校弘道館を興して藩の文武を奨励した。また、ペリー来航後は海防参与として幕政にも関与したが、将軍継嗣《けいし》問題などで大老井伊直弼と対立し、失脚して死ぬまで蟄居《ちっきょ》を強いられた。

斉昭は、有栖川宮織仁《おりひと》親王の娘・登美宮吉子と結婚し、また、姉の鄰姫《りんひめ》が朝廷随一の権力者、

関白鷹司《たかつかさ》政通《まさみち》に嫁いでいたため、朝廷との強いパイプを有していた。とりわけ、政通に対して、幕府の内部事情や対外情勢を詳細に報告しており、これが孝明天皇の判断に多大な影響を与えた。

なお、斉昭は天保十年（一八三九）には幕府に対しても、改革を求めるために『戊戌《ぼじゅつ》封事《ふうじ》』を十二代将軍徳川家慶《いえよし》に建言した。この中で、内外の問題を「内憂外患」（内憂とは国内の憂い、外患とは対外的な危機）という言葉で表現した。

そして、人材登用、言路洞開《げんろどうかい》（政治にかかわれない者にも、意見を述べる機会を与えること）、財政整理（悪貨駆逐、賄賂厳禁）、オランダ貿易廃止、キリスト教厳禁、蘭学禁止、大船建造解禁、攘夷励行、蝦夷地開拓などの実行を幕府に迫った。こうした斉昭の動向は、あらゆる勢力から注目されることになった。

こうした言動は、過激である半面、惰弱な幕府に対していかにも頼もしく、斉昭を当時のスーパースターに祭り上げることになった。武士であれば、誰でも憧れる異質な存在であった。後年、斉昭と対決する井伊大老ですら、斉昭の信奉者の一人であった。

さて、「水戸学の三傑」である。まず幽谷であるが、寛政三年（一七九一）に後期水戸学の草分けとされる『正名論《せいめいろん》』を著した。その中で、「幕府、皇室を尊べば、すなはち諸侯、幕府を崇《たっと》び、諸侯、幕府を崇べば、すなはち卿・大夫、諸侯を敬す」と唱えた。

これによって、幕府の存在を肯定し、大政委任論を補強した。尊王を前面に押し出しながらも、巧みに幕藩体制を擁護しており、封建制の存続を志向したことは間違いない。

時代は下り文政七年（一八二四）、イギリスの捕鯨船員十二人が水戸藩内の大津浜に上陸し、水や食料を求めた大津浜事件が起きた。幕府の対応が薪水給与を命じるものであったため、水戸藩では征夷大将軍の職掌を放棄した弱腰外交と非難し、過度な攘夷論が跋扈《ばっこ》することになった。

しかし、批判を受けた幕府は、後述する宝島事件などの勃発に鑑み、翌年には無二念打払令を発布した。この事実を踏まえ、会沢は尊王攘夷の思想を理論的に体系化した『新論』を著した。この『新論』は幕末最大のベストセラーとなり、尊王志士に重大な影響を与えたが、そのエッセンスは以下の冒頭部分で説明することが可能である。

> 謹《つつし》んで按《あん》ずるに、神州は太陽の出《い》づる所、元気の始まる所にして（略）固《もと》より大地の元首にして、万国の綱紀《こうき》なり。誠によろしく宇大《うだい》に照臨し、皇化の曁《およ》ぶ所、遠邇《えんじ》あることなし。しかるに今、西荒《せいこう》の蛮夷、脛足《けいそく》の賤を以て、四海に奔走し、諸国を蹂躙《じゅうりん》し、眇視《びょうし》跛履《はり》、敢へて上国《じょうこく》を凌駕《りょうが》せんと欲す。何ぞそれ驕《おご》れるや。

これによると、日本は神の国であり、太陽が昇る国で元気が生じる国である。天皇は、日本はもとより世界の元首であり、天皇政治は万国が規範とする政体である。天皇の威光は世界に輝きわたり、皇化が及ばないところはないと、会沢は説く。

しかし、今や欧米蛮夷は卑賤でありながら、世界に威を張ろうとして世界中を奔走し、諸国を蹂躙して大過を招くとも知らずに、我が日本を凌駕しようとしていると警鐘を鳴らす。ここには、より激しさを増す尊王論と攘夷論を見て取ることができ、武士層にナショナリズムの勃興を促した。

また、会沢は、どのような強敵大敵であっても、我が国を侵略できないように、万事手落ちなく準備しておかなければならない。しかし、いまだに何も策を立てることなしに、西洋蛮夷に対して、ただ周章狼狽して機を逸していると、幕府を痛烈に批判する。

幕政批判は、『新論』のそこかしこに見られ、大きな特色をなしている。会沢はいたずらに幕府を批判したのではなく、むしろ幕府を鼓舞し、挙国一致で外圧に対抗することを企図した。しかし、結果として会沢の主張は、幕府廃止論に与《くみ》することになった。

最後に、斉昭の側用人として政治家としても活躍した東湖である。水戸学を単なる学問で終わらせず、政治の世界で実践し、学問と政治を融合することに成功した。そして東湖は、全国の尊王攘夷運動の中心人物として活躍した。

東湖の会沢を継承する思想は、『弘道館記述義』において明らかにされ、水戸学の思想を簡潔に表現し、その中で「尊王攘夷」の語を初めて用いた。また、東湖の自叙伝的詩文『回天詩史』は、幕末志士たちに大いに朗吟され、深い感銘を与え続けた。

こうして後期水戸学は、幕末を迎える思想的準備を果たしたが、東湖が安政地震（一八五五）で轢死《れきし》したことで指導者を失い、迷走を始める。また、幕府権威の失墜によって、尊王のみならず敬幕的志向を持っていた後期水戸学は、時代から乖離《かいり》を始める。

しかし、後期水戸学が持つナショナリズムは明治時代になっても尊重され、太平洋戦争まで生き続けた。つまり、後期水戸学は尊王志士のみならず、その後の日本人の心に棲みついていたと言えよう。

3 ペリー来航に至るまでの鎖国の変遷史

家光の「寛永鎖国令」と家綱の「承応鎖国令」

江戸時代、我が国の対外方針、つまり国是は鎖国であったことは、繰り返し述べてきた通りである。鎖国の制度上の完成は、一般的には三代将軍・家光の治世、寛永十六年（一六三九）七月の南蛮（ポルトガル）船来航禁止令にさかのぼる。本書では、この法令を寛永鎖国令とする。

そこには、「自今以後、かれうた渡海の儀、これを停止《ちょうじ》せられ畢《おわんぬ》、この上若《も》し差し渡るにおいては、その船を破却し、ならびに乗り来る者、速やかに斬罪に処せられるべきの旨、仰せ出さるる所也《ところなり》」（幕令は『徳川禁令考』を出典とし、適宜、読み下し文などに改める）とある。

つまり、これ以降はポルトガル船の渡航を厳禁し、にもかかわらず、万が一再来航した際には、船は破壊し乗組員は処刑することを沙汰している。ところで、将軍職が家光から家綱に引き継がれてから三年後、承応三年（一六五四）五月に「南蛮船取《とり》計《はからい》方《かた》之《の》事」が布告された。

南蛮船が渡来して何を申し立てても、家光の遺訓を守るとしているが、以下のように内容が改変されている。本書では、この法令を承応鎖国令とする。

縦湊《たとえみなと》え船入り候共、幾度も右の通り挨拶せしめ、帰帆すべしとこれを申し付け、万一船より鉄砲抔《など》打ち掛け、不儀の働き仕《つかまつ》るニおいてハ、兼而《かねて》所々ニ石火矢《いしびや》を掛け、陸より船を打ち沈め申すべく候、順風ニて逃げ延び候共、苦しからずの間《あいだ》、船ニて追う儀は、無用たるべき事

これによると、南蛮船が入港して、例え何を申し立ててきたとしても、追い返すことを要求している。しかし、攻撃されない場合は、こちらからも攻撃しないこと、追跡は不要であることも沙汰している。

この段階で、問答無用に打ち払うとした、寛永鎖国令に見られた初期鎖国政策から、非常に穏当な内容に後退をしている。外国船に対して強硬な姿勢であったのは、家光一代限りの十五年間で、一時的なものであったことを確認しておこう。

ここで鎖国の定義を、あらためてしておきたい。鎖国とは、攻撃されなければ、こちらからは

手出しをしないとした、承応鎖国令を基準とした比較的穏便な対外政策で、東アジア的華夷思想に基づく「日本型華夷帝国」体制の下で、日本人の海外渡航・帰国を厳禁し、必ずしも武力は用いないものの、外国船は追い払うことであった。

もちろん、四つの口によって、東アジア、そして世界とはつながっており、完全に国を閉ざしていたわけではなかった。そして、華夷思想に支配されていたものの、当時の日本人はこの行為を必ずしも攘夷実行と考えていなかった。

攘夷というのは、単なる外国船の打ち払いの行為そのものを指すのではなく、日本を神国として捉え、外国人を忌み嫌い排除の対象とする政治的な対外思想を伴うものである。つまり、攘夷の登場は後期水戸学の成立を待たなければならなかった。

鎖国が完成してから百五十年、日本は鎖国をしていることすら忘れてしまうほど、ほぼ平穏な時代が続いていた。つまり、世界史的に見て何らかの影響を受けたり与えたりしない、まさにそこから隔絶したところに置かれていたことになる。

鎖国政策の動揺——ロシアの南下と「文化薪水供与令」

では、鎖国の完成以降、国是・鎖国がどのような変遷をたどっていったのか、鎖国政策が動揺を始める松平定信の時代から、詳しく見ていきたい。

定信による、寛政の改革の真っただ中の寛政三年（一七九一）九月に、幕府は突然として寛政度異国船取扱指針（異国漂流船取計方之儀御書付）を布告した。ここには外国船来航・漂着時の扱いが微に入り細に入り記載されており、臨機応変な処置を認めながらも、幕府に伺いを立てることを原則としている。

内容的には、承応鎖国令と同レベルの内容であり、鎖国を順守していると見なせる。ここでも、無闇な打ち払いは禁止しており、従来の鎖国政策の枠内に踏み止まったが、一方で、この時期、日本近海に出没を始めた外国船への憂慮と配慮がうかがえる。

例えば、外国船が漂着した場合、保護してまず船具は取り上げた上で長崎へ送るべきか否か、幕府に伺いを立てること。外国船を発見した場合、速やかに警備態勢を整えた上で、大騒ぎせずに談判・見分の役人を外国船に派遣すること。もし、相手が役人を拒むなら、人も船も打ち砕くこともやむを得ない。

その時は相手船に乗り移り、大砲や火矢等の使用も許可するので、素早く斬り捨てるか捕縛すること。そして、談判が成立するか見分を拒まない場合は、なるべく穏便に取り計らい、船をつながせた上で乗組員は上陸させ、番人を付け勝手に戻らないようにしておき、幕府に伺いを立てること、といったことが並べられている。

漂流船とその他何らかの目的を持った外国船を区別し、臨機の処置も認めており、相手の出方次第では打ち払いを許容している。それにしても、極めて詳細な指針である。それほどこの時期に、外国船が頻繁に我が国に接近を始め、幕府への問い合わせが急増したためであろう。

まさに、寛政度異国船取扱指針からちょうど一年後、寛政四年（一七九二）九月にロシアのラクスマンが根室に、また文化元年（一八〇四）九月にはレザノフが長崎に来航し、その過程で鎖国が祖法化されたことはすでに述べた通りである。

今後もロシア船の来航が予想され、その際には穏便に帰国させるために、幕府は文化三年（一八〇六）正月に文化薪水供与令（おろしゃ船之儀ニ付御書付）を発令した。それは、「おろしゃ船ニ相違無く相聞え候ハヽ」の書き出しで始められており、あくまでもその対象はロシア船のみであった。これまで、この法令はすべての外国船を対象としているように言われているが、それは誤りである。

一国を対象としたとは言いながらも、「能々《よくよく》申し諭し、なりたけ穏ニ帰帆いたし候様取計るべく候、尤《もっとも》実ニ難風《なんぷう》ニ逢ひ漂流いたし候様子ニて、食物水薪等乏しく、直ニ帰帆相成難き次第ニ候ハヽ、相応ニ其品相与へ、帰帆致さすべく候」と極めて穏便である。明らかに、承応鎖国令から一歩緩和されたものとなっていた。

内容としては、漂流して食物や薪水が乏しい場合には、相応に与えて帰国させると沙汰しており、鎖国の枠内とはいえ、撫恤《ぶじゅつ》政策を採ることになった。撫恤とは「あわれみいつくしむ」ことであり、本来の鎖国政策からは、だいぶ後退することになったのだ。

この内容について、今までほとんど言及されてこなかったが、撫恤政策という、大きな対外方針の変更として重要である。本書では、特に重要な法令として位置付けたい。

鎖国政策の変転――「ロシア船打払令」と「文政無二念打払令」

しかし、この撫恤政策は長くは続かなかった。レザノフの部下、フヴォストフは文化三年（一八〇六）九月に独断で樺太の松前藩番所を、翌年には択捉《えとろふ》島の日本拠点を襲撃した（文化露寇）。日露戦争のおよそ百年前、局地戦とはいえ日露間の最初の紛争である。これを踏まえ、日本側もロシアに対抗するために、文化四年（一八〇七）十二月、ロシア船打払令が出された。ロシア船限定の寛永鎖国令への回帰である。

これによると、「向後《こうご》何れの浦方ニても、おろしや船と見受け候ハヽ、厳重に打払ひ、近付き候ニおいてハ、召捕り又は打捨て、時宜《じぎ》ニ応し申べくハ勿論の事に候」（おろしや船之儀ニ付御書付）と沙汰されている。ロシアに対する極めて厳しい内容となっており、これによって、幕府の断固とした対応が見て取れる。

なお、先の文化薪水供与令について、これまではすべての外国船を対象としているように言われてきたことを指摘した。しかし、今回のロシア船打払令にも、「おろしや船取計方之儀ニ付、去年相達候旨もこれ有り候」とあり、それが誤りであることが示されている。

撫恤の対象は、あくまでもロシア船であり、文化薪水供与令というよりは「ロシア船薪水供与令」とすべきところである。幕府から次々に、様々な法令などが出されており、混乱を来《きた》すことはやむを得ないところもあるが、本書では、「ロシア船薪水供与令」も併用し、その対象がロシアに限定されていたことを意識したい。

さて、この間の幕府の対応はロシアに振り回されており、ロシア船を特別扱いし、ロシア船については撫恤的な対応にいったんは移行した。しかし、わずか二年足らずで、攻撃されなければ手出しをしないとした承応鎖国令ではなく、打ち払うことを指示した寛永鎖国令レベルに一気に戻された。それにしても、この間のロシアの動向の重要性を、もう一度我々は理解しておくべきであろう。

ロシア船打払令が沙汰されて以降、日本近海からロシア船は影を潜め、その代わりにイギリスが日本近海を脅かすことになる。いよいよ、産業革命をいち早く成し遂げて、帝国主義国家となり世界に進出を始めた大英帝国の登場である。

文化五年（一八〇八）、イギリス軍艦が長崎港内に侵入し、ナポレオン戦争で敵対していたオランダの商館員を一時拉致して、オランダ船の捜索をしたフェートン号事件が起こった。また、文政元年（一八一八）には、イギリス商船ブラーズ号が日本との交易打診のため、浦賀に来航する事件があった。

加えて、文政七年（一八二四）にはイギリス捕鯨船が薩摩西南諸島の宝島に来航し、食料等を要求したが在番役人に拒否された。すると、イギリス人は小銃を発砲して牛を奪い取り、薩摩藩側

フェートン号　（長崎歴史文化博物館蔵）

も銃撃戦を展開してイギリス人を一名射殺した（宝島事件）。

さらに同年には、イギリスの捕鯨船の乗組員十二人が常陸・大津浜に上陸し、水戸藩に全員捕縛される大津浜事件が起こった。これは先に述べた通り、徳川斉昭の治世であった。このように、イギリスとの外交問題が連続していたのだ。

幕府はこのようなイギリス船の横暴に我慢できず、とうとう文政八年（一八二五）二月にイギリス船を含むすべての外国船を対象に、「異国船乗寄せ候を見請け候ハヽ、其所《そのところ》ニ有合せ候人夫を以、有無ニ及ばず、一図《いちず》ニ打彿い（略）無二念打彿せ、見掛図《みかけず》を失わざる様取計候処、専要《せんよう》の事ニ候條、油断なく申付けらるべく候」と沙汰した。

これは、外国船であれば国籍を問わず、見つけ次第すべてに砲撃して追い返すことを命じたものであった。文政無二念打払令（異国船打払令）の発令である。この法令は、ロシア船打払令から大いに前進して、すべての外国船が打ち払いの対象となっており、寛永鎖国令、つまり初期鎖国政策へ完全に戻ったことになる。

とはいえ、幕府の意識の中では、イギリスが我が国と戦争をするために、わざわざ極東まで艦隊を派遣するとは考えておらず、そもそも捕鯨船レベルでは打ち払っても紛争に至らないという打算もあった。

むしろ、民衆に外国船への恐怖心と敵愾心《てきがいしん》を植え付けることが優先されて、イギリスに止まらないすべての外国船が打ち払いの対象となった。

鎖国政策の再変転――アヘン戦争の衝撃と「天保薪水給与令」

しかし、文政無二念打払令から十二年後、天保八年（一八三七）に起こったモリソン号事件を一つの契機にして、鎖国政策は再度の動揺を余儀なくされた。モリソン号事件は、実は知られざる大事件である。まずはその経緯を見ていこう。

モリソン号事件とは、浦賀に来航したアメリカの商船モリソン号に対して、イギリス船との誤認もあってか、浦賀奉行所が無二念打払令に従って砲撃を加えた事件である。その後、モリソン号は薩摩藩の山川港にも入港したが、ここでも威嚇砲撃されて退去せざるを得なかった。

この事件の特筆すべき点は、我が国で初めて攘夷が実行されたことである。モリソン号事件のタイミングでは、会沢正志斎の『新論』が広く読まれ、後期水戸学が日本の津々浦々に浸透しており、攘夷の概念が醸成されていた。

通商条約が結ばれていない段階での攘夷実行とは、やはり外国船への砲撃と考えるべきであろう。鎖国政策の中で最も重要なことは、「外国船は追い払うこと」であり、イコール外国人を我が国の領土に入れさせないことである。

この事件はまさにそれに当たる大事件であった。幕府も薩摩藩も、幕末以前、ペリー来航前にすでに攘夷を実行していたことになる。モリソン号事件は、本来、日本史上で重要な事件の一つのはずである。

ところで、モリソン号の来航目的は、マカオで保護されていた日本人漂流漁民の送還と通商・布教を我が国に要求することであった。そのことが一年後になって判明し、無二念打払令に対する世論の批判が強まった。この事件をきっかけに、幕府の対外政策を批判した渡辺崋山・高野長英が逮捕された、蛮社の獄が起こっている。

ここまでであれば、幕府も無二念打払令を覆すことなどなかったかも知れない。しかし、アヘ

アヘン戦争（E. ダンカン画　1843 年）

ン戦争（一八四〇〜四二）による清の惨敗の情報が舞い込んだ。さらに、長崎のオランダ商館長から、イギリスがアヘン戦争後、我が国に艦隊を派遣して通商を求め、拒否すれば戦争も辞さないとする情報を伝えられた。

これらは、幕府を一転して恐怖のどん底に突き落とすに十分なインパクトを伴った。この事実に驚愕した幕府は、それまでの無二念打払の政策を放棄せざるを得なくなったからだ。

幕府は、天保十三年（一八四二）七月に「当時万事御改正にて、享保寛政の御政事ニ復され、何事ニよらす御仁政を施され度《たく》との有難き思召ニ候、右ニ付てハ、外国のものニても、難風に逢い漂流ニて食物薪水を乞い候迄ニ渡来候を、其事情相分らずニ、一図ニ打払候てハ、万国に対され候御所置とも思召れず候」（異国船打払之儀停止御書）との天保薪水給与令を沙汰した。

表1 幕府の外国船対策の変遷

寛永鎖国令	寛永16年(1639)7月　徳川家光
外国船を追い払うために、無二念打払を実行	
承応鎖国令	承応3年(1654)5月　徳川家綱
無二念打払はしない。上陸は拒むものの穏便に追い払う	
寛政度異国船取扱指針	寛政3年(1791)9月　松平定信
承応鎖国令を踏襲するものの、原則、幕府の指示を仰ぐ(相手の出方次第では打ち払いを許容)	
文化薪水供与令(ロシア船薪水供与令)	文化3年(1806)正月　徳川家斉
窮乏しているロシア船に限って、上陸は拒むものの食料・薪水を提供	
ロシア船打払令	文化4年(1807)12月　徳川家斉
ロシア船を追い払うために、無二念打払を実行	
文政無二念打払令(異国船打払令)	文政8年(1825)2月　徳川家斉
ロシア船に限らず、外国船にはすべて無二念打払を実行	
天保薪水給与令	天保13年(1842)7月　徳川家慶
窮乏している外国船に限って、上陸は拒むものの食料・薪水を提供	

これによって、窮乏している場合に限って、食料・薪水を外国船に提供することが再び可能になっており、撫恤政策の復活である。

文化薪水供与令(「ロシア船薪水供与令」)と比較すると、幕府の仁政によるものと強調され、万国に対する処置として、打ち払いは大いに問題があることを明言している。

確かに、イギリスなど列強の進出を意識していたとはいえ、四つの口、特に長崎からの情報などから、国際社会の中で、無二念打払令はルールに反するものと幕府は自覚していた。

いずれにしても、押し寄せる厳しい国際環境の中で、幕府もその仲間入りを意識せざるを得なくなったのだ。こうして見ると、天保薪水給与令は、極めて意義深い法令である。この法令によって、幕府は期せずしてペリー来航という、ウエスタンインパクトの衝撃を緩和することが可能となった。

第二章

幕府、和親条約で開国せず

——鎖国死守への執念

1　鎖国の枠内での日米和親条約――「開国」という誤解

幕府の外国船対策の変遷と大国・清の敗報

幕府の国是であり対外政略である「鎖国」とは何か、その具体的な内容を見てきたが、幕末の和親と通商をめぐる欧米列強とのやり取りを述べる前に、ここでもう一度、幕府の対外政策の変転をおさらいしておこう。

初期鎖国政策は寛永鎖国令（寛永十六年、一六三九）によって、外国船を追い払うために、躊躇せず打ち払いを実行するとされていたが、承応鎖国令（承応三年、一六五四）によって無二念打払ではなく、上陸は拒むものの、穏便に追い払うこととした。

そして、それ以来百五十年もの間、この政策が続いていた。この間、日本人は鎖国をしていることなど、まったく意識する必要がなかった。つまり、外国船は日本近海にほぼ現れなかったのである。

しかし、寛政期に入ると、日本近海にロシア船を中心とする外国船がしきりに出没するようになった。そのため、幕府は寛政度異国船取扱指針（寛政三年、一七九一）を公布し、外国船の取り扱いを定めた。そこでは、承応鎖国令を踏襲するものの、幕府の指示を仰ぐことを求めた。

文化薪水供与令（「ロシア船薪水供与令」、文化三年、一八〇六）は、ロシアの相次ぐ使節来航を目の当たりにして、ロシアとの間で不測の事態が起こらないように沙汰されたものである。その中で、食料・薪水を提供することを了解しており、いわゆる撫恤政策であった。

しかし、ロシアによる攻撃が蝦夷地で頻発したため、ロシア船打払令（文化四年、一八〇七）が沙汰された。こうして見ると、寛政期以降の幕府の対外政策は対ロシアに絞られており、いかに北方のロシアが脅威であったかがうかがわれる。

文政無二念打払令（文政八年、一八二五）は、ロシアに代わってイギリスが日本の津々浦々に出没し、狼藉《ろうぜき》を働いたことを契機として、ロシア船打払令から西洋諸国すべてを対象にし、拡大して発令し直されたものである。躊躇なく打ち払うことが求められた、極めて厳しいものであった。

しかし、国内的にはモリソン号事件（天保八年、一八三七）、対外的にはアヘン戦争（一八四〇〜四二）の影響によって、天保薪水給与令（天保十三年、一八四二）が発令された。特にアヘン戦争は、日本人にとって、西洋の脅威を本格的に知らしめた、極めて深刻なものであった。

なお、天保薪水給与令の発布は、南京条約（一八四二）の影響によるとも指摘されている。この条約によって清が開国させられたため、鎖国を守りたい幕府が欧米列強との戦争になりかねない文政無二念打払令を放棄したとする。しかし、その締結は薪水給与令発令の一日後であり、南京条約の有無は関係なかったことになる。清の圧倒的不利の戦況が、幕閣を恐怖に陥れていたのだ。

清の敗北は、時間の問題ではあったものの、このタイミングで天保薪水給与令が出された事実と意義が、これまでの研究では見落とされてきた。そもそも、天保薪水給与令までの幕府の対外政策は諸外国、中でもロシアやイギリスと日本の関係のみを意識した、個別の国を対象としたものであった。

しかし、東アジア最強と目されていた大国の清の敗報が長崎経由でもたらされると、幕閣は欧米列強による東アジア進出が始まったことを認識せざるを得なかった。これ以降、幕府は隣国である清の動向に留意しており、ここで一気に幕閣の視野がグローバル化したと言えよう。

幕府は権威を誇示しながらも、そこまで迫った欧米列強の足音を聞き始めており、天保薪水給与令によって、何とか無難に接触しようと布石を打ったのだ。それにしても、天保薪水給与令には東アジア的華夷思想が後退したとも見える穏当な表現が含まれており、気の毒ながら、幕府の狼狽ぶりが伝わってくる。ペリー来航まで、残りわずか十年である。

鎖国と開国の定義

ここからは、「開国」をどのように定義すべきかについて、私なりの考えを述べていくことにしよう。

天保薪水給与令の段階で、日本は鎖国を堅持していると言ってよいのであろうか。答えは、イエスである。先ほども述べたが、確かに寛永鎖国令や文政無二念打払令のように、躊躇なく打ち払うという実力行使は影を潜めている。また、原則として弱者救済政策の一環であることを強調し、食料・薪水を外国船に提供することは認めている。

しかし、その一方で、外国人の上陸は許しておらず、やむを得ない場合に限り、最終的には打ち払いなどの戦闘行為を容認している。つまり、基本的には追い払うことを前提としながらも、撫恤政策という人道的な立場を採っており、鎖国と開国の中間、より鎖国に近い過渡的な対外政略として、天保薪水給与令は位置付けられる。

では、開国とはどのように定義をすべきであろうか。結論から先に言うと、通商（貿易）を始めることである。ではなぜ、通商を始めると開国なのか。それは、通商を始めると国の形が変わらざるを得なくなるからだ。そして、国の形、つまり国体の変化を考えた場合、そこには二つの側面があったことに注目すべきであろう。

一つ目は、外国船が合法的に開港場に入り、当然のことながら外国人が上陸し、そこに商業行為の名の下に、居住を始めることになる。つまり、撫恤政策でも認めなかった外国人の国内への侵入を許すことになる。

鎖国の定義をもう一度、思い出してみよう。鎖国とは、「日本人の海外渡航・帰国を厳禁し、外国船を追い払うことを骨子としており、キリスト教を徹底的に排除すること」である。最も重要なのは、「外国船を追い払うこと」であり、イコール外国人を我が国の領土に入れさせないことである。

つまり、これによって、鎖国という国是は崩壊したことになり、日本は開国したことになる。まさに、国体が変わることを意味する。孝明天皇が断固として通商条約の調印に反対し続けたのは、自分の代で国体を変えることにどうしても我慢ならず、深く苦悩したからに他ならない。

もう一つは、国際社会への参画である。特に重要なのは、欧米列強によって我が国が産業革命後の世界再編体系への編入を強いられることである。帝国主義によるアジア侵略の最前線にさらされ、日本は常に植民地化の危機感を抱かざるを得なくなる。

しかも、今までに経験したことがない自由貿易主義に巻き込まれることによって、日本は否応なしに世界新秩序の中に放り込まれたのだ。こうした危機は、ペリーの来航によって、現実のものとなった。

ペリー来航の目的と幕閣の「ぶらかし」

我が国の開国は、嘉永六年（一八五三）にペリーが来航し、その翌年に日米和親条約が結ばれたこととするのが、いまだに一般的なようである。ここでは、今まで述べてきた通り、それが開国ではなかったことを確認していこう。

ところで、そもそも、ペリーはなぜ日本にやって来たのであろうか、その目的を最初に整理したい。当時のアメリカは、カリフォルニアが空前のゴールドラッシュを迎えていたこともあいま

横浜の応接所に入るペリー一行（横浜開港資料館蔵）

って、領土が西海岸にまで達していた。

　さらに、アメリカでは産業革命が進展しており、特に綿製品の輸出先として、太平洋の先にある大市場の中国（清）への進出を目論んでいた。その中継基地として、日本の港は必要不可欠であった。

　また、最盛期を迎えていた捕鯨産業は、北太平洋から日本沿岸に漁場を求めており、その側面からも薪水や食料の補給が大きな課題となっていた。加えて、操業中に頻発する漂流民の安全確保も、極めて深刻な問題であった。日本は貿易対象国として、当初は重きを置かれていなかったものの、優良な漁場に位置することから、日本の存在はアメリカのみならず、世界的に注目を集めていた。

　さて、ペリーである。嘉永六年六月三日、ペリー艦隊は浦賀に入港した。長崎への回航要求をかたくなに拒み、江戸湾を北上して測量を強行するなどの示威行動を繰り返した。そのため、なす術がない幕府は、九日には久里浜においてペリーと会見せざるを得なくなった。

ここで、日本側は和親と通商を求めるフィルモア大統領からの国書などを受け取った。しかし、この段階では一切外交交渉はなされず、ペリーは一年後の再来を予告して、早くも浦賀入港から九日後の十二日には出航した。これは一ヶ月以上の食料や水がなかったこと、清の政情不安から居留民の保護のため、軍艦を差し向ける必要があったことが大きな理由である。

また、幕府が回答までの時間を引き延ばすことが、容易に想定できたことも関係があった。満足すべき回答がないまま長期間が経過し、結局出航せざるを得なくなると、日本が勝利したと解釈され、今回の使命に大きな汚点を残すことが考えられたからだ。

一年後と言い残して立ち去ったペリーであったが、嘉永七年（一八五四、十一月二十七日に安政に改元）一月十六日、半年程度で早くも再来を果たした。これは日本への再航に障害が生じるのではないかと、ペリーが焦燥感を募らせたことによる。

その理由として、ピアース新大統領が対清政策に重点を置き、ペリーの使命に対して消極的になったことがある。また、清国駐在公使マーシャルがペリー艦隊に居留民保護の援助を求め、彼と軋轢《あつれき》が生じたことも、ペリーには日本行きの妨げになると感じたのであろう。ペリーは、中国進出の中継基地として、また捕鯨産業の維持・発展に極めて重要な日本を開国させた名誉を、何としても手に入れたかったのだ。

これを迎え撃つことになった、老中阿部正弘を首班とする幕閣の対応を見てみよう。阿部は当時の実力者である徳川斉昭を取り込むため、彼を嘉永六年七月に海防参与に任命した。斉昭は盛んに建白をしたが、その中で「内戦外和」の主張を繰り返した。

その中身は、国内で危機感を煽って武備を充実させ、それまでは交渉を引き延ばそうという消極策で、いわゆる「ぶらかし」戦法である。そして、嘉永六年十一月一日、幕府はペリーの再来を見越し、大号令を発してどのように対応するかの方針を世に示した。

それによると、「弥《いよいよ》　来年致渡来《とらいいたし》候共、御聞届之有無ハ申聞せず、可成丈《なるべくだけ》此方よりハ平穏に為取計《とりはからわせる》」（『幕末外国関係文書』）と、ペリーの要求に対する諾否は留保したままで、なるべく平穏に処理するという漠然としたレベルのものであった。まさに、「ぶらかし」戦法そのものであった。

また、アメリカが武力を行使する可能性に対する覚悟を促し、「万一彼より兵端を相開《あいひらき》候ハヾ、一同奮発毫髪《ごうはつ》も御国体を不汚様《けがさぬよう》、上下挙而《あげて》心力を尽し忠勤を可相助《あいたすけるべし》」と、開戦やむなしを厳命した。しかし、その主意はあくまでも「ぶらかし」にあって、本心から戦闘をする意志などなかった。

阿部は、斉昭に諮《はか》って対外方針を決定する一方で、諸侯・幕閣・幕臣らに大統領国書の訳文を示して、広く意見を聴取した。その結果、おおむね「ぶらかし」論に沿った意見が中心で、祖法である鎖国体制を堅持し、武備充実までは交渉を引き延ばすというものであった。残念ながら、将来的な生産性のある意見は乏しかった。

一方で、勝海舟などの一部の幕臣は、寛永期以前、鎖国は祖法などではなかったとし、通商を認めて貿易の利潤によって軍艦を建造するなど、武備充実を図ることを提言した。しかし、大号令はこれら少数意見に斟酌《しんしゃく》しなかった。

和親条約は開国ではない

嘉永七年三月三日、日米和親条約がペリーと日本側全権の林復斎《ふくさい》との間で締結された。主な内容は、下田と箱館の開港とそこでの薪水・食料など必要な物資の供給、漂流民の救助と保護、アメリカへの最恵国待遇であった。

開港というと、まるで開国したような印象を受けるが、日本のすべての港で物資の供給などをすることはできないので、この二港を指定したという意味である。開港というよりは、寄港を許したとする方がより正確である。

また、アメリカ人の行動の自由が保障され、行動範囲が指定されたが、これをもって外国人の国内への侵入を許すことになったわけではない。あくまでも、物資の供給を受けるための一時的な居留を認めただけで、恒久的な居住を認めたわけではないのだ。

なお、日本にとっての最大のポイントは、通商を回避して和親に止めたということである。つまり、後世の我々が開国と位置付けている日米和親条約は、当時の日本人にとって見れば、アメリカとは国交を樹立したものの、物資の供給（施し）を認めたに過ぎず、鎖国政策を順守したことに他ならない。

確かに、正式な国家間の条約ではあったものの、これ以前に天保の薪水給与令があり、内容的にはその考え方と何ら矛盾していない。これは撫恤政策と言えるもので、外国船を追い払う鎖国と、貿易を開始し外国人を国内に受け入れる通商の中間のような政略である。もちろん、日米和親条約は国家間の正式な条約であり、一時的であれ居留を認めた事実などから、天保の薪水給与令から通商に大きくシフトしたことは否めない。

しかし、日米和親条約はあくまでも鎖国の枠内であり、この段階では開国はしていないのだ。一年半後にその報告を受けた孝明天皇が嘉納、つまり了解している事実からも、鎖国体制の堅持と同時代人は認識していたと言えよう。和親と通商では、それほど大きな違いがあった。

なお、幕府はアヘン戦争や南京条約の締結について、十分な情報を入手していた。戦争には負けたものの、清は南京条約を和親条約と位置付けており、現に正式な通商を認めていないことが、その後分かってきた。アヘン戦争によって、清がイギリスの植民地になったような物言いもされるが、それは決して事実ではない。

清は東アジア的華夷思想の中にまだ浸っており、イギリスに対して撫恤を施したとしか認識していなかった。このことから、幕府にはアメリカも和親条約で了解するとの読みがあったのかも知れない。

なお、清が文字通り、欧米列強による帝国主義支配を受け、植民地にされ始めたのは、アロー戦争（一八五六〜六〇）後の天津・北京条約（一八五八・一八六〇）によってである。なお、この戦争の余波による日米修好通商条約の締結経緯は、後ほど述べたい。

さて、通商を求めたペリーに対し、林復斎は人権を振りかざすペリーを逆手にとって、今回の来意は漂流民の救助と禁錮や虐待の禁止を求めるためであり、通商は人命にはかかわらないと論破し、和親は受け入れるものの、通商は断固として拒否した。この通商拒否に対して、ペリーは熟考の後、棚上げにすることを了承している。

こうした交渉の経過は、幕府が単なる弱腰外交一辺倒でなかった証拠であるものの、アメリカが日本との貿易には多くを期待していなかったことの裏返しでもある。フィルモア大統領からの国書にも、貿易については五年ないし十年間試験的に実施し、利益がないことが分かれば、旧法に復することもできると明記されていた。

しかし、ペリーにとって、和親条約では必ずしも使命達成とはいかなかった。ペリーは退役が近づいており、日本を開国させたという名誉をもって退く決意であった。通商条約を結べなかったペリーであるが、アメリカに帰国後、あたかも通商を開始し、日本を開国させたというプロパガンダをメディアに対して行っている。

ペリーの夢であった通商条約の締結、その実現はもう四年後に迫っており、日本は次なる試練を早くも迎えることになる。ペリーは皮肉にも、日米修好通商条約の締結目前の一八五八年三月に亡くなっているが、彼によって間違いなく、日本の開国は秒読みに入ったと言えよう。

2 阿部正弘と海防掛・岩瀬忠震の活躍

イギリスの対日動向と「安政の改革」

安政五年（一八五八）六月十九日、タウンゼント・ハリス駐日領事によって、日米修好通商条約が結ばれ、日本は開国することになる。しかし、日米和親条約の締結以降、通商条約の締結までの事情は必ずしも諸書においては重要視されてこなかった。それゆえに、また、両条約のスパンが短かったこともあいまって、両者は混同されがちである。このことは、開国に対する正確な理解の妨げにもなっていよう。では最初に、両条約間の動向を押さえることにしたい。

幕府は日米和親条約に続き、イギリス、ロシア、オランダとも和親条約を締結した。個別の内容も含まれるが、おおむね日米和親条約に準じたものである。よく誤解されるのだが、フランスとは和親条約は結ばれていない。

ところで、この段階でアメリカを除いて、通商条約締結に意欲を示したのはイギリスであった。具体的には、清国駐在貿易監督官代理（香港駐在貿易監督官）ジョン・バウリング、その人であった。

しかし、イギリス本国はバウリングから出された日本遠征の希望に対し、当初は冷淡であった。というのも、中国との貿易を最優先に捉えていたため、日本への関心は薄かったのだ。そのため、ペリーの遠征結果を踏まえて判断することが訓令された。

嘉永七年（一八五四）四月、バウリングはペリーが日米和親条約の締結に成功したことを聞き及んだ。そこで当時、ナポレオン三世の治世になり、対日交渉に野心を抱いていたフランスと共同で通商条約を迫ることにし、日本に向かう決意を固めた。バウリングのフランスを巻き込む作戦は功を奏し、今度はイギリス政府の許可を得た。

しかし、クリミア戦争（一八五三〜五六）の勃発により、またしてもバウリングの野望は頓挫した。日本遠征に割くことができる艦隊は見込めず、バウリングの日本派遣は無期限の延期となった。これにより、日本を開国に導いた栄誉をハリスは手に入れることになる。

その前に幕府は、本格的な貿易の開始に向けた模索を続け、あわせて国防にも気配りを示しながら、様々な幕政改革を試みた。これは、老中阿部正弘による安政の改革と呼ばれる施策である。ただし、阿部は老中就任の天保十四年（一八四三）からしばらくの間、天保薪水給与令を破棄し、文政無二念打払令（異国船打払令）への復帰を模索していた。

しかし、ペリー来航に伴う国際情勢への理解や海防掛開明派の意見などから、阿部は次第にその対外認識や政策を改め、外国船の打ち払いから通商条約の容認へと方針転換を行った。さらに、オランダからバウリング来航の情報を得た阿部は、富国強兵を主眼とした貿易開始の方針を示すに至る。

こうした阿部の転向は、この間の阿部自身の国際情勢の理解によるところではあったが、この後詳しく紹介する岩瀬忠震《ただなり》ら海防掛との接触やその建白を通じてのものであった。特に岩瀬は安政の改革の多くの実績に関与しており、阿部もその能力を評価し、意見に注目していたからこそ、岩瀬を抜擢して多くの改革にあたらせたことは間違いなかろう。

バウリング

阿部正弘

外交方針の転換を図る一方で、阿部は本格的に安政の改革に邁進した。その基本構想は、譜代大名に独占された老中制度を打破することであり、それによって譜代門閥制度による幕府独裁制を修正することにあった。

つまり、朝廷と有力大名（御三家・一門・外様による雄藩連合）の協力を得て、挙国一致体制の構築を目指したもので、その背景には直面する外交問題に対応できない、幕府の深刻な武威低下があった。

御三家である水戸藩の徳川斉昭を幕政参与とし、一門

（将軍家の親戚として家格・官位は優遇されたが、幕政には関与せず）の越前藩主松平慶永《よしなが》（春嶽《しゅんがく》）、外様大名の薩摩藩主島津斉彬《なりあきら》、宇和島藩主伊達宗城《むねなり》と連携し、将軍継嗣としては一橋慶喜を推した。

具体的な施策としては、例えば外交・国防問題に専従させるために、すでに設置されていた海防掛の大幅な人事異動を行って岩瀬ら開明派を新たに抜擢し、さらに、海防掛を単なる諮問機関から行政機関へと改組した。また、江戸湾の防衛強化のため、江川英龍《ひでたつ》に命じてお台場に砲台を造営させた。こうして、海防・軍事の強化を目指した。

諸藩に対しては、寛永十二年（一六三五）の大船建造禁止令を廃止し、その建造を解禁して、海防の強化を命じた。これは幕府や諸藩における海軍創設の動きへと連なっており、画期的な規制緩和策であったと言えよう。

また、幕臣以外にも広く門戸を開放した国家レベルでの取り組みとして、洋学教育・外交問題研究機関である蕃書調所《ばんしょしらべしょ》、および海軍士官養成機関である長崎海軍伝習所を設置した。阿部の開明的な改革路線は、その後の日本近代化に大きく貢献したと言える。

中でも、最も重要な阿部の政策は人材登用であろう。例えば、安政三年（一八五六）十月には老中堀田正睦《ほったまさよし》に外国事務取扱を命じ、海防月番の専任とした。また、勝海舟、大久保忠寛《ただひろ》、岩瀬忠震、川路聖謨《としあきら》、中浜万次郎、高島秋帆《しゅうはん》、永井尚志《なおむね》、堀利熙《としひろ》、井上清直《きよなお》などを大抜擢した。

彼らの多くは、目付・海防掛といった要職に起用され、その後の安政の大獄で罷免等の弾圧を受けたが、この間は外交問題を中心として、阿部を補佐して幕政を担った。また、阿部の急死を

長崎海軍伝習所（公益財団法人鍋島報效会蔵）

受けた次の堀田政権になると、彼らの存在感はさらに飛躍的にアップしたのだ。

海防掛の実力者、岩瀬忠震

ここからしばらく、岩瀬忠震について触れておこう。実は筆者は、岩瀬とは劇的な対面をした経験を持っている。二〇〇八年は大河ドラマ「篤姫」の大ヒットにより、にわかに幕末ブームが到来した。そんな中で、江戸東京博物館で同年四月末より「ペリー&ハリス～太平の眠りを覚ました男たち～」という特別展が開催されていた。

そこで筆者は、一枚の写真パネルの前にくぎ付けになった。「西応寺で撮影された幕府の条約交渉代表団」（一八五八年、ヴィクトリア&アルバート美術館蔵）と題されたこの写真には、「安政五年七月十八日、イギリスとの条約締結前後に撮影されたもの」とのキャプションが付してあった。

そこに収まっている人物は幕末外交を担い、通商条約を推進した幕臣エリート官僚たちであった。前列左から通詞森山多吉郎、外国奉行井上清直・堀利照・永井尚志。後列左から外国奉行岩瀬忠震・水野忠徳《ただのり》、目付津田正路。私が驚嘆したのは岩瀬が映し出されていたからである。

今まで、肖像画でしか見たことがなかった岩瀬の写真が存在していたことに、大きな衝撃を受けた。残念ながら、ピントが合っておらず、人相は克明とは言い難いが、見慣れた肖像画に比べて若干老けて穏やかな印象であった。

岩瀬は文政元年（一八一八）、旗本設楽貞丈の三男として生まれた。母は林述斎《じゅっさい》（林羅山を祖とする林家の大学頭）の娘で、叔父に鳥居耀蔵《ようぞう》、林復斎（日米和親条約全権）、従兄弟に堀利煕がいる。岩瀬忠正の養子となって家督を継いだが、血筋としては申し分ない。

昌平坂学問所で頭角を現し、嘉永七年（一八五四）に徒頭から目付・勝手掛・海防掛に就任し、外国奉行、作事奉行を歴任した。官位は安政二年十二月（一八五六年一月）に従五位下伊賀守に、その後、肥後守に叙任された。

岩瀬は、目付・海防掛・外国奉行として安政五ヶ国条約すべての交渉を主導し、実際に署名した。まさに、開国を実現した政治家であり外交家であった。また、講武所・蕃書調所・長崎海軍伝習所の開設、品川台場の築造に尽力した事実も忘れてはならない。

西応寺で撮影された幕府の条約交渉代表団。
1858年。後列左端が岩瀬忠震
（ヴィクトリア&アルバート美術館蔵）

さらに、ロシア使節プチャーチンが安政東海地震でディアナ号を失った際、代船建造を戸田《へだ》（静岡県沼津市）で行ったが、岩瀬は造船技術を実地で習得できる絶好の機会と捉えた。そこで、幕臣を派遣したり、諸藩士であっても現地に赴くことを許可したりしている。

また、造船にかかわった戸田の船大工たちに技術習得を命じ、すぐさま「君沢型」という国産船を建造させた。この大工たちは、日本近代造船、その先の海軍創設での中心的な役割を果たすことになる。

十三代将軍徳川家定の将軍継嗣問題では、慶喜を支持する一橋派に属したため、大老井伊直弼による安政の大獄で作事奉行に左遷され、安政六年

（一八五九）には蟄居を命じられた。そのわずか二年後の文久元年（一八六一）、四十四歳の若さで失意のうちに病死した。死因は判然としないが、蟄居生活への鬱憤が蓄積した結果ではなかろうか。

井伊は岩瀬を死に追いやり、幕府の寿命を縮める役割を果たした。同時期に弾圧された大久保忠寛や永井尚志といった目付、海防掛の仲間たちが、この後、軒並み復権し、大きな足跡を残したことを考えると、余りに惜しい早世である。

通商条約目前、会所貿易による追加条約の締結

閑話休題、話を通商条約の締結前に戻そう。

オランダはバウリング来航の情報に引き続き、安政四年（一八五七）二月に、今度はアロー号事件の勃発を幕府に伝えた。ハリスの通商条約交渉のための出府要請に、どう対応するかも大きな難題となっていたこの時期、老中堀田正睦は海防掛らに対して、その後の対外的な対応をどうすべきかを諮問した。

この段階で海防掛は二派に分かれていた。岩瀬忠震を中心とする大目付・目付グループと、川路聖謨を中心とする勘定奉行・勘定吟味役グループである。前者はすでに、前年七月に貿易開始後の諸政策を初めて公に示し、自由貿易の優越性を説いていたが、ここでも即時の自由貿易開始、

外国官吏の出府は可という極めて開明的な答申を行った。

一方で、後者は当面は開港を長崎に限定し、その状況によって拡大・縮小を決めるべきとし、外国官吏の出府は不可と進言した。両派から意見を受けた堀田は、岩瀬グループを支持して、通商条約の締結に舵を切っていく。そもそも、堀田は岩瀬をブレーンにしており、堀田自身がすでにその感化を受けていたため、極めて当然な帰結であったのだ。

次なる課題は、オランダとの和親条約における追加条約の締結であった。貿易やむなしの状況下でバウリング来航の前に、そしてハリスとの交渉を優位に運ぶために、大目付・目付グループと勘定奉行・勘定吟味役グループは一時休戦をしてことにあたった。

幕府の狙いは、鎖国政策の中でこれまで長崎で実施してきたオランダとの貿易方法を踏襲して、今後の交渉に臨むことであった。つまり、通商条約を結ぶとしながらも、その実態は旧態依然のままで、幕府の役人を仲介とする会所貿易を維持することであり、商人間の自由な交渉をさせない方針であった。

堀田正睦

岩瀬は自由貿易を志向していたが、交渉過程で貿易額の上限が撤廃されたため、了解したのであろう。また、この後、イギリス・アメリカという大物との通商条約交渉が控えていたため、勘定奉行・勘定吟味役グループと手を組んででも、早期の決着を図ったのだ。

安政四年（一八五七）八月に、岩瀬らの尽力によって日蘭追加条約が結ばれた。これによって、貿易規制の緩和がなされたものの、その実態は相変わらず会所貿易のままであり、岩瀬が目指す本格的な自由貿易とはほど遠いものであった。

この追加条約は、江戸時代を通じて行われていた会所貿易を追認した形であり、旧態依然としたものであった。すでに、日米和親条約においても、下田で会所貿易に擬したやり取りを行っており、通商まで認めたという認識はまったくなかった。自由貿易こそ、通商なのであり、会所貿易は鎖国の枠組みを出なかった。

なお、翌月には日露追加条約が結ばれ、ここでも会所貿易による通商の開始を認めている。幕府は、バウリングおよびハリスともこの線で交渉が可能であると踏んでいた。しかし、その目論見はハリスとの初回の交渉で頓挫する。

第三章
幕府の積極的「開国」戦略
——未来攘夷という思想

1　ハリスと岩瀬忠震――通商条約締結をめぐる攻防

江戸での通商条約交渉を急ぐハリス

いよいよ、ここからはハリスに話を移そう。安政三年（一八五六）七月、ハリスは通弁官ヒュースケンとともに日米和親条約で開港された下田に上陸し、玉泉寺を総領事館と定めた。そして、直ちに出府を希望し、江戸での通商条約交渉を開始したいとの意向を示した。

ハリスは、イギリス使節バウリングが来航する前にアメリカと条約が締結されていれば、それ以上の内容をバウリングは要求しないことを明言した。そうなれば、イギリスとの交渉で武力に屈したため、通商条約を結んだという不名誉を被らないと示唆した。さらに、そのイギリスと戦争になれば、蝦夷地は領有されるとの見解も示したが、一方では、自由貿易による利益の大きさを説くことも忘れていなかった。

当時のイギリスは、世界中に植民地を持つ日の沈まない帝国主義国家として君臨し、アジアを蹂躙する世界最強の国家として自他ともに認めていた。ハリスはことさらイギリスの脅威を強調し、交渉を優位に運ぼうとした節がある。

しかしながら、ハリスの再三の要請にもかかわらず、出府は容易には実現しなかった。先に述べたように、賛成の大目付・目付グループと、反対の勘定奉行・勘定吟味役グループが対立していたからだ。

ハリスの出府の見通しが立たない中、安政四年（一八五七）五月に下田奉行の井上清直・中村時《とき》万《かず》は、日米和親条約を修補した日米約定（下田条約）をハリスとの間で調印した。この条約では、長崎の開港、下田・箱館居留の許可、貨幣を同種同重量（金は金、銀は銀）の交換（日本は六％の改鋳費を徴収）などが決められた。

中でも、第四条の片務的領事裁判権（治外法権）は日米修好通商条約にもそのまま取り入れられ、不平等条約の要因とされた。領事裁判権とは、外国人が現在居住する国の裁判権に服さず、本国の法に基づいて本国領事の裁判を受ける権利のことである。どうも誤解されがちであるが、領事裁判権は、その後の日米修好通商条約で初めて登場したわけではない。

ハリスの出府要請を拒み続けていた幕府であったが、ハリスが米軍艦によって出府を強行する事態を恐れ、ついに堀田老中は、岩瀬が主導する大目付・目付グループの意見を採用し、出府を認めるに至った。安政四年十月十四日、ハリスは江戸に到着し、宿舎に指定された蕃所調所に入った。

ハリス

二十一日、ハリスは江戸城において将軍徳川家定に謁見し、ピアース大統領の親書を呈した。二十六日には堀田をその私邸に訪ね、世界の大勢を論じて自由貿易の利点を挙げ、多くの開港場を伴う通商開始の急務を説いた。

ここでも、ハリスはイギリスの脅威を強調し、その侵略主義と対をなすアメリカの温和路線を売り込むことを忘れていなかった。この大演説に感化された堀田は、通商条約の締結はやむなしとの腹案を持ちながら、幕閣に対して、主として海防掛にその対応を諮問した。

例のごとく、積極的に調印を肯定した大目付・目付グループと、消極的に賛同しつつ、「ぶらかし策」を説く勘定奉行・勘定吟味役グループに分かれた。その中でも、やはり十一月六日に認められた岩瀬の老中への意見書にある横浜開港論は出色であった。

江戸・横浜経済圏を確立し、大坂集中の経済機構の打破を目指しており、幕府が貿易の富を独占して、まずは率先して武備充実を図ろうとする富国強兵策の具体的なビジョンの一環として示されていた。その背景には、大坂では西国諸大名による貿易を統制するのが難しいとの現実的な判断が垣間見える。

通商条約の妥結案の成立、そして勅許問題

堀田は諸大名にも諮問した上で、交渉を開始することを目論んでいた。しかし、堀田の意に反してこの段階では、徳川斉昭をはじめ通商条約への反対意見も少なからず存在した。堀田の逡巡

によって、余りに進捗がないことにいらだったハリスは、艦隊の派遣や戦争の開始を示唆するなど、武力を背景にした砲艦外交に転じた。

これに狼狽した堀田は、十二月三日に下田奉行井上清直と岩瀬を全権に任じ、いよいよ通商条約の締結に向けた交渉を始めさせた。もちろん、堀田外交の推進者、岩瀬忠震が主導的な役割を担ったことは言うまでもない。

通商条約の交渉の経緯は諸書に譲ることにするが、岩瀬とハリスのぎりぎりのやり取りの結果、安政五年（一八五八）一月十二日に一応の妥結が見られた。この内容で通商条約が調印されるのだが、その前段階ではあくまでも妥結案である。しかし、幕府独断で即時調印をせず、条約に反対する諸大名を抑えるために、堀田は朝廷から勅許を取ることにした。

ハリスも六十日間の猶予を与え、その結果を下田で待った。堀田は岩瀬を伴い上京したが、孝明天皇から勅許が得られなかったことは周知の事実である。この当時、尊王論が支配的であったが、一方で現実の政治においては、幕閣はもちろん、誰もが天皇は物言わぬ存在であり、朝廷が幕府の言うことを拒絶するなど、あり得ないと考えており、あってはならないとすら考えていた。

なお、勅許を得られなかったことから、岩瀬の限界説が唱えられることがあるが、これは的を射ていない。朝廷の拒絶は、当時起こり得ない稀有な事態であると同時に、岩瀬の目付程度の身分では、朝廷の要人に会うことなど簡単にできるはずもなく、活動したくともできなかったのだ。これなども、歴史を知った後世の者が陥る悪しき歴史眼であろう。

さて、この間の政治事情にも若干触れておこう。通商条約の締結をめぐる政争を混沌とさせた要因として、十三代将軍家定の後継者を誰にするのか、いわゆる将軍継嗣問題が起こっていた。将軍就任直後から、暗愚で病弱とされる家定では、未曽有の国難を乗り切れないと判断されたのである。

ここに、二つの派閥が形成され、しのぎを削ることになる。賢明・年長・人望の条件を満たす一橋慶喜を推す一橋派と、あくまでも血統を第一として紀州藩主徳川慶福《よしとみ》（後の家茂《いえもち》）を推す南紀派である。両派の政争は、関東から京都にまで及んだ。

一橋派は、阿部正弘派とも言え、阿部亡き後は松平春嶽派と言えよう。また、南紀派は、まさに井伊直弼派である。言い換えれば、改革派vs守旧派の政争である。とはいえ、両派はともに通商条約の勅許獲得を目指しており、堀田の京都工作をそれぞれの立場で支援した。

しかし、朝廷への工作がなかなか思うようにいかないことから、一橋派の橋本左内《さない》らが主導して、将軍継嗣問題を中心に廷臣へ入説することに切り替えたため、俄然その対立がクローズアップされてしまった。朝廷が次期将軍を指名することなど、前代未聞であったが、両派は自派を有利にしようとするあまり、朝廷権威を取り込むことに奔走した。結果として、こうした一橋派の活動はその後の安政の大獄での処分につながってしまった。

堀田は、当初は南紀派と目されていたが、岩瀬と行動をともにしたことから一橋派に転向した。その矢先の四月二十三日、予期せぬ出来事が起こった。井伊直弼が、突如として大老に就任したのだ。

　井伊は慶福を継嗣と決め、かつ通商条約については、堀田らの幕府専断による締結やむなしの意見を抑え、あくまでも大名の意見調整を踏まえた勅許獲得に固執した。井伊にとっては、対外戦争よりも内乱の回避が一層重要な事柄であったのだ。

　さて、ハリスは三月五日に出府し、堀田の帰りを待ちわびたが、ようやく四月二十四日、会談を持った。堀田は不勅許の事実を隠蔽《いんぺい》し、大名の総意を得るためとして、さらに六ヶ月の猶予を希望し、ハリスから九十日間の猶予を引き出した。

　ハリスがここまで譲歩した要因は、日米交渉が継続されなければ、すでに会所貿易の線で妥協しているオランダが、日米妥結案を修正した自由貿易を骨抜きにする、日本有利な通商条約を調印する可能性があり、それを回避するためであった。ハリスも必死であった。

　ところが、六月十三日、米国軍艦ミシシッピ号が下田に入港し、アロー戦争における英仏連合軍の勝利と天津条約の締結および両国使節の来航を告げたことから事態は急変する。ハリスは堀田に書簡を発し、英仏連合艦隊が大挙して江戸湾に来航することは必至であると伝えた。

　そして、イギリス・フランスは日米妥結案での調印に賛同しないことは目に見えており、両国に対して既成事実として示すために、至急アメリカと通商条約を締結することを勧告した。十七日には、ハリスは軍艦ポーハタンに乗船、下田を発して小柴沖（現在の横浜市金沢区柴町にある小柴海岸の沖合）に碇泊して再度勧告を行い、応接吏員との会見を求めた。

十八日、岩瀬・井上は米艦に赴き、ハリスと談判に及んだ。岩瀬はハリスに対し、日米が結んだ通商条約をイギリス・フランスが受け入れるであろうこと、もし拒否した場合、ハリスが調停者として取り持つことを誓約する保証書を求めた。同意したハリスから保証書を受け取った岩瀬は、それを持参して直ちに江戸城に戻った。

十九日の城中での大評議は混迷を極めた。調印先送りを唱えたのは井伊大老くらいで、岩瀬らは、現実を直視できずに逡巡する井伊を罵倒するに及んだ。井伊は、まだ約束の猶予期間が四十日ほど残っており、その間に勅許を得て、さらには岩瀬ら海防掛などの敵対者の一掃を企図していた。

井伊の裁断は、勅許を得るまでの調印延期であった。岩瀬・井上は再び米艦に赴き、その日のうちに、ついにハリスと日米修好通商条約十四箇条・貿易章程七款《かん》に調印した。この時、彼らは調印延期の交渉を一切していない。井伊が全権委任した岩瀬らに、窮した場合は調印をしてもよいとの言質を与えたため、実行されたというのが真相である。

これ以降、外患から解放された井伊の政治的主眼は内政一本に絞られていくが、さしあたって、反対派の岩瀬らの弾圧・追放であった。この流れは、後述する戊午《ぼご》の密勅を契機とした、いわゆる安政の大獄につながっていく。

なお、調印内諾を岩瀬らに与え、その後、藩邸に戻った直弼は最も信頼する側近の一人、宇津《うつ》木六之丞《きろくのじょう》に対して岩瀬らの再派遣に至る経緯を説明した。宇津木が内諾の撤回を求めたのに対して、「公用方秘録」写本（『開国始末』）によると、井伊は「勅許を待たざる重罪は、甘じて我等壱人《ひとり》に受候決意につき、また云う事なかれ」と諭した。

この一言は、井伊を肯定する場合に必ず引用されてきた言葉である。同時代人の勝海舟も、この言葉から、井伊は「大丈夫」と高く評価している。井伊は剛毅果断の性格で、我が国を開国に導き、欧米列強の植民地化から日本を救った偉人とするイメージも、ここから出発しているのだ。しかし、昭和六十年代に入って、「公用方秘録」写本は改竄《かいざん》されていたことが判明した。実際のやり取りは、真実と大きく乖離《かいり》している。宇津木は、朝廷から言われた通り、調印が諸大名の総意を確認してからではなかったため、朝廷をないがしろにしたと批判する者がそこかしこに現れ、また、孝明天皇の逆鱗に触れると指摘した。

それに対し、井伊はその点に気がつかなかったことは残念であるとし、大老職の辞任すらほのめかしている。これまでの井伊直弼のイメージとは一線を画するものである。少なくとも、剛毅果断さは感じられない。井伊の人間臭さをそこに感じ取るべきであろうが、井伊の評価をどうするのかは難しい課題である。

いずれにしろ、事実上の通商条約締結の推進者は岩瀬である。彼は目付・海防掛・外国奉行として安政五ヶ条約すべての交渉を主導し、実際に署名している。開国の恩人は井伊などではなく、本来は、歴史から忘れられている岩瀬である。もちろん、最終的な責任を負ったのは井伊直弼、その人ではあるのだが。

通商条約は不平等ではなかった――岩瀬忠震の志

岩瀬忠震らが結んだ通商条約は不平等条約であり、その無知さ、非開明性をことさら非難する向きがある。しかし、この意見にはまったく与することはできない。この点について、ここから詳しく述べてみたい。

そもそも、岩瀬は外交官として、安政四年（一八五七）六月には貿易実態を調査するために香港渡航を希望した。その発想は桁外れにユニークであるが、これは勘定奉行・勘定吟味役グループによって阻止された。岩瀬のことである、これが実現していたら、あるいはハリスとの交渉をもっと優位に運べたかも知れない。

まずは片務的領事裁判権（治外法権）について、これは日米約定（下田条約）を踏襲してそのまま盛り込まれたものであるが、確かにほとんど議論されることもなく、日本側が受け入れている。しかし、なぜそう易々と認めてしまったのかについては、その前提となる事情を説明する必要があろう。

当時は、日本人が外国に渡航することは国禁であった。通商といっても、現実的には外国船による日本の港での取引であり、我が国の商人が外国に乗り出すことなどあり得なかった。つまり、この段階では海外渡航など想定外であって、日本人が外国で罪を犯すことなど、考えられなかったのだ。

一方で、外国人の遊歩規定は厳しく定められていた。清（中国）とは違って、内地雑居は断固として阻んでおり、外国人がその居留地から外出して自由に活動できる範囲は、開港場からの距離を最大十里（約四十キロメートル）とするように定められた。

例えば、日米修好通商条約においては、第七条で横浜について、「日本開港の場所に於《おい》て亜墨利加《りか》人遊歩の規程左の如し、神奈川、六郷川筋を限とし其他ハ各方へ凡《およそ》十里」とある。外国人は居留地に閉じ込められ、商人以外の日本人との接触は極めて稀であった。

しかも、横浜はまるで長崎の出島のように設計され、隔離された空間であった。岩瀬らが領事裁判権（治外法権）をどこまで意識できていたかは知る由もないが、このように用意周到に日本人と外国人を隔離し、紛争など起こり得ない環境を作り出していた。日本にとって、領事裁判権など考慮する必要はなかったのである。

関税自主権について、通商条約では輸出税は一律五％、輸入税は一類（金銀、居留民の生活必需品）が無税、二類（船舶用品・食料・石炭）が五％、三類（酒類）が二〇％、圧倒的多数を占めた四類（その他）は二〇％であった。つまり、通商条約の調印時の輸入税は、おおむね二〇％と考えることができる。この関税率は、当時の世界水準から見て、日本にとって本当に不利なものであったのか。

当時、世界の工場と呼ばれたイギリスは自由貿易主義を標榜し、その植民地とともに輸入税・輸出税ともに、たったの五％であった。圧倒的な工業力と軍事力を背景に、安価な原料を輸入して、世界中に安価な製品をばらまいていた。

当時の日本人は、イギリスによる植民地化を恐れていた。しかし、実際はイギリスにはそのような野心などはまったくなく、貿易が円滑に行われさえすればよかったのだ。その代わり、通商条約がきちんと履行されない場合は、断固たる処置をとることも辞さなかった。

しかし、イギリスのような国家は実に稀であり、多くの場合は保護貿易主義を唱えていた。アメリカを例に取ると、産業革命を経ていたとはいえ、この段階では十分な工業化がまだ図られておらず、帝国主義国家としても大きな後れをとっていた。

脆弱《ぜいじゃく》な国家基盤のもとでは、とても自由貿易主義などは叶わず、アメリカは三〇％の輸入税を課していた。日本の二〇％はそれ相応の数字であり、まったく不平等などではないのだ。むしろ、ハリスの好意によって保護されているとしても、あながち言い過ぎではなかろう。

文字通り不平等条約となったのは、慶応二年（一八六六）五月十三日に英仏米蘭の四ヶ国代表との間に結ばれた改税約書からである。輸入税が一律五％に改められたことにより、安価な商品が大量に流入して、国内に激しいインフレーションを巻き起こした。

そして、国際貿易収支が不均衡になったのみならず、日本における産業資本の発達が著しく阻害されることになった。改税約書は、四国連合艦隊による下関砲撃事件（一八六四）の賠償金を三分の二に減免するためであり、文久期以降の攘夷運動のツケであったのだ。この事実を見逃してはならない。

この通り、岩瀬が結んだ通商条約は、決して不平等条約などではない。その後の攘夷運動によって、不平等に改変されたというのが真相である。そして、その攘夷運動を推進した長州藩や薩摩藩の下級藩士たちは、明治の官僚となった。

彼らは自身の行為を棚に上げ、ことさら幕府の外交政策を弱腰などと非難した。岩瀬らの功績を隠蔽し、否定しなければ彼らの立場がなかったのだ。こうして作られた薩長藩閥史観は、実は今でもまかり通っている節がある。

攘夷の思想を持ちながら、日本の植民地化を阻止し、将来の世界への飛躍を期して武備充実など富国強兵を図るため、あえて開国に踏み切った岩瀬忠震をはじめとする幕閣たち。彼らの志を見誤ってはならない。

岩瀬は、「この調印の為に不測の禍《わざわい》を惹起《じゃっき》して、あるいは徳川氏の安危《あんき》に係わる程の大変にも至るべきが、甚だ口外し難き事なれども、国家の大政に預る重職は、この場合に臨みては、社《しゃ》稷《しょく》を重しとするの決心あらざるべからず」（福地桜痴『幕末政治家』）と述べている。

岩瀬は、この中で幕府よりも社稷（国家）が大切であるとの認識を示している。幕府よりも日本国家が重要であると言い放った彼を、後世の我々はきちんと顕彰し、偉大な日本人として記憶に止めるべきであろう。

2　幕府の攘夷観の系譜——「即時攘夷」から「未来攘夷」へ

幕閣の「積極的開国論」——攘夷の一時凍結

安政五年（一八五八）六月十九日、ついに日米修好通商条約が調印され、ここに鎖国という国是は崩壊して日本は開国を迎えた。国際社会への参画、つまり欧米列強による世界再編体系への編入を強いられた。帝国主義によるアジア侵略や自由貿易主義に巻き込まれ、否応なしに世界新秩序の中に放り込まれた。

このように我が国を鎖国から開国に導いたのは、幕府の政治を司る大老・老中を中心とする官僚層である幕閣である。これまで述べてきた通り、その中でも開明的な阿部正弘・堀田正睦の両老中と、岩瀬忠震を代表する大目付・目付グループが主導して国是の変更を図ってきた。

となると、彼ら幕閣は攘夷思想を持っていたか否か、またそれをどのように克服したかが大きな問題となろう。当時の武士は、例外なく後期水戸学の影響を少なからず受けていた。すなわち、尊王論の徒であり、攘夷論の徒である。

尊王論について言えば、幕府は朝廷に対して、外国船の来航をこまめに報告し、ペリーやハリスとの交渉経緯も包み隠さず、タイムリーに伝えている。大名を納得させるためとはいえ、通商条約に対する勅許を求めたことなど、まさに朝廷崇拝、尊王の意向が読み取れる。

さて、問題は攘夷論である。幕閣の攘夷論は当然ながら、幕府の対外政策と一致する。無二念打払令と薪水給与令を繰り返しながらも、天保薪水給与令によって、撫恤政策の復活を行った。躊躇なく打ち払うという実力行使は影を潜めており、また、食料・薪水を外国船に提供することは認めている。一方で、外国人の上陸は許しておらず、最終的には打ち払いなどの戦闘行為は現場の判断として容認している。

この段階では、幕閣の誰もが鎖国という攘夷政策を堅持していると認識していたが、ペリー来航を迎え、その雰囲気は一変する。アヘン戦争での清の敗北に戦慄《せんりつ》し狼狽していた幕府は、オランダからのペリー来航の勧告にまったく対応できなかった。

確かに、その情報は幕閣および島津斉彬などの一部有志大名以外には秘匿されており、公然と議論などできるはずもない。しかし、そもそもどのような手を打つべきか、その糸口すら見出せずに思考が停止していたのだろう。これは至極当然の事態で、当時の幕閣を単なる無定見と片付けることは少々気の毒である。

ペリーに対し、阿部政権は長崎での対応を要求したが、にべもなく拒絶された。この段階で、これまでの撫恤政策は何らかの変更をせざるを得なくなった。結果として、日米和親条約を締結し、通商条約を回避したものの、そこにはそれまでの鎖国政策とは明らかな違いを見出せる。

下田と箱館を開港し、一定の区域内であれば、長崎におけるオランダ人および中国人のように行動を制限されないことが盛り込まれていた。これは明らかに、次なる通商条約を想定したものである。また、下田では、実際には交易と指摘されるやり取りも散見されていた。

阿部正弘も当初は無二念打払令の復活を志向し、攘夷強硬派の徳川斉昭を登用するなどの対外方針を打ち出した。とはいえ、実際にはペリーの強硬な砲艦外交に狼狽し、阿部は弥縫《びほう》策である「ぶらかし」政策を採用せざるを得なかった。

しかし、阿部はペリー再来に備えた各層への諮問の中で、勝海舟などの幕臣開明派、また、岩瀬忠震を代表とする昌平坂学問所出身の海防掛（大目付・目付グループ）の積極的開国論に感化される。そして、阿部は開国へシフトし始め、安政の改革では将来の通商条約の締結を前提とした富国強兵策を採った。

もちろん、彼ら幕閣は単純に攘夷思想を捨てたのではなかった。一例を挙げると、岩瀬忠震が起草したと思われる安政四年（一八五七）三月の大目付・目付から堀田正睦への上書の中で、「天帝ニ代り、忠孝信義之風以《かぜをもって》、貪婪《どんらん》虎《こ》狼《そう》之俗を化し、五世界中一帝と被仰候様被遊候《おおせられそうろうようあそばされそうろう》」（『幕末外国関係文書』）と明言している。

ここには、東アジア的華夷思想が色濃く見えており、天皇に代わって我が忠孝・信義の国風をして夷狄を教化し、全世界を征服して唯一無二の皇帝として天皇が君臨することを実現するという攘夷論である。

これは太平洋戦争時における大東亜共栄圏、その先の世界帝国へとつながる攘夷思想の系譜であり、いかにも壮大である。多かれ少なかれ、当時の幕閣にはこうした攘夷思想が底辺には存在していたのだ。

しかし、過激な攘夷論を一時凍結して現実を直視した結果、欧米列強には敵《かな》わないこの段階で、唯一導くことができたのが積極的開国論であった。欧米列強に宣戦布告しても、座して盲従しても、結果としては植民地化されるという亡国のシナリオに甘んじることは拒絶したのだ。

積極的開国論とは、貿易の利益によって国を富ませて武備充実を図り、富国強兵を実現するための対外政策である。その背景にはアヘン戦争やアロー戦争で植民地化への道をたどる、清の二の舞を何とか阻止しようという強い願望があった。こうした中で、安政の改革は実行された。

この方針は、堀田正睦によって継承され、さらに積極的に推進される。その軍師的な存在が岩瀬忠震であった。彼らは通商条約の締結により、積極的開国論を実現しようと奔走した。しかし、外圧の現場をともにしていない攘夷派大名層と、自分たちの代に鎖国から開国へと国体を変化させることを忌避する朝廷によって反対され、それは頓挫した。

次に幕政を担った井伊直弼も、積極的開国論には違いなかったが、大老という立場は、井伊を自由にさせなかった。井伊は国政の責任者として、最後まで国内融和、つまり勅許の獲得に固執した。

結果として、欧米列強の中国進出をはじめとする東アジアの緊迫した情勢が追い打ちをかけたことから、幕閣内では積極的開国論の即時推進派が優勢となった。そして、井伊を押し切る形で無勅許にもかかわらず、幕府は通商条約の締結に踏み切った。

一方で、この間に、朝廷と攘夷派大名層を積極的開国論、つまり通商条約容認には転向させられなかった。幕閣はもちろん、完全に攘夷思想を捨てたのではなかったが、政策として積極的開国論を採ったことから、反対派には攘夷を捨てたと取られても仕方がなかった。

条約容認派の「未来攘夷論」と、過激派志士の「即時攘夷論」

確かに、幕閣が攘夷を実現不可能と判断していたことは、誰の目にも明らかだった。ここで登場するのが、いわゆる「大攘夷論」である。積極的開国論では国内で折り合いがつかず、なぜ勅許を得ずして通商条約に調印したのか、大義名分が存在していない。

そこで、あくまでも攘夷という範疇《はんちゅう》で捉え直したのが、大攘夷と呼ばれる攘夷思想の一形態である。つまり、通商条約の調印以降、幕閣は積極的開国論を大攘夷論に展開したのである。

幕閣は、現状の武備ではまったく西欧諸国と互角に戦うことなど叶わないとの認識に立ち、無謀な攘夷を否定したものの、攘夷の方針自体は堅持する。むしろ通商条約を容認し、その利益をもって海軍を興し、十分な戦闘・防衛態勢を整えた上で大海に打って出るとする。

つまり、欧米よろしく、帝国主義的な海外進出をいずれ行うとする、大攘夷主義を唱えたのだ。これは攘夷を先送りにする、つまり、攘夷実行慎重論には違いない。

ところで、「大攘夷」という呼称であるが、これは文字だけ見るといかにも分かりづらい。繰り返しになるが、大攘夷論とは現在は忍従しつつ、富国強兵になった暁には、現行の通商条約を破棄し、大海に打って出て世界征服も辞さないとする理論である。

そして、将来の攘夷政策への復帰を前提としている。本書では、大攘夷をこれ以降、「未来攘夷」と呼称し直し、その概念を連想しやすくしたい。

この「未来攘夷」のロジックを使用し、しかも通商条約の破棄を約束することによって、安政五年（一八五八）十二月、井伊政権は孝明天皇から勅許までは得られなかったものの、この間の経緯を「氷解」、つまり本心ではないものの、了解したとの言質を獲得した。

ここに当面、外交問題における通商条約は棚上げにされ、先送りとされた。現代の国際問題にも見られそうな解決方法であろう。もちろん、棚上げであるからには、いずれまた朝幕間で問題となることは必至であった。

なお、未来攘夷論は幕閣以外からも提唱・支持されており、通商条約容認派の共通した攘夷概念へと昇華した。例えば、後に述べる嘉永六年（一八五三）段階での島津斉彬《なりあきら》の意見書が最も早い同意見であった。

また、文久元年（一八六一）、長州藩が公武（朝廷・幕府）融和を目指した国事周旋において、藩士長井雅楽《うた》によって提唱された航海遠略策にも通じるものである。その他、津和野藩の国学者・大国隆正《たかまさ》、越前藩士で松平春嶽のブレーンであった橋本左内、松代藩士の兵学者・佐久間象山《しょうざん》にも見ることができる。

一方で、幕府の「未来攘夷」に対して、それをあくまでも認めようとしない反対勢力が当然ながら存在した。天皇と攘夷派大名、それに与する廷臣や藩士・浪人であった。とはいえ、必ずしも「未来攘夷」を完全に否定していたわけでなく、むしろ理解を示していた者が多く存在した。そうでなければ、後述する長州ファイブの誕生などはあり得ないことである。しかし、勅許なき通商条約を、どうしても容認することはできなかったのだ。

その考えは下層に至るほど、つまり、一見過激に見える長州藩士をはじめとする尊王志士ほど強く持っていた。彼らは、本来は「未来攘夷」主義でありながら、条約をあくまでも否定することに固執し、その後に対等な通商条約を締結国に迫るとした。これは、大攘夷に対して「小攘夷」と呼称されている。

小攘夷派は、文久二年（一八六二）後半から翌三年の八月十八日政変まで、中央政局の主役であった。廷臣では議奏三条実美《さねとみ》・国事参政（姉小路公知《あねがこうじきんとも》）・国事寄人《よりうど》（中山忠光）であり、特に中山忠光は廷臣として一人、攘夷実行の現場に立ち、天誅組にも加わった。

武臣では、長州藩（久坂玄瑞《げんずい》を中心とする松下村塾系グループ・桂小五郎）・土佐藩（武市瑞山《たけちずいざん》に率いられた土佐勤王党）・尊王志士（真木和泉・平野国臣・小河一敏《おごうかずとし》）に代表される。なお、寺田屋事件で弾圧された有馬新七に代表される薩摩藩の激派も含まれよう。

彼らは外国人殺傷や外国船砲撃といった過激な行為に走ったり、あるいは、勅許も得ずに幕府が締結した通商条約を一方的に廃棄したりすることを主張し、それによる戦争も辞さないとする。
これを端的に言えば、即今破約攘夷論には違いない。通商条約を容認し、積極的に世界と貿易して国力を養成し、その上で海外に雄飛するという、「未来攘夷」派とは相容れないものであった。

ところで、「小攘夷」という呼称であるが、これも「大攘夷」同様、文字だけ見ると分かりづらい。繰り返しになるが、小攘夷論とは孝明天皇が認めない通商条約を武力に訴えてでも破棄することを主張し、そのために日本が締結国と戦争をして、焦土となることも辞さないとする理論である。

「未来攘夷」を否定することから、それを標榜する幕府の存在を否定する可能性を包含していた。つまり、倒幕的な思考である。本書では、小攘夷をこれ以降、「即時攘夷」と呼称し直し、その概念を連想しやすくしたい。

ところで、余談ではあるが、この大攘夷・小攘夷はいつごろ成立した言葉であったのか、個人的には非常に気になる点であった。筆者はそれを突き止めようとしたが、そもそも同時代にこの語彙を使用している史料にはたどり着けなかった。しかし、ヒントはあった。

芳賀登氏は、幕末の国学者・大国隆正が「尊皇攘夷異説辨《べん》」の中で、大攘夷・小攘夷を使用していると指摘している（「国学者の尊攘思想」）。そこで、「尊皇攘夷異説辨」を繰り返し精読したが、大攘夷・小攘夷という語彙そのものは発見できなかった。

しかし、大攘夷・小攘夷の概念はそこに示されていた。現時点での結論としては、大攘夷・小攘夷は、大国隆正の言説を的確に表した芳賀登氏による後世の造語であろう。それがいつのまにか、典拠が曖昧なまま一般化され、あたかも当時の語彙として認識されたものと考える。筆者の「未来攘夷」「即時攘夷」も、かくありたい。

破約攘夷を命じる朝廷、未来攘夷を維持したい幕府

幕閣の「未来攘夷」への志向性は、その後も弛《ゆる》むことはなかった。井伊直弼は堀田正睦や岩瀬忠震などの開明派を斥けたものの、「未来攘夷」路線を推進した。井伊による安政の大獄は、通商条約に反対する「即時攘夷」派の弾圧とされることが多い。

しかし、むしろその本質は、十三代将軍家定の後継問題、いわゆる「将軍継嗣問題」に連動した政争に求められよう。井伊は対抗馬であった一橋慶喜を斥け、紀州慶福を支持して十四代将軍家茂とした。

それに不満の水戸藩士や尊王志士が、勅許を得ていない通商条約の反対にも絡め、朝廷に運動した。その結果、朝廷は幕府を飛び越えて水戸藩に対し、安政五年（一八五八）八月に、無断調印を非難して幕政改革を迫る命令書、いわゆる「戊午の密勅」を下した。

この密勅については、後でも詳しく述べるが、関白九条尚忠《ひさただ》の裁可を経ていない勅命であり、

前代未聞であった。しかも、幕府を経由せずに、勅命が江戸時代を通して初めて、諸藩に直接もたらされたことになり、幕府の威厳は著しく傷つけられた。

井伊は、密勅降下に尽力した勢力を徹底的に弾圧したが、その一連の流れこそ安政の大獄に他ならない。井伊は桜田門外の変（一八六〇）によって斃《たお》れたものの、これ以降、京都を舞台とする中央政局において、未来攘夷派と即時攘夷派の政争が激化していく。

井伊亡き後の幕政は、老中安藤信正が取り仕切ったが、幕府の衰退は目を覆うばかりであった。安藤も未来攘夷を掲げ、朝廷との融和政策である公武合体運動を推進し、井伊政権時代から画策されていた皇女和宮《かずのみや》の将軍家茂への降嫁《こうか》の実現に奔走した。

その際には、交換条件として攘夷実行を迫られた幕府は、「七八ケ年乃至《ないし》十ケ年」（『孝明天皇紀』）には必ず攘夷の実効を挙げる旨を誓約したため、その情報が暴露されてからは、即時攘夷派から執拗に実行を迫られた。そんな中で、文久二年（一八六二）一月、安藤は坂下門外の変で浪士に襲われ、失脚を余儀なくされた。

ここに登場するのが薩摩藩・島津久光である。久光は国政に参画する野望を抱き、その手始めに朝廷の権威によって幕府人事に介入し、自身も幕政への参画を目指した。同年四月、久光は率兵上京を果たし、尊王志士を弾圧した寺田屋事件の後に、勅使を伴って江戸に向かった。そして、一橋慶喜を将軍後見職に、松平春嶽を政事総裁職に就任させることに成功した。

しかしこの段階では、藩主の実父に過ぎない、無位無官の久光の幕府をないがしろにした一連

一橋慶喜
（茨城県立歴史館蔵）

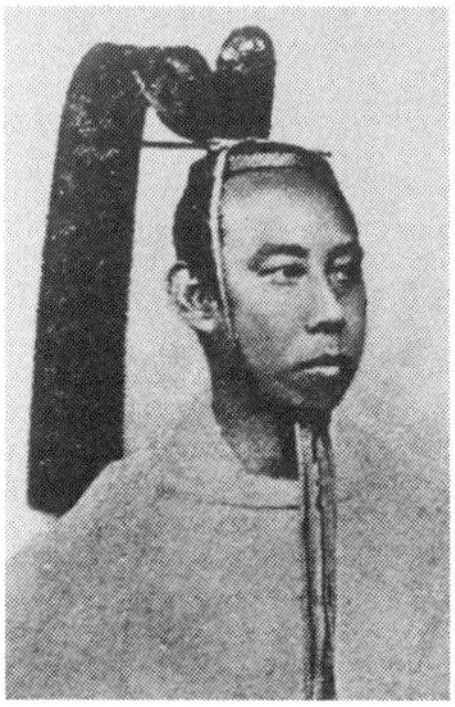

松平春嶽
（国立国会図書館蔵）

の行動は、幕閣からひどく恨まれており、久光の幕政参画は彼らの猛烈な反対から、叶わなかった。ちなみに、久光が京都に戻る途中で起こしたのが生麦事件である。この事件については、後で詳しく述べたい。

慶喜と春嶽は、井伊によって政局から追放されていたが、久光の尽力によって、期せずして復活を遂げた。彼らは文久の改革に着手し、参勤交代の緩和や西洋式軍制の導入といった軍事改革などを実行した。対外方針については、未来攘夷を堅持し、一層の武備充実を図ろうとした。そもそも、参勤交代の緩和も、諸大名が海岸防備などに費用を充てることを可能にするためであった。

ここで大問題が発生する。文久二年夏以降、土佐藩や長州藩といった即時攘夷派に牛耳られていた朝廷は、幕府に即今破約攘夷を迫るために、勅使を派遣することに決定した。慶喜・春嶽政権は未来攘夷を唱えており、むしろ積極的な開国を支持していたため、その対応に大いに苦しめられることになった。

慶喜らは未来攘夷を志向していたものの、この段階で即時攘夷を標榜する朝廷と敵対関係に陥ることは、最も避けなければならないことであった。そのため、文久二年十二月五日に至り、泣く泣く攘夷の勅命を受け入れた。

これを、「奉勅攘夷」と呼ぶ。幕府には、すでに国政を牽引《けんいん》するだけの実力が欠落しており、その意に反して即時攘夷に転換したことになる。とはいえ、慶喜・春嶽政権が本気で即時攘夷を行う気がなかったことも事実である。

文久三年（一八六三）三月、十四代将軍家茂は征夷大将軍として、家光以来となる二百三十年ぶりの上洛を果たした。将軍の上洛によって、奉勅攘夷は確認されたものの、幕府が求めた大政委任は、朝廷から事実上の否定を通告され、委任は征夷大将軍としての職能に止まった。つまり、「攘夷」実行に限定されたのだ。

しかも、それ以外の国事は、朝廷より沙汰するとされ、大政委任をすべての範囲とする幕府とは、自ずと齟齬《そご》が生じた。これ以降、命令系統が二つ存在する、いわゆる政令二途が先鋭化して諸藩を悩ませ、中央政局を混乱させる大きな原因となった。政令二途を政令一途に戻すことが、国政における最大の焦点となった。

また、攘夷についても、その期限や策略については、本気で外国と戦争をする気がなく、決定を先送りにしたい幕府からは具体的な奏聞《そうもん》はなされなかった。しかし、幕府は明言を拒み続けたものの、朝廷からの催促に抗し切れず、攘夷実行期限については四月二十日に至り、とうとう将軍家茂は文久三年五月十日と奏聞した。

確かに、期限は明示されたものの、幕令は「襲来候節ハ掃攘《そうじょう》致シ」（『孝明天皇紀』）というものであった。これを文字通り解釈すれば、単なる通船はその対象とならないはずであるが、攘夷をどう実行するかという策略については、依然として曖昧である。

一方、征夷大将軍を委任したはずの朝廷が自らも攘夷に関して、六月十八日に「無二念打払」の勅命を発した。この解釈をめぐっても政令二途となって、これが西国諸藩の大きな政治的懸案となり、その対応に苦慮せざるを得なかった。例えば、勅命を奉じる長州藩と幕令を順守する小倉藩の確執は、内乱の火種になりかねなかった。

即時攘夷派の暴走と崩壊、条約勅許へ

幕府は、即時攘夷に転換したと宣言したものの、対外的には通商条約を破棄しておらず、実際の対外方針は、未来攘夷のままであった。しかし、幕府が朝廷に攘夷実行の開始日と宣言した五月十日、長州藩は下関でアメリカ商船を砲撃し、その後も外国船への攻撃を繰り返した。五月十日を期して、下関戦争が始まったのだ。

こうして、即時攘夷派はいよいよ実力行使に出始めた。我が国は、未来攘夷vs即時攘夷、言い換えればその本質は幕府vs長州藩であったが、これによる内乱寸前の状態の中で、対外戦争の危機に陥ったのである。

行き過ぎた即時攘夷派に鉄槌《てっつい》が下ったのが、同年の八月十八日政変である。孝明天皇をはじめ、

中川宮や近衛忠熙《ただひろ》・忠房《ただふさ》父子などの上級廷臣は、三条実美ら激派廷臣と同様に通商条約を否定し、鎖国に戻すことを期待していたものの、外国との全面戦争までは想定していなかった。

ましてや、自ら攘夷の先頭に立つことなど、絶対に阻止しなければならない事態であった。そこに追い込まれそうになった孝明天皇が、中川宮に依頼して実行したのが八月十八日政変だが、その画策はもっぱら薩摩藩が行い、会津藩が武力を提供して実行が叶った。

これにより、即時攘夷派である三条実美や長州藩は京都から追放され、即時攘夷は過激であるとして退けられた。しかし、幕府の意に反して、朝廷の通商条約破棄の方針は不変であった。そこで幕府が持ち出したのが、横浜鎖港という折衷案だった。

当時開港していた箱館・横浜・長崎の三港の中で、最大の貿易港である横浜を閉鎖するプランである。朝廷内では一港のみの閉鎖に対して反対意見が多かったが、貿易をほぼ独占していた横浜の鎖港は、実質的には通商条約の破棄に等しく、それが新たな国是となった。

しかし、そのようなことを締結国が同意するはずもなかった。後述する通り、幕府は文久三年十二月にヨーロッパまで横浜鎖港談判使節団を派遣するなど、本気で横浜鎖港を目指したものの、まったく相手にしてもらえなかった。

ちなみに、その時の遣欧使節は二回目のことで、最初は開市開港延期交渉のために文久二年（一八六二）に派遣されている。この時は、通商条約で取り決められていた兵庫・新潟の開港、江戸・大坂の開市を五年延期するロンドン覚書の調印に成功していた。

その後、幕府・会津藩・薩摩藩vs長州藩という内乱状態が続き、禁門の変・第一次長州征伐が立て続けに勃発した。将軍家茂も大坂城に布陣していたが、その機を捉えて慶応元年（一八六五）九月には英仏米蘭の四国連合艦隊が大坂湾に闖入《ちんにゅう》し、通商条約の勅許を求めた。その圧力に屈した幕府の執拗な懇請を受け、とうとう朝廷は勅許を与えた。

通商条約の勅許によって、理論的には攘夷という概念は消滅し、日本の国是は開国となった。幕府は独力で勅許を得ることができず、皮肉にも外圧によって通商条約の勅許は成し遂げられた。これによって、内乱の大きな芽を摘むことが可能となったのだ。

しかし、日本人から攘夷の感情が消え失せたわけではなかった。通商条約の破棄から横浜鎖港へと変転した即時攘夷の系譜は、この段階で終焉を迎えたものの、結果として未来攘夷に収斂《しゅうれん》したことになる。攘夷の系譜は、未来攘夷に特化されて明治以降の日本人の心に潜むことになった。

第四章　長州藩の世界観

――過激攘夷の深層

1　吉田松陰の対外思想——積極的開国論と未来攘夷

下田渡海事件に見る松陰の世界観

幕末の長州藩というと、攘夷の代名詞のような印象を持たれるであろう。それも無理がないことで、実際に外国艦隊と砲火を交えたのは薩英戦争を戦った薩摩藩と長州藩のみである。しかし、薩英戦争は偶然起こった生麦事件の余波であり、薩摩藩が積極的に開戦したわけではなかった。

一方の長州藩は、前述した通り、自らが開戦を望んだ結果であり、文久三年（一八六三）五月には、アメリカの商船ペンブローク号、フランスの通報艦キャンシャン号、オランダ東洋艦隊所属のメデューサ号を、三日にわたって砲撃した（下関事件）。

長州藩が武威を示めせたのは、不意を喰らわせた緒戦のみで、アメリカ・フランスによる報復攻撃を二回受けたことにより、既存の藩兵による戦時システムはあっけなく崩壊してしまう。それを受け、高杉晋作による奇兵隊が誕生したことは、あまりにも有名であろう。

しかし、長州藩の本当の試練は、翌元治元年（一八六四）八月の英仏米蘭の四国連合艦隊による下関砲撃事件である。長州藩は完敗し、死者十八人・負傷者二十九人を数えた（連合軍は死者十二人・負傷者五十人）。長州藩の攘夷実行はこうして潰《つい》えた。

それにしても、彼らは何のために外国船を砲撃したのだろうか。単純に外国人嫌いといった程度のことであれば、攘夷実行の裏で留学生派遣など行うはずもなく、整合性もなければ、説明もつかない。ここでは、こうした疑問を解く鍵として、長州藩の攘夷思想について、詳しく掘り下げていきたい。

長州藩の対外認識を考える場合、まずは吉田松陰について語らなければならない。というのは、文久期に藩政の中枢を牛耳って攘夷実行を推し進めたのは、松下村塾で直接松陰から教えを受けた塾生が中心であったからだ。例えば、久坂玄瑞、高杉晋作、吉田稔麿、入江九一、山県有朋、前原一誠《まえばらいっせい》、伊藤博文、品川弥二郎、山田顕義《あきよし》などである。

また、久坂らが兄のように慕った桂小五郎も、嘉永二年（一八四九）に藩校明倫館で山鹿《やまが》流兵学教授であった吉田松陰から、兵学を学んでいる。桂は松下村塾の門下生ではなかったが、終生松陰を師として仰いだ。

吉田松陰
（山口県文書館蔵）

さらに、藩要路である周布政之助《すふまさのすけ》は、松陰のよき理解者の一人であった。つまり、松陰の影響力は、刑死した後も持続し、弟子たちを中心にその思想的系譜は継承されており、対外認識も、また然りであった。

松陰の対外認識を如実に表した事件として、「下田渡海事件」が有名であろう。これは、嘉永七年（一八五四）三月、日米和親条約締結後、下田に留まるペリーに対し、海外渡航を直訴するためにポーハタン号へ赴いたものの、拒絶された一連の経緯を指している。その後、松陰は国禁を犯したとして江戸伝馬町の牢屋につながれてしまう。

ここで、松陰が渡航を企てるに至った対外認識の変遷を考えてみよう。そもそも、長州藩は長い海岸線を持ち、交通の要衝となる下関を清末藩《きよすえ》という支藩下に置き、また、朝鮮とのパイプ役である対馬藩との交流が深かった。

松陰でなくとも、長州藩に生まれた者は、多かれ少なかれ対外危機を敏感に感じ取ることができた。特に松陰は、山鹿流兵学師範であり、国防問題への関心は人並み以上であった。

松陰を貫くものとして、極めて強い皇国思想と、それを裏打ちする陽明学に根差した直情的な信義が存在した。陽明学とは、明の王陽明が始めた儒学の一派で、現実を批判して心の中の道徳心を追求し、実践に活かそうという知行合一《ちこうごういつ》の立場を貫いた。そのため、陽明学は現実社会の矛盾を改めようとする革新性を持っていた。

松陰の行動は、是が非でも朝廷や藩への忠誠を全うすることを基軸にしており、そのために自身の信義が正しいと判断すれば、他人の忠告など一顧だにしなかった。そのため、計画性がなく極めて感情的になることも少なくなかった。こうした松陰の言動は、同時代人から見ても突飛な行動として捉えられる傾向があった。それどころか、藩を窮地に陥れる可能性を感じ、松陰を苦々しく思う要路もいたのである。

松陰は、確固たる思想体系を必ずしも持ち合わせておらず、どちらかと言えば、相手の意見に感化されやすかったが、裏を返せば、柔軟な思想性を持っていたとも言える。しかし、一度琴線に触れて信義と連動した場合は、実力行使も厭《いと》わない、過激で頑固な一面も宿していた。

その松陰の対外認識は、未来攘夷と即時攘夷を行ったり来たりすることになる。嘉永六年（一八五三）六月のペリー来航にあたっては、一方的に我が国法を破り、長崎回航の要請も無視して、堂々と浦賀に停泊したことへの激しい憎悪があった。

しかも、和親と通商、つまり開国を押し付ける夷狄に対する敵愾心は旺盛で、その要求を鵜呑みにしかねない幕府への猜疑心があった。この時の松陰は、「墨夷膺懲《ぼくいようちょう》」（夷狄であるアメリカを征伐してこらしめること）を志向しており、場合によってはペリーを暗殺することすら厭わなかった。まさに、即時攘夷である。

しかし、下田渡海事件の際には、「墨夷膺懲」の方向性は必ずしも変わらなかったが、ペリー暗殺は断念し、渡航計画に邁進することになった。確かに、この段階では通商を回避された日米和親条約が締結された事実があり、通商条約の締結を阻止するためにペリー暗殺を企てるという大義名分はすでに失われていた。

しかし、松陰が著した「幽囚録」にもある通り、松陰の方針転換の最大の理由は、彼の師で蘭学者であり兵法家でもある、佐久間象山の言説に触れたことによる。佐久間によって、松陰の思考は柔軟性を呼び覚まし、現実的な国際感覚を取り戻したのであろう。松陰にとって、佐久間の

佐久間象山
（国立国会図書館蔵）

存在は極めて大きいと言える。

佐久間は松代藩士で兵学者・朱子学者・思想家として知られ、江戸で塾を開いていた。松陰をはじめ、幕末維新期に活躍した勝海舟、河井継之助《つぐのすけ》、橋本左内、加藤弘之、山本覚馬《かくま》、坂本龍馬などが門下生である。元治元年（一八六四）には、幕府から海陸備向掛手付雇を命じられ、幕府の臨時雇いとして京都で活躍したが、同年に暗殺されている。

松陰と佐久間の出会いは嘉永四年（一八五一）にさかのぼるが、それ以来、松陰は佐久間を最大の師として仰ぎ続けており、両者の交友は継続していた。佐久間は、下田渡海事件に連座して投獄されており、その段階で松陰と最も気脈が通じていた証左であろう。

なお、松陰の計画は渡航ではなく、あくまでもペリー刺殺であったとする説がある。残念ながら、ここで詳細に反論することは叶わないが、私は渡航が目的であったと考える。確かに、盟友である肥後藩士の宮部鼎蔵《ていぞう》とのやり取りから、松陰にその思いもあったことは間違いないが、最終的には佐久間の言説に触発されたのだ。

そもそも、佐久間のリアリスティックな対外認識からして、刺殺を教唆《きょうさ》することなどあり得る話ではない。また、事の重大性から、松陰が計画に賛同した宮部ら友人を守るために、渡航と虚偽を申し立てたとする説もいかがなものか。松陰の人生を俯瞰した場合、どのような状況に置かれても、信念を曲げて嘘をつくことは考えられない。

なお、松陰は獄中で渡航の動機を「幽囚録」に著したが、刺殺説ではこれもその計画を隠すカムフラージュのためとする。しかし、常識的に考えても、誰の目に触れるかも分からない「幽囚録」の中で、そのような手の込んだことを、この段階で無名の松陰がする必要はなかろう。

松陰の師・佐久間象山の世界観

さて、松陰の対外認識に影響を与えた佐久間の対外思想とは、どのようなものであったのだろうか。佐久間は、日本の今の実力ではとても攘夷の実行は不可能である。弱肉強食の国際環境の中では、強い者しか生き残れず、強者である欧米列強と伍していくためには、対等の西洋技術を習得する以外ないとする。

そのためには、佐久間は有為な人材をヨーロッパに派遣し、「夷情《いじょう》探索」、つまり欧米列強のありのままの実情を探り、そこにあるものを調べることを推奨する。あわせて、陸海にわたる軍事技術や海防・城塁方法を修得させると説いたのだ。

佐久間の対外認識は、未来攘夷と言えるものであったが、将来的な攘夷実行にも懐疑的であった。これは、日本の実力が欧米列強に接近できたとしても、それを超えることは至難の業であり、科学者でもある佐久間は、そのような状態での戦争は難しいと判断したものであろう。

佐久間の真意は、武力によるのではなく、欧米列強を超えるレベルの産業や技術力によって、世界を御するとするところにあったのではないか。佐久間の先見性・近代性には、もっと高い評価を与えるべきである。

下田渡海事件の際には、松陰はあくまでも押し付けられた通商条約による開国には断固反対であった。このような対等でない国体の変革は屈辱的であり、独立国家としてメンツが丸つぶれであるとした。

松陰は、幕府の弱腰では列強から蔑視され、侮られるだけである。その先には、皇国の植民地化も懸念されるとして、ここはいったんすべての列強からの要求を拒絶し、あらためて対等な通商条約を皇国から持ちかけることを主張した。

しかし、佐久間が言う通り、今の実力差はいかんともし難く、西洋技術を習得する以外に対等に渡り合うことはできないことを理解する。そして、そのためには、有為な人材をヨーロッパに派遣することを積極的に支持した。しかし、海外渡航が国禁であるため、松陰自身が死を覚悟してこの壮挙を行うことにしたのだ。

松陰は、攘夷の実行そのものには、佐久間と違って疑問の余地を挟まなかったが、海外渡航についてては積極的に師に賛同した。これは後に述べる、長州ファイブの渡航における井上馨の思想そのものである。面白いことに、松陰の系譜は弟子ではない井上に連なるが、これは長州藩そのものに松陰の遺伝子が残ったことによろう。

なお、下田渡海に失敗した松陰は、幕府に自首し伝馬町の牢屋に入れられた。その後、萩に送還され野山獄に幽囚される。約一年後に出獄した松陰は、生家で預かりの身となるが、そこで松下村塾を始めたことは周知のことであろう。

松陰の積極的開国論

松陰は、文久期に長州藩の藩是（藩の基本方針）となった後述する「航海遠略策」にもつながる意見も述べている。安政五年（一八五八）四月に著した「対策一道」によると、「国家の大計を以て之れを言はんに、雄略を振ひ四夷を馭《ぎょ》せんと欲せば、航海通市《つうし》に非ざれば何を以て為さんや」（『吉田松陰全集』）と述べる。

つまり、松陰は国家百年の大計を立てるとすれば、そして、雄大な計略を用いて夷狄を御することを望めば、開国通商でなければならないとの航海通市策を訴える。松陰は、当時の幕閣と大差のない、積極的開国論を主張している。

そして、もしも「封関鎖国」（開国せず鎖国を堅守）策を採れば、「坐して以て敵を待たば、勢屈し力縮みて、亡びずんば何をか待たん」と嘆いている。これによると、座して敵を待つことになり、国威はくじかれ国力は衰えて、滅びることを待つのみであると警鐘を鳴らす。

松陰は続けて、「航海通市は固《もと》より雄略の資《もと》にして祖宗の遺法なり。鎖国は固《もと》より苟偸《こうとう》の計にして末世の弊政《へいせい》なり」と、航海通市策は雄大な計略の素となり、我が国の祖法である。一方で、鎖国政策は一時しのぎの安楽をむさぼる行為であり、末代までの悪政であると断言し、通商条約を容認する。

このように、松陰はむしろ積極的に通商を容認し、その利益によって富国強兵を目指し、その先には夷狄征服を念頭に置いていた。これはまさに、未来攘夷そのものである。しかし、これはあくまでも皇国として挙国一致で行わなければならず、松陰の中では、すでに藩とか幕府とかのレベルは超えていた。現行の幕藩体制は維持しながらも、朝廷・幕府・藩が一致協力した未来攘夷の実現を求めたのだ。

安政五年六月に、幕府は勅許を得ずして日米修好通商条約を締結してしまう。松陰の運命は、加速度を増して暗転することになる。これまで述べてきた通り、松陰は決して通商条約自体に反対の立場ではなかった。

しかし、松陰はあくまでも押し付けられたのではない、対等な立場での締結を求めていた。さらに、当然のことながら、挙国一致のためにも、そもそも我が国が皇国である以上、孝明天皇の勅許は必要不可欠な条件との立場であった。

松陰の怒りが収まらないのは、至極当然であろう。「墨夷に諂事《てんじ》して天下の至計と為し、国患を思はず、国辱を顧みず、而《しこう》して天勅を奉ぜず」、つまり、アメリカに媚びへつらって結んだ条約にもかかわらず、それを国是と定めたと幕府を痛烈に批判する。

さらに松陰は、幕府には我が国の存亡の危機との認識がなく、国辱であることを顧みることもせずに、ついには勅許も得なかったとして突き放した。そして、その後の松陰は討幕も視野に入れ、周囲が狼狽するほど過激な言動を繰り返した。

例えば、松陰は大原重徳《しげとみ》西下策（公家大原を長州に招き入れ、倒幕の挙兵をする）や間部詮勝《まなべあきかつ》要撃策（老中間部を暗殺する）などを画策した。藩要路で政務役の周布政之助はこれに憂慮し、藩主毛利敬親《たかちか》に進言して、松陰を再び野山獄に収監した。

幕府からも嫌疑を受けた松陰は、安政六年（一八五九）六月に江戸へ護送され、三回の取り調べ後、十月二十七日に刑死して安政の大獄による犠牲者の一人となった。そもそも、松陰の罪状は梅田雲浜《うんぴん》と萩で会って政治的謀議を行ったのではないかということ、京都御所内で幕政批判の落とし文が見つかり、その筆跡が松陰のものではないかということ、この二点が疑われたためであった。

松陰は罪状認否にあたり、理路整然と反論したため、あっけなく疑惑が晴れたものの、幕吏から今の世の中をどう思うかと問われた際、老中間部詮勝要撃策を白状したことから、一気に重罪人に仕立てられてしまった。松陰は、この計画を幕府は当然つかんでいると勘違いしていた。

松陰は、幕府も知らない間部要撃策などを自白したため、斬首されたとするが、評定所の審判は遠島であった。しかし、大老井伊直弼が最終的に死刑に変更したとされる。この結果が、井伊自身もさることながら、幕府の命脈を縮めることになろうとは、幕閣は露とも想像がつかなかったであろう。

戊午の密勅に応え、長州藩、国事周旋を開始

さて、松陰を死に追い込んだ安政の大獄とは、何が直接のきっかけであったのだろう。結論から先に言うと、それは先にも述べた安政五年（一八五八）八月八日に下賜された戊午の密勅であった。それまでの大政委任体制を朝廷自らが否定したもので、水戸藩に勅旨が直接伝達され、諸藩にも内報された極めて意義深い事件であった。

密勅の内容は、勅許なく通商条約に調印したことを強く非難し、御三家および諸藩には幕府に協力して公武合体の実を挙げること、幕府には攘夷推進の幕政改革を成し遂げることを命じている。伝達方法だけでなく、内容的にも、幕府の面目は丸つぶれであった。

長州藩にも、八月二十三日に勅書写しが渡された。九月十六日、周布政之助は右大臣鷹司輔熙《すけひろ》に謁見し、写しの伝達を謝して時事に関する藩主毛利敬親の意見を述べた。こうして長州藩も、政治の舞台に立たされることになった。

戊午の密勅は水戸藩による朝廷工作によって下賜されており、井伊は徳川斉昭が黒幕とにらんで、何とか証拠を見つけて斉昭を罰するために、徹底的な捜査を命じた。安政の大獄の勃発であ

る。結局、斉昭の関与は証明できなかったものの、捜査範囲は広がり続け、未曽有の大弾圧事件となった。

安政の大獄は中央政局に著しい閉塞感をもたらし、あわせて密勅を拝受した雄藩には、これに応えなければならない義務が生じた。このような状況下で、衰退した幕府の隙に乗じて、この閉塞した政治状況を打破するため、西国二大雄藩、長州藩と薩摩藩の国事周旋が開始された。

それは戊午の密勅に応えるものであり、「国内治平公武御合体、弥《いよいよ》御長久之様徳川家ヲ扶助有之《これあり》、内ヲ整外夷之侮《あなどり》ヲ不受《うけず》」（『孝明天皇実録』）との意向に沿うものであった。つまり、国内を公武合体によって安定させ、末永く徳川家の世が続くように幕府を助け、内政を整えて夷狄の侮りを受けないようにすることであった。

しかし、薩長両藩のイデオロギーや方法論には、大いなる違いが存在した。長州藩は他の藩と同様に、幕藩体制の根幹でもある朝廷から幕府への大政委任を前提として捉えたため、幕府が結んだ通商条約を否定することはできなかった。よって、通商条約の勅許による公武合体、およびその体制による未来攘夷の実現を企図する「航海遠略策」を朝廷に奏請した。

その周旋は質朴に密勅に応えるものであったが、航海遠略策が朝廷に受け入れられた後、どのように国政参画を果たすのか、そのイメージを具体的に描けていなかった。加えて、藩是とはいえ、藩士長井雅楽に負う活動であり、藩内反対分子による妨害工作に終始悩まされた。

国父島津久光が直接乗り出した薩摩藩と比較して、長州藩の国事周旋は非常に危ういものであり、航海遠略策の挫折を経て藩是を破約攘夷に転換するに至ったことは、至極当然の帰結であろう。なお、航海遠略策そのものについては、次節で詳しく紹介したい。

一方、薩摩藩は明確な政治的動機の下、つまり国政に介入しようとし、上昇を続ける天皇権威を最大限に利用することを狙った。その周旋活動は用意周到に準備されており、しかも、久光（および藩主茂久《もちひさ》）に主導・統制されたもので、文久二年（一八六二）の率兵上京を伴う挙藩一致の大プロジェクトであった。

松陰の遺志を継ぐ長州藩――海軍建設と海外渡航

松陰の対外認識は、その後の長州藩の方向性を決定付けたと言える。それは、松陰が刑死して以降の長州藩の政策が、海軍の建設と「夷情探索」のための海外渡航の実現に向かったからである。

海軍建設について、幕府は嘉永六年（一八五三）のペリー来航を契機にして、我が国の軍備・海防力の強化を目的として各藩の大船建造を解禁した。翌七年（一八五四）、幕府は長州藩に対して、大船の建造を要請するに至った。しかし、この段階の長州藩にはそれに応える実力はなかった。

とはいえ、海軍建設の機は熟しつつあった。安政三年（一八五六）一月に至り、桂小五郎からの軍艦製造の意見書を契機として、周布政之助を中心とする藩政府は、船大工棟梁の尾崎小右衛門を伊豆と江戸に派遣した。また、ロシア船の建造にかかわった戸田《へた》村の船大工棟梁を招き入れるなど、洋式造船技術と運転技術の導入を図った。

そして、尾崎らの意見に基づき、同年四月には小畑浦の恵美須ヶ鼻《えびすがはな》（山口県萩市）に軍艦製造所が設立され、早くも十二月には洋式軍艦・丙辰丸《へいしんまる》が進水した。全長二十五メートルの木造帆船で、海軍の練習艦として使用されただけでなく、大坂などとの交易にも利用された。

安政四年（一八五七）八月、この造船所はいったん閉鎖されたものの、一方で翌五年（一八五八）に長州藩は軍政改革を開始し、総責任者に山田亦介《またすけ》を登用した。そして、山田からの強い希望もあり、造船所は再整備され、万延元年（一八六〇）には海軍の練習艦として使用された庚申丸《こうしんまる》を建造した。

なお、庚申丸の製造にあたっては、技術者を長崎海軍伝習所に派遣して、オランダの造船術を学ばせており、その技術を用いて作られている。その際、現在では製鉄遺跡として、国の史跡に指定されている「大板山たたら」で精製された鉄が使用された。このように、長州藩は早くも多くの産業拠点を確立していたのだ。

こうして、長州藩は松陰の遺言でもある富国強兵を図り、その核として海軍建設を推し進めた。それはハード・ソフト両面からのもので、薩摩藩の集成館事業には遠く及ばないものの、我が国における最先端の軍事技術を擁していた。このことが、後の攘夷実行への自信につながったものと言えるのではないか。

2　長州藩の即時攘夷の深層

長州藩の海軍建設と「嚶鳴社グループ」

長州藩は、長い海岸線と下関という交通の要衝を持つ独特の地理的状況もあいまって、日本に迫りくる列強の強力な軍事力に、植民地化の脅威をどこよりも早く切実に感じていた。画期となったのが、吉田松陰の登場である。

長州藩ならではの世界認識は、未来攘夷を標榜した松陰によって、一層の具体性を持ち得た。そのことにより、長州藩の海軍の建設と「夷情探索」のための海外渡航の実現に向けた試みが始まった。それは幕末期を通じて、長州藩において継続されることになる。

海軍の建設のためには、軍艦の建造が必須であったが、前節で述べた通り、帆船レベルに止まったものの、恵美須ヶ鼻に軍艦製造所を設置して帆船二隻を進水させた。一方、士官・技術者の養成も待ったなしの大事業であった。安政五年（一八五八）十二月、藩政府は松島剛蔵《ごうぞう》・北条源蔵・来原良蔵《くるはらりょうぞう》らを長崎海軍伝習所へ派遣し、航海・造船・艦砲・機関・測量を学ばせた。

安政六年（一八五九）八月、医学所好生館から独立させることで博習堂が新設され、西洋兵学を研究・教育する機関とした。軍制詮議御用掛の松島剛蔵が博習堂師範役を兼任して海軍建設の責任者となり、また、陸軍伝習も来原良蔵が中心となって推進した。

その過程では、松島・来原と保守派との対立が頻繁に起こっていた。旧来の水軍を配下に置く船手組や船頭衆が習練を怠ったり、やはり旧来の銃砲・弓・鑓《やり》といった兵術家の妨害にあったりしたが、彼らは軍制規則の制定や習練の実行などに功績を挙げた。

その成功は、松島・来原の資質によるところが大きいが、バックアップをした周布政之助をはじめとする嚶鳴社《おうめいしゃ》グループの台頭も見逃せない。嚶鳴社とは、弘化三年（一八四六）に周布が中心となって立ち上げた未来攘夷を志向する政治結社である。

周布政之助
（山口県文書館蔵）

そこでは、経書の訓読に終始する明倫館の教育内容に不満を持つ者たちが集まり、歴史の研究会や時事問題の討論会などを行った。主な加盟者は、中村通太郎・来原良蔵・佐久間左兵衛・松島剛蔵・兼重《かねしげ》譲蔵《じょうぞう》といった、その後の藩政で活躍する逸材たちである。彼らは軍制詮議御用掛を構成し、専門性を活かして海軍の建設に積極的に関与していた。

嚶鳴社グループは、松陰の幕閣暗殺などの過激な言動には眉をひそめたものの、その対外認識や政治思想には理解を示し、弟分にあたる松下村塾グループのよき理解者であった。これは、両グループがともに未来攘夷を志向したことによる。

しかし、後述する通り、村塾グループが即時攘夷に突っ走り、航海遠略策を弾劾したため一時疎遠になった。その後、嚶鳴社グループも即時攘夷に乗り換えたことから、両者は合体していわゆる正義党を構成し、文久・元治期の藩政を牛耳ることになる。

なお、本書では、「正義党」と、それに抗する椋梨藤太《むくなしとうた》を中心とする「俗論党」という呼称の修正を提案したい。正義党は即時攘夷を志向し、禁門の変後には表面的には幕府に恭順を示しながら、武備を整え藩地に割拠して幕府と対峙することを主張した。俗論党は過激な攘夷を忌避し、禁門の変後には幕府に対する完全恭順を主張した。このような経緯から、正義党を「抗幕・武備派」、俗論党を「従幕・恭順派」としたい。

長州藩の藩是――航海遠略策

さて、「夷情探索」のための海外渡航は進展したのだろうか。その機会は意外に早くめぐってきた。安政七年（一八六〇、三月十八日に万延に改元）一月の遣米使節団に、北条源蔵を外国奉行支配組頭成瀬善四郎の従者として送り込むことに成功したのだ。

北条はアメリカの各都市を歴訪し、帰路は喜望峰からインド洋を回り、世界一周をして帰国した。北条によって、吉田松陰の海外渡航という夢は実現したことになる。松陰の刑死から、わずか二ヶ月半後であった。

北条は、遠洋航海・対外貿易で発展する港湾都市や近代的な都市をつぶさに見聞し、帰国後に藩主敬親・定広《さだひろ》父子をはじめ、藩内各方面にその情報を伝達した。その後、北条は海軍教授方として軍艦運用を指導し、蒸気船導入の推進役を担った。

北条の渡航はあまり知られていないが、長州藩の世界観形成に極めて重要な役割を果たしている。北条の見聞情報は、松陰の対外認識に間違いがないことを具体的な形で実証し、未来攘夷が藩是として確立することを促した。当時、藩政の中心にいた周布政之助も、北条の情報に大きな影響を受けた一人である。

この段階での周布の対外政策を、桂小五郎宛書簡（万延元年十二月二十四日付）の中で、確認してみよう。周布は「公武御熟和航海御開き、五大洲江押出し、御国体屹《きつ》と相立候様御処置有之度《これありたく》儀、正気鬱結《うっけつ》之余内乱を生し候而《て》は、外人之笑を招候計ニて一益無之《これなく》」（『木戸孝允文書』）と述べる。

朝廷と幕府が融和して交易を行い、全世界に押し出て行って国体が立つような対応をすべきである。そして、朝幕の対立によって国内が鬱屈し内乱にでもなった場合、外国人の笑いものになるだけで、まったく利益などないとして通商条約が至急勅許されるべきであると訴えた。

周布は続けて、いたずらに外国人を殺害したり、居留地に攻め込むなどは、正気の沙汰でない下策である。それより海外に乗り出し、「才を開き、智を磨き、本邦固有之気節を押立候て富国強兵之術一途に心を用ひ」と力説する。

つまり周布は、才能を開花させ英知を磨き、我が国の固有の気概を押し立てて、富国強兵に一途に邁進する。そうすれば、日本人は思慮分別を持つことが叶い、臨機応変の対応が可能になると主張しているのだ。

周布の対外認識は、松陰の系譜を引き継いでおり、未来攘夷に則《のっと》ったものである。しかも、内乱を回避するために、幕府が結んだ通商条約を容認しており、朝廷に勅許を求めるといった、柔軟性を持った現実的な志向である。外国人の殺傷を強く非難するなど、即時攘夷には慎重であり、幕府に対する一定の配慮がうかがえる。

この延長線上に出来上がったのが、航海遠略策である。文久元年（一八六一）三月、直目付・長井雅楽が作成した原案を、藩主毛利敬親が内覧した後、藩要路に検討が命じられた。周布が長井案をもとにして、「航海遠略之藩是」（『周布政之助伝』）を起草した。この当時、周布と長井は藩主の側近として、共同で藩政を統率していた。

こうして形を整えた航海遠略策は、重臣会議に諮られ議決された上、敬親の裁可を経て藩是となった。航海遠略策は長井のものであるが、周布の役割も見逃せない。では、長州藩の藩是となった航海遠略策の内容に触れておこう。

最初に、長井は現状分析を行う。欧米諸国が大挙して押し寄せたため、国威は日々衰退を極めており、我が皇国は未曾有の危機的状況に陥っている。このままでは、外国の術中にはまることは確実であり、悲嘆切歯、もどかしい思いである。

こうして人心の不和を招いたのは、幕府が欧米諸国との戦争を恐れ、勅許も得ずして通商条約を結んだことが問題の根源である。孝明天皇の逆鱗は、取りつく島がないほどで、これが戊午の密勅へとつながった。

朝廷は条約破棄を望んでいるが、幕府がいったん結んだ条約を破棄すればたちまち戦争となりかねない。幕府には、それによるひどい国難を乗り切る自信がすでになく、優柔不断のまま明確な対応ができずにいると、幕府の現状を厳しく非難する。

その一方で、長井は、孝明天皇が幕府に迫る破約攘夷を正面から批判する。長井は、朝廷は幕府に大政委任をしているとの認識を示し、欧米諸国は幕府を皇国の政府と考えていることは、もっともなことであるとする。

そして、その幕府が調印済みの条約を破棄すれば、条約の締結国は皇国を不信の国として、戦争になることは明らかであり得策ではない。そもそも、鎖国はここ二百数十年の国是に過ぎないとして、暗に勅許を迫った。

当時の日本人は我が国を皇国と捉え、朝廷・天皇のためにすべてをなげうつ覚悟があったとされる。しかし、これは先の太平洋戦争に至る軍国主義時代の天皇に対する国民感情であり、幕末段階ではまだまだドライな感覚が存在した。

だからこそ、この航海遠略策のように、相当踏み込んだ孝明天皇への諫言《かんげん》を行っているのだ。なお、幕末期には天皇を「玉」として捉え、自身の正当性を担保する道具と見なしている事例すら存在することは周知のことであろう。

このような事態の解決策として、長井は続けて、鎖国の叡慮を曲げてこれからは海軍を建設し、こちらから外国に押し渡る航海交易論を採用すべきである。その実行を幕府に命じれば、異論を唱えることはあり得ないと主張する。

そうなれば、即座に「公武御一和」（朝廷と幕府の融合）・「海内一和」（諸侯を含む日本全体の融和）ともなり、皇国は五大州（全世界）を圧倒するようになるとする。つまり、長井は未来攘夷を実現するために、朝廷から通商条約の勅許を引き出して公武合体を成し遂げ、挙国一致して外国に対峙することを画策した。

航海遠略策に潜む朝廷へのトリック

長井雅楽は文久元年（一八六一）五月に上京し、議奏の正親町三条実愛《おおぎまちさんじょうさねなる》に航海遠略策を建言した。その内容に満足した正親町三条は、建白書として清書させた上で孝明天皇の閲覧に供したところ、天皇も嘉納した。

嘉納とは、積極的に了解したということである。その後も破約攘夷にこだわり続けた孝明天皇が、たとえ短期間であったとはいえ、航海遠略策に賛同したことをどのように評価すべきであろうか。

ここで注目したいのは、「五大洲貢《みつぎ》を皇国に捧げ候日もまた遠からず、かくのごとき時勢に相成り候わば、神祖《しんそ》の御誓宣《ごせいせん》に相叶い、莫大の御大孝と存じたてまつり候」との航海遠略策の一節である。つまり、世界中が日本に朝貢してくることはそう遠くなく、そうなれば神や祖先に対しての誓い通りとなって、計り知れないほどの孝行を尽くすことになると説くのである。孝明天皇が日本型華夷帝国における朝貢貿易を想定したことは、容易に察しがつこう。

つまり、孝明天皇は一時的な通商条約の勅許と引き換えに、東アジア的華夷思想に基づく冊封体制を形成できると確信し、結果として鎖国体制に戻れると判断した。ただし、この段階では長州藩という一藩のみの建言であったため、最終的な勅許には至らず様子見となったのだろう。

こう見ると、航海遠略策は通商条約（自由貿易）を朝貢貿易に見せかける、トリックを含んでいたことになる。間違いなく、その点は長井も周布も了解の上での献策であった。藩主敬親も当然黙認していたはずであり、ここが航海遠略策の破綻の要因の一つになった。

孝明天皇

事実、そのトリックが久坂玄瑞によって暴露され、孝明天皇は嘉納を取り下げてしまう。

ところで、「航海遠略之藩是」には、長州藩内だけで共有された但し書が付いていた。今までほとんど注目されてこなかったが、この前後の藩の方針を明示したものとして重要である。そのポイントを挙げてみると、最初に藩士全体に対して忠孝の教えを行き届かせる政策を行うとし、学校の建設も視野に入れる。

次に、藩士をなるべく地方に土着させて農業にも従事させ、農兵を訓練させて地方を担わせることを説く。そして、米・紙・蠟、その他の産物の生産量を年々高めれば、富国強兵の基が出来上がると説く。

その上で蒸気船を買い入れ、国内での交易はもちろんのこと、外国へも航海交易を行い、その際には、庚申丸・丙辰丸の乗組員らにそれらの権限を与えることを提唱する。そして、彼らが武士にして商人を兼ねる心得によって、十分な働きをすれば、巨大な軍艦でどのような波濤も乗り越え、外国に押し出すことが速やかに可能となろうとしている。

航海遠略策は、公武合体による挙国一致の体制を作り上げるための、国政レベルでの献策であったが、同時に長州藩の富国強兵策でもあったのだ。長州藩のこの方向性は、この後、未来攘夷から即時攘夷に転換した後も、根底に流れていた持続可能な政策であった。

朝廷の承認を取り付けた長井は江戸に向かい、老中久世《くぜ》広周《ひろちか》・安藤信正も説得することに成功する。そもそも、老中が外様大名の陪臣に過ぎない長井の謁見を許すなど、常識ではあり得ないことであった。

しかし、幕府にとって、朝廷が反対し続けていた現状の通商条約を前提とした公武合体策である航海遠略策は、またとない好機として捉えられても何ら不思議ではない。しかも、通商条約の勅許に向けた朝幕間の交渉が円滑に進んでいないこのタイミングにおいて、航海遠略策は、まさに渡りに船であった。

その航海遠略策は朝幕ともに歓迎され、長井の周旋は成功するかに見えた。しかし、この航海遠略策には決定的な難点があった。それは、勅許を得ていない現行の通商条約をなし崩し的に追認してしまうことにあった。我が国が皇国であるゆえんは天皇の存在である。そこを無視したこの条約を認めることは、皇国の在り方を否定しかねない。

そのことを一番理解していたのは、他ならぬ長州藩士である。その先頭に立ったのが、松下村塾グループであり、そのリーダーは久坂玄瑞であった。そこに桂小五郎が加わり、長井排斥派が形成された。

ここで思わぬ事態が起こった。嚶鳴社グループの中核であり、藩政府の事実上トップにいた周布政之助の変心である。周布は久坂らの説得に応じて態度を改め、自分も起草に加わった航海遠略策を否定し、長井排斥派に加わった。さらに世子定広も松下村塾グループを支持する姿勢を露わにしたため、藩主敬親も慎重にならざるを得なかった。

しかし、幕府の強い要請を受けたため、文久元年（一八六一）十二月、長州藩は長井を通じて幕

久坂玄瑞
（山口県文書館蔵）

府へ正式に航海遠略策を建白した。長井自身も、翌文久二年（一八六二）一月には中老（老中格）に昇進した。

　時代の流れは急である。航海遠略策の推進役である老中安藤信正が、同月の坂下門外の変で失脚したため、俄然風向きが怪しくなった。これ以降、潜行していた長州藩内での長井排斥運動が表面化して激しさを増したのだ。

　久坂玄瑞は、四月に藩要路に対して十二箇条からなる長井の弾劾書を提出し、六月には長井暗殺を試みるが失敗、京都にて謹慎となった。一方で、久坂は朝廷に対して航海遠略策は朝廷を誹謗するものとの入説を繰り返した。

　その結果、一転して朝廷は、五月に不快感を表明するに至った。航海遠略策に朝廷を侮辱する文言があったとされたが、言いがかりに過ぎない。その真相は、航海遠略策によって朝貢貿易がもたらされることがトリックであることを朝廷も理解したからである。長井はその責任を取らされ、六月に中老を免職され帰国謹慎、その後切腹を命じられた。

　長井にしろ、久坂にしろ、彼らの弁舌は超一流であり、その手の人材は岩倉具視しか見出せない朝廷では大いに歓迎され、久坂などは売れっ子芸者のようにお座敷がかかった。廷臣はその弁舌によって入説をあっけなく受け入れ、結果として長井のトリックにかかり、そして、久坂によってそれが解かれたのだ。

藩是の転換——破約攘夷へ

こうした中で、七月二日に入京した毛利敬親は、世子定広をはじめとする藩要路と御前会議を開いた。最終的には九日に至り、孝明天皇の叡慮を最優先し、藩是を航海遠略策から破約攘夷へ転換することを決定した。この会議を主導したのは、周布政之助であり、桂小五郎であった。

長井の周旋は一年程度で完全に瓦解し、嚶鳴社グループと松下村塾グループがここで合体し、将来の「抗幕・武備派」形成の萌芽となった。ただし、この段階では直ちに「抗幕・武備派」になったわけではなく、あくまでも破約攘夷に向けた挙藩一致体制の確立であった。

なお、こうした藩是の転換は、長州藩内の問題だけに原因を求めることはできない。それは薩摩藩の動向である。文久二年四月、国父と称した島津久光が率兵上京を果たし、中央政局に登場して孝明天皇はもちろんこと、中川宮をはじめとする上級廷臣の絶大なる信頼を勝ち得て、主役の座を射止めた。

航海遠略策を引っ提げて中央政局に登場し、一時は時代の寵児となっていた長州藩にとって、薩摩藩の動向は座視できない脅威に映ったことは想像に難くない。こうした状況に焦りを感じた長州藩にとっては、その座を奪い返すためにも、薩摩藩と容易に差別化ができる思い切った政策の転換が必要であった。

さて、この段階で長州藩の攘夷志向はどのように変化したのだろうか。同年九月二十三日、周布政之助・佐久間佐兵衛・中村九郎・桂小五郎・小幡彦七《おばたひこしち》は、江戸で政事総裁職に就いたばかりの松平春嶽に謁見した。

周布らは、先日藩主が朝廷に確認したところ、孝明天皇は申すまでもなく、廷臣も含めて朝廷は全員が攘夷でなくては我が国体に適さないとしている。ついては、幕府においても攘夷を即決すべきであると述べる。

しかし、「尤一旦攘夷に決せられし上、さらに我より交りを海外ニ結ふへきは勿論なり」(『続再夢紀事』)とも述べる。つまり、いったん攘夷を実行して通商条約を破棄した上で、こちらから対等な条約を持ちかけることは当然であると主張しているのだ。

この発言からも、長州藩の真意は航海遠略策を放棄した後になっても、必ずしも鎖国体制に戻ることを望んでいたのではなかった。あくまでも、自主外交に基づく航海通商を求めていたことになる。

周布らの趣意は、勅許を得ていない現行の通商条約をいったん破棄し、叡慮に叶う対等な通商条約を結び直すとするところにあった。その際には、外国との戦争も辞さないとの決意があり、これこそが長州藩における即時攘夷の深層である。

即時攘夷の断念とパークス来日

これ以降、長州藩は幕府に通商条約を破棄させるため、過激な攘夷行動に突き進む。即今破約攘夷を唱える勢力の中心となり、議奏三条実美や国事参政・寄人などの廷臣と激派を形成し、八月十八日政変までの中央政局を主導することになる。

いつのまにか、将来的には対等な通商条約を結ぶという目標は忘れ去られてしまった。攘夷実行に応じない幕府との対決に、重点が置かれていく。八月十八日政変によって京都から追い出された長州藩は、元治元年（一八六四）七月、起死回生を目指して、御所に向けて進撃を始め、薩摩・会津両藩を主力とする官軍と衝突した。世に言う、禁門の変である。

この戦いで、久坂玄瑞をはじめとする多くの激派は戦死し、また、その責任を取って周布政之助は自害、その他の有力メンバーも死罪となった。特に、思想・実践両面の支柱であった久坂玄瑞を失ったことが、何よりも大きかった。

朝敵となった長州藩に対し、長州征伐が実行に移された。これを契機に、「抗幕・武備派」と「従幕・恭順派」の内訌《ないこう》が熾烈を極めることになる。これ以降の政治史は、諸書に譲ることにするが、桂小五郎・高杉晋作・大村益次郎・広沢真臣《さねおみ》・前原一誠らからなる、「抗幕・武備派」政権が薩摩藩と手を組み、明治維新を成し遂げる。

この間、長州藩は下関事件（文久三年五・六月）や四国艦隊下関砲撃事件（元治元年八月）、総称して下関戦争と呼ばれる一連の対外戦争などを通じて、攘夷が不可能であることを思い知らされた。特に後者においては、禁門の変によって、攘夷実行の推進者の多くを失い、征討軍が迫っている中で講和条約の締結に至った。とうとう、長州藩は通商条約の破棄をあきらめ、外国との親和路線に舵を切ったのだ。

一方で、下関戦争直後から、英仏米蘭の公使らは、横浜鎖港の不条理を幕府に申し立て、朝廷から条約勅許を獲得することを迫った。ここに、幕末政局に重要な影響を与える人物が登場する。慶応元年(一八六五)年閏五月、ハリー・パークスがイギリスの新公使として赴任したのだ。これ以降、イギリスがイニシアチブを取って対日交渉を進めることになる。

パークス着任を契機に、長州征伐のために将軍家茂が在坂している機会を捉え、英仏米蘭の四ヶ国公使は九隻もの艦隊を従え、九月十六日に兵庫沖に現れた。そして、幕府と朝廷に条約勅許・兵庫開港を要求し、圧力をかけ始めた。

公使らは朝廷と直接交渉することも示唆し、開戦も辞さないと迫ったため、一橋慶喜が中心となって朝廷に勅許を強く要請した。あれだけ攘夷にこだわり続けた孝明天皇も、今回はどうすることもできずに、慶応元年十月五日、とうとう通商条約を勅許した。その心情は、察して余りある。

しかし、孝明天皇は最後まで兵庫開港を認めなかった。これは天皇の最後の抵抗であったが、慶応三年(一八六七)五月にその開港も勅許された。とはいえ、前年末の慶応二年十二月二十五日に孝明天皇は天然痘で亡くなっており、この世にいなかったのだが。

幕末の攘夷はここに終焉を迎えた。通商条約が勅許されたからには、即時攘夷は理論的には消滅し、未来攘夷に一本化されることになる。ただし、欧米を自分の目で確かめた使節や留学生が増えてくると、将来の攘夷実行どころではなく、至急の富国強兵・殖産興業の推進、不平等条約の改正、国際化に没頭することになる。

しかし、これらが実現した「皇国」、つまり明治期後半以降の近代日本は、東アジア的華夷思想に基づく華夷帝国の真の実現を志向し始める。攘夷思想はここに復活し、幕末期に創造された未来攘夷の完成を期して世界に挑んだことは周知の通りである。

第五章
薩摩藩の世界観
——斉彬・久光に見る現実主義

1　島津斉彬の世界観

名君・斉彬はいかにして生まれたか——曾祖父重豪と薩摩の地理的事情

「島津に暗君なし」と言われる。そもそも、島津家は鎌倉時代から今に至るまで、綿々と続く名家中の名家である。特に時代の変革期になると、歴史上に光り輝くような名君を輩出するという幸運に恵まれた。

島津家は、守護から戦国大名へと巧みに生き残り、また、江戸時代には外様大名・薩摩藩主として存続した。初代島津忠久《ただひさ》は薩摩国・大隅国・日向国の三国の守護に加え、越前国守護にも任じられ、全盛期には薩摩国を中心とした南九州を領有している。

また、越前、信濃、駿河、若狭、近江に支流としての島津氏が派生し、それぞれ越前島津氏、信濃島津氏、河州《かしゅう》島津氏、若狭島津氏、江州《ごうしゅう》島津氏と呼ばれている。余談ながら、筆者は町田姓なので、「鹿児島の出身ですか?」と鹿児島の方からよく言われる。

鹿児島には町田姓が多く、家老職の家も存在したからだ。縁もゆかりもないものと考えていたが、最近は越前・信濃島津氏にルーツがあるのではと、夢を膨らませている。

さて、戦国時代には、島津家中興の祖と言われる島津忠良《ただよし》（日新斎《じっしんさい》）が登場し、その嫡男の貴《たか》久《ひさ》は「島津の英主」と称えられた。貴久の子で、いわゆる「島津四兄弟」、義久《よしひさ》・義弘《よしひろ》・歳久《としひさ》・家久《いえひさ》も、それぞれ文武ともに傑出した才気あふれる戦国武将であった。

彼らの祖父の忠良は、「義久は三州の総大将たるの材徳自ら備わり、義弘は雄武英略を以て傑出し、歳久は始終の利害を察するの智計並びなく、家久は軍法戦術に妙を得たり」と、この兄弟を絶賛している。

幕末期には、史上最大の名君と言われる島津斉彬、そして斉彬の異母弟で、斉彬逝去後の薩摩藩の実権を握った島津久光という、不世出の巨星を輩出した。久光は斉彬の後継者を自負して、その路線の継承に心を砕いたが、その斉彬に大きな影響を与えた曾祖父である八代藩主重豪《しげひで》を紹介する必要があろう。

島津重豪（黎明館蔵 玉里島津家史料）

重豪は、娘の茂姫（広大院）が十一代将軍家《いえ》斉《なり》の御台所となる僥倖《ぎょうこう》を得ており、「高輪下馬《たかなわげば》将軍」と言われるほどの権勢があった。「蘭癖《らんぺき》大名」の代表とされ、ローマ字を書き、オランダ語を多少なりとも理解できたらしい。この重豪の蘭学に対する造詣の深さが、斉彬の世界観の形成に多大な影響を与えたことは間違いない。

これに関するエピソードを紹介しておこう。

シーボルト

文政九年（一八二六）、江戸にいた重豪は、二男で豊前中津藩主であった奥平昌高《おくだいらまさたか》と、ひ孫の当時十七歳の斉彬を伴ってオランダ商館長の江戸参府一行を出迎え、念願のシーボルトとの会見を果たした。

オランダ東インド会社の医師であるシーボルトは、文政六年（一八二三）に来日し、長崎に鳴滝《なるたき》塾を開いた。そこで、高野長英・二宮敬作《にのみやけいさく》・伊東玄朴《げんぼく》・戸塚静海《せいかい》をはじめとする、多くの日本人に蘭学を指導しており、その名声はすでに全国区となっていた。

シーボルトは帰国後に『日本』を出版しており、その中で重豪は、時々オランダ語を交えながら話し、鳥や動物を剥製にする方法を質問したことが記されている。重豪はその他、天文学・暦学・医学・農学・薬草学などにも造詣が深く、多くの書物を刊行している。その貪欲な知識欲は、まるで底なし沼のようである。

また、重豪はこの段階ですでに八十二歳であったが、シーボルトは、六十代にしか見えず、開明的で聡明な君主だとしている。なお、奥平昌高はオランダ語でシーボルトと流暢に挨拶を交わしたことが確認できる。恐るべき父子である。

この後、シーボルトの江戸滞在中に重豪は昌高とともに公式に一回、昌高はさらに非公式に五回にわたって彼を訪ね、様々な質疑応答や意見交換をしている。その間、何と重豪はシーボルトの門人になることを懇願しており、シーボルトは鳥の剝製法を教示したり、その上、重豪や側室の診察をするなどしている。

これらを通してみると、重豪の蘭学への傾斜は相当なレベルに達していたことは想像に難くない。こうした重豪に溺愛された斉彬は、その素養や思考を縦横に引き継ぎながら、その世界観を涵養《かんよう》することになった。

しかし、彼らの世界観を形成する要素は、その資質や蘭学だけに負うことは叶わない。まずは、地理的な要素である。鹿児島は江戸や京都から離れた、いわば僻地に位置しており、時の政権に対し、比較的自由に振る舞うことが可能であり、自由闊達な雰囲気があった。

さらに、鹿児島は海に囲まれており、しかも東アジアに向かって開かれている、つまり、アジアを媒介として世界に直結している環境を有していた。特に、鉄砲やキリスト教伝来に象徴されるヨーロッパとの当初の出会いは鹿児島を通じてであった。薩摩藩は、まさに海洋国家であったのだ。

これに加えて重要なのは、琉球（王国）の存在である。十六世紀後半、琉球は深刻な危機を迎えた。豊臣秀吉が明とそこへの進路にある李氏朝鮮を征服しようとして出兵したため、琉球は明の冊封国であるにもかかわらず、薩摩藩を通じて大量の兵糧を供給させられた。

秀吉の死により、朝鮮出兵は終わったが、薩摩藩は戦後の財政逼迫に直面して、奄美諸島の奪取を企てた。徳川家康は、朝鮮出兵まで行われていた明との私貿易の再開を望み、琉球に明との貿易再開の仲介を期待していたが、その進展の遅さにいらだって薩摩藩の琉球侵攻を容認した。

そのため、慶長十四年（一六〇九）三月、薩摩藩は奄美大島に進軍、沖縄本島にも上陸して琉球軍を撃退し、尚寧王《しょうねいおう》が和睦を申し入れて首里城は開城した。薩摩は、奄美諸島を琉球から奪っただけでなく、琉球の残りの部分も王府を通じて間接的に支配した。これ以降、琉球王国は薩摩藩の朝貢国となり、薩摩藩への貢納を義務付けられた。

こうして琉球は、明、それに代わった清という、中国帝国を宗主国とする冊封体制に止まると同時に、薩摩藩による冊封も事実上は受け入れるという、二重の従属関係、両属を維持することになった。薩摩藩が両属を黙認したのは、琉球の中国との朝貢貿易による利益を享受するためであり、幕府もその恩恵にあずかるために、薩摩藩が琉球に両属を迫る手法を容認したのだ。

国際的視点に立つと、琉球は中国の冊封体制下にあったが、薩摩藩による実効支配を受けていたことになる。このことは、その後の日中関係の火種になり、その帰属が明確化するのは、日清戦争による日本の勝利まで先送りとなる。

琉球の実効支配は、経済的なプラスのみではなかった。薩摩藩は海洋国家ではあったが、江戸時代に入ってからの鎖国体制の下では、外国の情報を直接手に入れることはできなかった。しかし、琉球の存在を通して、今まで通りに世界の趨勢《すうせい》を知り、文物を手にすることが叶った。琉球なくして、斉彬らの世界観を形成することは不可能であった。

その斉彬が第十一代藩主に就任したのは、嘉永四年（一八五一）であり、すでに齢四十を超えていた。これは、父である斉興《なりおき》がなかなか隠居しなかったからであり、その理由は、何かと意見が合わない斉彬を嫌っていたためである。そのことが、お由良《ゆら》騒動という次期藩主の座をめぐる斉彬派と久光派の抗争を招くことにつながった。

藩主となった斉彬は、急逝するまでのわずか七年半の間に、驚異的な藩政改革を実行した。まずは富国強兵に尽力し、反射炉・溶鉱炉の建設、地雷・水雷・ガラス・ガス灯の製造など、集成館事業を興した。

あわせて、積極的な人材登用を行い、短期間で薩摩藩を最強の先進技術・軍事大国に仕立て上げた。老中阿部正弘が推進した安政の改革をサポートし、諸藩連合構想を主体的に推進した人物はこの斉彬であり、薩摩藩の存在を際立たせた。

島津斉彬
（尚古集成館蔵）

さらに斉彬は、幕府に大船建造の解禁を求め、間髪を容れずに西洋式帆船である伊呂波丸、軍艦の昇平丸、蒸気船の雲行丸などを立て続けに建造し、我が国の造船技術の発展に多大な貢献をした。ちなみに、斉彬は我が国の総船章として「日の丸」を江戸幕府に建言し、徳川斉昭の強い賛同を得たことから、この旗が国旗に制定されて今に至る。

さて、斉彬がこのような政策を矢継ぎ早に実行していった背景には何があったのだろうか。それをひも解くキーこそが斉彬の世界観であろう。斉彬はこれまで述べてきたように、曾祖父である重豪を介して蘭学を学び、そこから広く富国強兵にかかわる知識を吸収しており、また琉球を通じて、最新の世界情勢を知っていた。

これらによって培われた斉彬の世界観は、藩主を襲封《しゅうほう》して以降、薩摩藩の方向性を規定した。そして、斉彬の数々の革新的な試みは、薩摩藩を原動力として成し遂げられた明治国家にまで、引き継がれることになる。

薩摩や琉球に外国船がしきりに来航

外国からの和親・通商条約の締結を求める我が国への圧力は、寛政四年（一七九二）のラクスマンの根室来航を最初とするが、この間、薩摩藩や琉球にも外国船の来航がしばしば見られた。薩摩藩の動向が、幕府の方針を左右することもたびたび起こった。

文政七年（一八二四）、イギリス捕鯨船が薩摩西南諸島の宝島に来航し、食料等を要求する事態が生じた。そこから始まる一連の出来事は宝島事件と呼ばれたことは先にも述べた。薩摩藩にとっても、極めて重要な事件であるので、ここで再度触れておこう。

この事件は、イギリス人が小銃を発砲して牛を奪い取り、薩摩藩側も銃撃戦を展開し、イギリス人を一名射殺するなど、武力衝突を伴う局地紛争であった。この事件はあまり知られていないが、局地的で散発的ではあったものの、外国人との武力衝突が起こった、実は重要な事件である。

幕府はこのようなイギリス船の横暴に我慢できず、文政無二念打払令（文政八年、一八二五）を沙汰した。こうした中で、天保八年（一八三七）にモリソン号事件が起こった。浦賀に来航したアメリカの商船モリソン号に対して、浦賀奉行所が外国船打払令に従って砲撃を加えた。

その後、モリソン号は薩摩藩の山川港に来航したが、ここでも斉彬の父、藩主島津斉興の命で威嚇砲撃されて退去せざるを得なかった。この時、斉彬が藩主であった場合、どのような対応をしていたかと、筆者としては興味深い。

このタイミングで、斉彬が藩主に就く十年前に接した情報こそ、アヘン戦争（一八四〇～四二）の顚末《てんまつ》であり、東アジア最大の国家であり盟主とも言える清の惨敗であった。幕府はその事実を隠蔽しようとしたが、斉彬は琉球を通じて独自にその詳細を熟知していた。

モリソン号来航の目的が、日本人漂流漁民の送還であったにもかかわらず、砲撃をしたことへの批判が高まったこと、また、アヘン戦争による清の惨敗やイギリス艦隊の来航の情報に驚愕した幕府は、それまでの無二念打払の政策を転換した。そして、繰り返しになるが、天保十三年（一八四二）には遭難した船に限り食料・薪水を提供することを認める、天保薪水給与令を発令した。

斉彬は、来航する外国船は和親や通商を求めているが、その先にはアジアを植民地にしようとする欧米列強の真意をアヘン戦争から嗅ぎ取った。琉球をかかえる薩摩藩にとって、こうした欧米の動向は対岸の火事で済ませるわけにはいかなかった。琉球を欧米の植民地にするわけにはいかなかったのだ。この感覚を共有した阿部正弘老中と薩摩藩のみならず、日本全体にわたって海防について政策を練ることになる。

その後、ペリーが来るまでの十年間も、日本近海は相変わらず騒々しかった。例えば、弘化三年（一八四六）に、アメリカ東インド艦隊司令長官ビッドルが、軍艦二隻で浦賀に来航し通商を求めた。さらに、嘉永二年（一八四九）、イギリス軍艦マリナー号が浦賀沖に侵入し、江戸湾の測量を実施した。

琉球についても、同様である。天保十四年（一八四三）にイギリス艦サマラン号が琉球の拒絶にもかかわらず、八重山諸島に上陸して測量を行った。同十五年（一八四四）には、フランス艦アルクメーヌ号が那覇に来航して、通商・布教を求めた。琉球は拒否したが、神父フォルカードと通訳を強引に残留させた。

弘化三年（一八四六）に那覇に来航したイギリス船は、イギリス皇帝の命令であるとして、宣教師のベッテルハイムとその家族を、やはり無理やり居住させるという事件が起こっている。そしてこれ以後、毎年のようにイギリス・フランス船が琉球へ来航し、通商要求を行うようになった。

薩摩藩はこれらの事件を重く受け止め、それを契機にして、長崎のオランダ商館へ積極的に情報を提供し、また情報を入手するという独自の対外政略を立て始めた。先に述べた重豪によるシーボルトとの接触も、情報収集の観点を加えると一層合点がいくはずである。

天保十四年（一八四三）からの琉球問題が勃発したころ、薩摩藩主は斉興であった。斉興の琉球問題への対応であるが、天保十五年（一八四四）のアルクメーヌ号事件では幕府に事件の詳細を報告し、藩の財政再建に活躍していた家老の調所《ずしょ》笑左衛門《しょうざえもん》を責任者にあてた。幕府の指示に従って、琉球に警衛兵を派遣したが、翌年には幕府に無断で警衛兵の数を減らし、しかもその事実を秘匿した。

弘化三年（一八四六）にイギリス船が来航し、フランス船も再びやって来ると、今回も幕府に報告し、その指示に従って警衛兵を派遣した。しかし、調所は斉興の了解の下、またもや警衛兵の数を水増ししたのだ。その際、斉興は警衛には限界があるとして、フランスの要求通り、通商開始を一部認めることを幕府に建言した。

阿部老中は、当時はアメリカ東インド艦隊司令長官ビッドルへの対応で忙殺されていたこともあって、琉球についての対応は薩摩藩に委ね、一部通商を黙認することに決めた。しかし、その後、警衛兵の水増し工作が露見し、加えて布教に否定的な琉球側の強い反対もあいまって、フランスとの通商は結局のところ実現しなかった。

斉興は、警衛兵の水増しを容認するなど、琉球問題には必ずしも積極的ではなく、斉彬に比べて対外認識が甘かったことは否定できない。というのも、当時の斉興の主たる政治課題は財政の再建であったからだ。調所の改革が成功を収めつつあるこの段階で、先が読みにくい外交課題に対し、必要以上の財政手当を施すことなどできなかった。見様によっては、斉興は穏便な方法を選択したとも言えよう。

一方、斉彬は次期藩主候補とはいえ、世子にもかかわらず、阿部老中の強い推薦もあって、弘化三年（一八四六）六月、琉球問題を処理するために鹿児島入りしている。しかし、斉興・調所の妨害にあって、そう簡単に対策を講じることは叶わなかった。

これを契機に、斉彬自身も薩摩藩の対外認識に強い危機感を覚え、斉興・調所と対峙するようになった。その状況を憂慮した久光を藩主に推す一派が、斉彬を推す一派を弾圧するお由良騒動が起こった。

しかし、この騒動は斉彬を追い詰めるはずの斉興を、窮地に追い込んだ。阿部老中はこのお家騒動をことさら問題視し、この事件を介入の糸口として斉彬擁立のための圧力を強め、その結果、嘉永四年（一八五一）に斉興は隠居を余儀なくされ、藩主斉彬が誕生することになる。

斉彬の対外政略――積極的開国論と未来攘夷

さて、斉彬は琉球問題を検討する中で、多くの国際情勢に関する情報を長崎や琉球から収集して分析を試みた。また、藩内の武備がどの程度であるかを調査するため、海防の巡見や砲術訓練の見学などを行い、青銅砲の生産を開始したり、海岸の要衝に砲台を築く指示をしたりした。このことが斉彬の世界観を形成し、日本の対外政略をどうすべきかを熟考する際に、活かされることになる。

それでは、斉彬の対外政略がどのようなものか、具体的に見ていこう。最初に、ペリー来航時にどう対処すべきか、阿部老中から諮問されたことに対する嘉永六年（一八五三）七月二十九日付の建言書である。

斉彬は、アメリカは日本が鎖国をしていることを承知の上、押しかけており、国是が鎖国であることを申し渡しても、一通りでは承知するはずもない。だからといって、打ち払おうとしても、海防が手薄なこの段階では必勝は覚束ないと断言する。しかし、来年の再来の節に直ちに要求を拒否すれば、戦端を開くことになるかも知れず、可能な限り、再来の時期を引き延ばす交渉をした上で、今回は帰らせ、その間に海岸の防御に専心することが肝要であるとする。

そして、「三ヶ年之程は丈夫ニ延し候御処置可有之《これあるべく》奉存《ぞんじたてまつり》候、左候で三ヶ年も相立候ハヘ諸国一統御手当相整候は必定ニ御座候、軍備相整候得は、元来勇壮之人気ニ御座候間、打払被仰付《おおせつけられ》候共、必勝之計策如何程も可有御座《ござあるべき》と奉存《ぞんじたてまつり》候」（『斉彬公史料』）と建言した。

これによると、三年ほど引き延ばせれば、諸藩の武備充実は必ず実現し、元来日本人は勇壮な気質なので、打ち払いを仰せ付ければ必勝の策略はいくらでもあるとしている。また、安政五年（一八五八）五月の建言書でも、現状の武備では外国には敵わないとして、「富国強兵」を推し進め、早急に大砲・砲台・軍艦を整えるべきと主張した。

一方で斉彬は、現状の武備ではまったく西欧諸国と互角に戦うことなど叶わないとの認識に立ち、過激な攘夷論を「無謀の大和魂の議論」として忌避した。そして、リアリズムを持った現状分析から導き出した、積極的な開国論を展開した。もちろん、武備充実が叶った暁には、攘夷実行も辞さない志向は有していたが。

斉彬は、武備充実を図るための富国強兵論を声高に主張したが、その背後にはアヘン戦争で植民地化への道をたどる、清の二の舞を何とか阻止しようという強い願望があった。その危機はすでに琉球を覆っており、我が国が欧米列強に飲み込まれてしまうという、強烈な危機感があったのだ。

その主張は未来攘夷そのもので、冷徹に現実を直視した結果、積極的で過激な攘夷論を一時凍結し、むしろ通商条約を容認し、その利益をもって海軍を興し、十分な戦闘・防衛態勢を整えた上で大海に打って出るとする。欧米列強には敵わないこの段階で、唯一導くことができたのがこの志向であった。

斉彬と阿部正弘、岩瀬忠震、松平春嶽、伊達宗城らは未来攘夷で一致しており、対外政略を共有できたことから、幕末外交をリードする勢力を結集できた。将軍継嗣問題では、一橋慶喜を推す一橋派を形成し、その実現に尽力した。

しかし、阿部老中と斉彬を病気で欠くことによって、一橋派の勢威は極端にそがれてしまった。通商条約の無断調印という結果のみを残して、解体を余儀なくされてしまった。斉彬が存命であれば、また違った歴史的事実を見ることができたかも知れない。

2　島津久光の「未来攘夷」と国政参画

久光の実像

島津久光ほど誤解されている人物は、そうそういないのではないか。久光には暗君のイメージが付きまとうが、私はこれを研究の遅れからくる真逆の発信として捉えている。倒幕を成し遂げた薩長などと言われながら、そもそも、幕末薩摩藩の研究は、意外かも知れないが遅れているのだ。

その最大の要因は、島津家関連史料の整備が遅れていたことにあるだろう。幕末薩摩藩研究の必須史料である『鹿児島県史料　忠義公史料』は一九七四年、『鹿児島県史料　玉里島津家史料』は一九九二年にようやく刊行が開始された。

そして、久光研究はと言えば、まだ始まったばかりである。芳即正『島津久光と明治維新』（二〇〇二年）、佐々木克『幕末政治と薩摩藩』（二〇〇四年）、拙著『島津久光＝幕末政治の焦点』

島津久光（黎明館蔵　玉里島津家史料）

（二〇〇九年）・『幕末文久期の国家政略と薩摩藩―島津久光と皇政回復』（二〇一〇年）くらいしか挙げることは叶わず、しかも、いずれも二〇〇〇年以降である。

さて、久光はどのように理解されてきたのだろうか。国民的大作家、司馬遼太郎は「きつね馬」の中で、久光に対する厳しく、そして冷たい見方を貫いている。しかも、その評価が世間でまかり通っている嫌いがある。

司馬は、久光を将軍の座を狙う権力欲に動かされ、身のほどもわきまえず、亡兄斉彬の真似をして中央政界へ乗り出し、その挙げ句、大久保利通から利用するだけ利用されつくして棄てられた、一種のピエロとして描く。まさに、暗愚なバカ殿としての久光像である。

久光の世界観を考えるにあたり、斉彬の存在は到底無視できないものである。しかし、「きつね馬」では、「もともと性格的に保守家であるこの男は、斉彬の思想も世界観も理解できず、洋式の産業施設をみても、―あのかたの洋癖にはこまる。と、反感をもつくらいであった」と手厳しい。

さらに、「斉彬のやることなすことが洋臭ふんぷんとしていて久光は堪えられなかった」「久光自身、さほど先代の事蹟、思想を知らない」などとされ、両者の関係は理解し合えないレベルに止まり、しかも、それを久光が暗愚であるからと言わんばかりである。しかし、事実はどうなのだろうか。

久光と斉彬との個人的関係については、お由良騒動を乗り越えて終始良好であった。『玉里島津家史料』などには、斉彬・久光間の書簡が少なからず掲載され、斉彬が久光にのみ諮問している政治的課題も存在した。斉彬は、ブレーンとして久光を遇していたのだ。

斉彬の久光に対する信頼と期待は非常に深いものであり、後継争いをした当事者間としては、憎しみ合うような一般的なイメージのそれではない。お互いが過去を乗り越える器量を有し、また本物同士がお互いの琴線に触れ合ったものであろう。

例えば、斉彬は大久保忠寛に対して、「薩摩藩にはまったく人物がいないが、唯一弟の久光だけが学問も思慮もあり、よほど見込みがある」と話している。また、勝海舟には「久光の博聞強記（何でも知っていて、記憶力が抜群）で志操方正（強靱な意志、端正な性格）なところには、とても及ばない」と述べている。

こう見てくると、これだけでも司馬の久光評は、的を射ていないことがお分かりいただけるであろう。斉彬という、幕末の奇跡であり巨星である大政治家から、ここまで信頼されていた事実は、久光が一廉《ひとかど》の政治家であることを物語るものである。

久光は終生、斉彬を敬慕し、その遺志を継ぐことを念頭に置いていた。そして、斉彬の大きな遺産を継承した。繰り返しになるが、斉彬は富国強兵に尽力し、集成館事業を興した。また、積極的な人材登用を行い、短期間で薩摩藩を最強の軍事大国に仕立て上げた。阿部正弘による安政の改革に助言を与え、諸藩連合構想の推進に尽力した主役は、この斉彬である。

久光はこの斉彬から、時に対外政見や公武合体政略の薫陶を受け、時にブレーンとして政策立案への意見具申を行った。その経験は政治家・久光の原基となり、国事周旋において、斉彬の遺志を継ぐのは当然久光であるとの大義名分を与えられた。

なお、久光は不世出の政治家であったと同時に、類稀なる文化人・文学者であり、儒学・漢詩・和歌・書道に秀で、国学にも通じていた。蘭学を好んだ斉彬と対照をなすが、その学才を斉彬も認め、自分はとても敵わないと絶賛している。久光の教養のレベルが想像できよう。

久光の世界観形成と斉彬

さて、久光は斉彬の世界観をどのように共有し、継承したのだろうか。先に述べたように、斉彬が久光にのみ諮問している政治的課題も存在したが、その多くは外交問題であった。ここでは二例を挙げておこう。

最初に、斉彬書簡（久光宛、安政五年四月十二日）によると、「外夷之事ニ付而《ついて》京都より申来候事有之《これあり》、急ニ御談中度儀も有之候間《あいだ》、何となく今日は登城可被成《なされべく》候、尤《もっとも》いまだ家老中江《え》も不申聞《もうすまじく》訳故、只《ただ》定例御出之積ニ而《て》御出可被成《おいでなされべく》、左候ハヽ、九ツ過ニは御 逢可申《もうすべく》候、誠ニ不容易《ようにならざる》儀到来いた

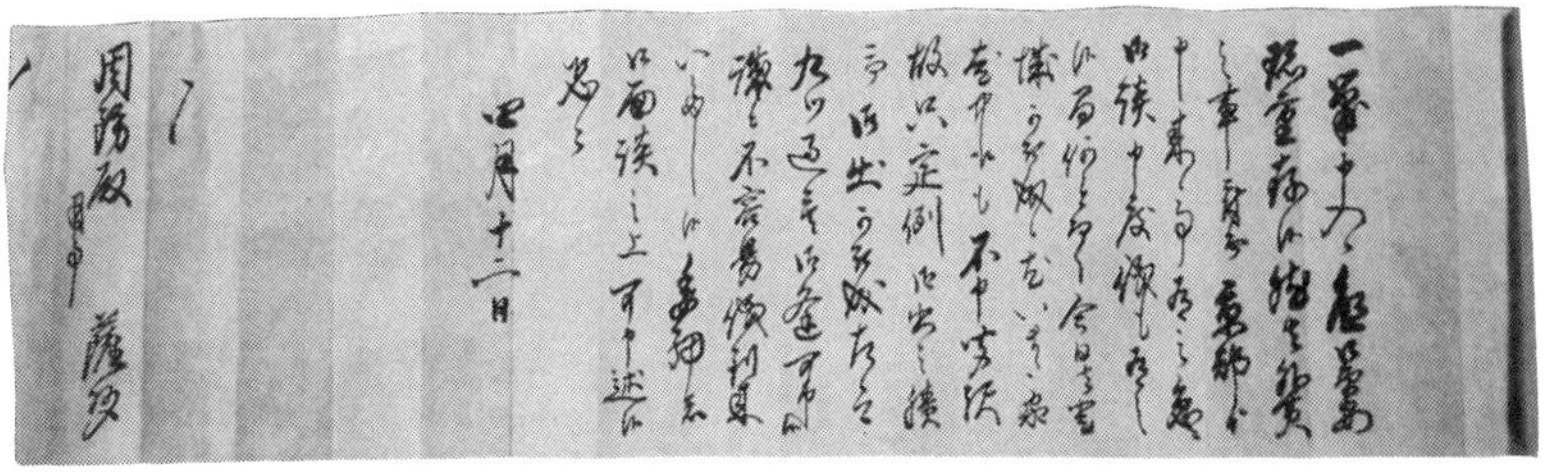

斉彬書簡。久光宛、安政5年4月12日（黎明館蔵 玉里島津家史料）

し候、委細は御面談之上可申述《もうしのぶべく》候」（『玉里島津家史料』）とある。

これによると、外交問題について、京都（近衛家）から申し出が来ており、急ぎ相談をしたいので、それとなく本日登城して欲しい。この件は、まだ家老にも内密なので、いつもと変わらずに登城して欲しい。そうすれば、御昼過ぎにはお会いできそうだ。誠に容易でない時節となったが、詳細は面談の上、申し述べたいとしている。

この書簡から、両者の極めて緊密な関係が読み取れるが、近衛からの申し出があったところから事態が動いている。そもそも、近衛家とは摂関家筆頭という、天皇の臣下である廷臣の中でも、最高位に位置する公家であった。

島津氏は、鎌倉時代に近衛家の家司（家政の事務を司る職）であったことから、それ以降、濃密な姻戚関係を築き続けた。幕末期、薩摩藩が幕府以上に朝廷工作を得意としたのは、近衛家という、絶対的な利益代表を有していたからに他ならない。その近衛家からの申し出とは何であったのか。

一つには、通商条約の勅許について、斉彬に意見を聞いている。これに対して、未来攘夷の観点から、斉彬は繰り返し「仮条約」

（安政五ヶ国条約）を認めるべきであることを説いている。そして、「王城近海」への外国船来航の可能性を示唆し、そうなったら今の我が国の武備ではまったく歯が立たず、万事休すであることを再三にわたって述べている。

もう一つは、まさにそのように「京師《けいし》近海江《え》異船渡来仕《つかまつり》候ハヽ、防御之儀相心得候」と摂海（大坂湾）に外国船が闖入してきた際には、防衛をして欲しいとの依頼であった。これに対しては、斉彬は了解するとしたものの、幕府から嫌疑を受け、これが内乱の誘因にもなりかねないとして、言外に謝絶の意を込めている。

このような重要な案件を、斉彬と久光が相談していることから、久光が斉彬の対外政略を聞かされ、それに意見したり同意したりしている事実が浮かび上がる。つまり、久光も斉彬との密接な関係の中から、自己の世界観を形成したと言えよう。

もう一例は、先にも紹介した安政五年（一八五八）五月の建言書を久光に見せており、意見を請うていることである。斉彬は久光の意見を聴取し、同意を得た上で幕府に提出している。ここでも、久光は斉彬の対外政略を知ることになり、それに意見したり同意したりしていることから、斉彬の未来攘夷志向を共有していたことは疑いない。

久光は暗愚などでは決してなく、彼が国父として薩摩藩の実権を握るかなり以前から、対外認識を確固たるものにしており、それは斉彬譲りの未来攘夷であった。斉彬亡き後の薩摩藩の政策も、実は久光がこうして密かに育んだ未来攘夷が基軸となった。もちろん、久光が敬慕する斉彬から引き継いだものは対外認識だけではなく、国事周旋や富国強兵などの政策にも及んでいた。

安政五年六月十九日、日米修好通商条約が調印された。普通に考えれば、斉彬・久光兄弟が目指していた未来攘夷は、この通商条約の締結によって選択され、攘夷実行は先送りされるはずであった。しかし、幕府が勅許を得ずして、朝廷に無断で調印したため、これ以降、未来攘夷派と即時攘夷派の国内政争に発展することになる。

久光、国政参画を目指し挙兵上京

安政五年（一八五八）七月、斉彬がコレラで急死すると、遺言により久光の実子茂久（明治元年に忠義《ただよし》と改名）が第十二代、最後の薩摩藩主となった。茂久の後見を務めて、絶対的な権力を有していた父である斉興が翌安政六年（一八五九）に没すると、その死が大きく作用し、藩主の実父として久光の藩内における政治的影響力が決定的となった。

さらに、文久元年（一八六一）二月、老中久世広周は将軍家茂の意を踏まえ、藩政補佐を久光に命じた。久光は幕府からのお墨付きも得て、国父として、以後幼い藩主を補佐するという名目で、藩政を指導することになった。その際に、最も政治的に利用したのが下級武士層からなる誠忠組であり、そのエネルギーを国事周旋に利用することであった。

久光は、これまで藩政に口出しを続けていた親戚筋と言える門閥層を退け、久光から諮問を受ける側役であった小松帯刀《たてわき》を若き宰相として抜擢し、彼を潤滑油として自らの側近層と誠忠組を結びつけた。また、小松はいったん退けた門閥層からも敗者復活を図り、藩内の融和に努めた。

　中でも、久光の政治活動を主体的に支えたのは、小松を頂点とする「久光四天王」であった。「久光四天王」とは、筆者の造語であるが、小松帯刀（肝付《きもつき》尚五郎）・中山中左衛門（尚之介）・堀次郎（伊地知貞馨《いじちさだか》）・大久保一蔵（利通）を指している。

　久光は、自ら登用した「久光四天王」を縦横に適材適所で働かせ、藩政でも国政においても中心的存在として活躍する。そして、斉彬の継承者と見なされることを決定付け、また国政への参画を目指して、手始めとして率兵上京を企図するに至る。

　久光は今回の率兵上京の趣旨を、自身は藩主ではないが、将軍家の三百年来の厚恩に報いたいと考えている。特に亡兄斉彬から、臨終の際に公武融和の実現の遺志を継承し、精々尽力して欲しいと直接承っている。ついては、現状を傍観することは、不忠不孝の罪を逃れ難いと思い詰め、ぜひとも江戸に赴き、十分に周旋したいのだと説明した。

　ところで、誤解される場合が少なからず見受けられるが、久光は藩主に就いた事実はない。国父と称されているとはいえ、藩主の実父に過ぎず、その政治的基盤は、実際には想像以上にもろいものであった。率兵上京を伴う国事周旋の成功は、藩内における反対勢を封じ込める絶対的な事実となり、大きな武器となり得たのだ。しかも、その成功は久光の藩外での圧倒的な評価にもつながるはずである。

久光は、斉彬が老中阿部正弘と画策した諸藩連合派を立て直しながら、安政の大獄によって頓挫していた譜代門閥制（老中による独占的な政治機構体制）の打破を目指した。リーダー不在の幕府中枢に参画し、国政を牽引しようという、政治的野心にも衝き動かされ、自身の幕政主導による内政重視の挙国一致体制の構築を企図した。

また、幕府の機構変革なくして、幕藩体制は存続できないという認識は、斉彬時代から醸成されており、その実現は斉彬亡き後、自身に託されたという自負が久光にはあった。機構変革、つまり老中制から雄藩連合制への移行、さらには自身の幕政参画への足掛かりとして、一橋慶喜および松平春嶽の登用を第一に主張したのだ。

一方、通商条約調印および桜田門外の変は、幕府の武威を著しく失墜させ、安政の大獄による朝幕間の隔たりを埋めるはずの和宮降嫁といった公武合体策も、対外方針の不統一、つまり幕府開国（条約容認）・朝廷鎖国（破約攘夷）との方針から、機能不全とも言える状態であった。久光は朝幕関係の調停者として自分自身を位置付けていた。

久光の攘夷思想と現実主義

さて、ここからは久光の対外政略について見ていこう。久光はあくまでも未来攘夷を志向し、斉彬の遺志でもある通商条約の容認を暗黙の了解としていた。しかし、孝明天皇は幕府の強い圧力から、通商条約の調印の事情を理解したと幕府に伝えたものの、決して勅許は与えなかった。

久光は朝廷が通商条約を認めていないこの段階で、未来攘夷に基づいた現行の条約を容認する外交政略で臨むことは得策でないと考えた。まずは、内政を重視して幕藩体制を基軸とした封建秩序を回復し、国民の心を調和して、その後、開国（条約容認）・鎖国（破約攘夷）は天下の公論をもって決定するとの方針を立てた。久光は、外交方針、つまり国是の決定を巧みに先送りしたのだ。

久光は、無謀な攘夷を否定していたが、斉彬同様、将来的な攘夷実行を否定したわけではなかった。この点が十分に理解されず、これまでの研究では、久光を「開国派」であり、攘夷には消極的であると見てきた。

それは、この時点で過激な攘夷行動を忌避しながらも、開国なのか鎖国なのか、どちらなのかという自身の立場を、明確にしていない事実から導き出されている。ところが、実際に率兵上京にあたり、久光は藩士に「皇国」に生まれた者は誰でも朝廷を尊び、夷狄を憎む感情があるはずであると明言する。

仮に、その「志操無之者《しそうこれなき》ハ禽獣《きんじゅう》同然之事ニ而《て》、別ニ勤王家之誠忠派之と可申《もうすべく》様さらに無之《これなき》事ニ候」（『玉里島津家史料』）と諭告しており、攘夷をむしろ肯定していた。攘夷を奉じる志がない者は獣同然であるとまでさげすみ、皇室に対して誠忠を抱いているなどとは決して言えないと切言した。

久光は攘夷実行を志向しながらも、一方的な通商条約の破棄は外国に侵攻の口実を与え、武備不十分の現状では対応し兼ねるとの現実的な判断があり、未来攘夷の旗手となった。他方、条約をめぐって対立する公武間の融和促進の側面からも、条約容認を前提とし、その路線を逸脱する過激な攘夷運動には否定的であった。

通商条約の容認は、公武融和の絶対条件であったが、朝廷の方針と齟齬するため、久光はこの段階では口外できなかった。しかし、いずれ機会を捉えて、朝廷に対しても意見を述べるつもりであった。

久光の対外政略論は、イデオロギーとしては攘夷、一方で政治家としては武備充実までの条約容認の立場と考えるのが妥当であろう。この時期の久光のリアリズムは、当時としては卓越した感覚に思える。

久光、ついに孝明天皇に本心を告ぐ

久光の対外政略の見解は、国政の現場においてどのような変遷を見たのであろうか。文久二年（一八六二）四月の率兵上京に際し、朝廷への建言の中で通商条約については、世論によって恒久的な施策を制定すべきであると訴えた。つまり、朝廷は国民全体の意見に耳を傾け、外交方針を最終決定すべきとした。

通商条約を容認すべきか、破棄すべきかという対外政略そのものについて、久光自身の意見は一切控えており、攘夷実行の可否は黙して語らなかった。そして、皇威を海外で振興すべきであるとしながらも、その方策については触れなかった。

次に、同年閏八月二十一日、関白近衛忠煕に奉呈した意見書を見たい。これは、一橋慶喜および松平春嶽の登用を迫る勅使大原重徳に江戸まで供奉し、目的を達成した帰路、生麦事件を起こした後に入京した時のものである。

久光は、欧米列強が我が国にしきりに出没しており、植民地化が目の前に迫るこの時、即時攘夷は激烈の論であると非難する。そして、ついに戦争に至るのではないかと、大いに嘆きながらも、朝議（朝廷の意思決定機関）が確固として、動揺を来さないことを懇請した。即時攘夷を非難するものの、通商条約の容認を求めるといった文言は見られない。

文久三年（一八六三）三月十四日、将軍上洛後に入京した久光は、近衛邸において中川宮、鷹司輔煕、近衛忠煕・忠房父子、一橋慶喜、松平容保、山内容堂《ようどう》と対面した。そこで久光は、攘夷実行の期限を軽率に決めるべきではないと要求した。即時攘夷派によって、無謀な攘夷実行が目前に迫っている中で、公然と反対を唱えたことは注目に値する。しかし、五月十日を期して、下関で攘夷が行われたことは、ご存じの通りである。

久光はわずか四日後の十八日には大坂に退き、二十日には帰藩の途についた。これは次節で述べる生麦事件によって、イギリス艦隊が報復のため、鹿児島にどのタイミングで来襲するかが分からず、否応なく帰藩したのだ。

攘夷実行から三ヶ月後、八月十八日政変が起こり、三条実美ら急進派の廷臣と長州藩が京都から追放され、孝明天皇が望まない攘夷親征といった、戦争も辞さないとする過激な攘夷路線は否定された。しかし、三条実美らの激派を追放したにもかかわらず、鳥取藩主池田慶徳《よしのり》などの在京諸侯や正親町三条実愛などの廷臣が長州藩に同情を寄せ、その復権を画策する動向を示した。この破約攘夷派グループの存在は、孝明天皇にとって厄介なものであった。

久光の意に反して、八月十八日政変以降も、孝明天皇は破約攘夷の方針を変えていなかった。つまり、孝明天皇と破約攘夷派グループは対外方針で一致していたものの、長州藩が復権を遂げた場合、また過激路線が頭をもたげて攘夷親征の議論が再燃することを天皇は極度に恐れた。

一方で幕府は、八月十八日政変の成果だけでは、通商条約の容認に移行することは困難と考えており、ここで、折衷案とも言える「横浜鎖港」なる奇策が登場する。当時、開港していたのは箱館・横浜・長崎の三港であったが、その内の一つである横浜を鎖港するというのだ。もちろん、幕府にどの程度の成算があったかは分からない。

この提案に対して、政変の実行主体が、通商条約の容認を唱える薩摩藩や幕府（会津藩）であったため、また、破約攘夷派グループとは一線を画する必要にも迫られ、孝明天皇は横浜鎖港という妥協案を検討せざるを得なかった。破約攘夷を志向する孝明天皇にとっては、苦痛を伴う妥協であったことは間違いない。

八月十八日政変後、いよいよ久光は、具体的な国政参画を期して、文久三年十月三日に上京した。同月十九日に至り、久光は松平春嶽を東本願寺学林の旅宿に訪ね、今後の周旋方針を協議した。

対外方針については、久光は次節で述べる通り、生麦事件から始まる薩摩藩と英国との緊張関係もあって、幕府の横浜鎖港談判については、「皇国の御為危殆《きたい》の至りなり」（『続再夢紀事』）と危惧の念を示した。つまり、横浜鎖港には反対の立場を明確に示した。

そして、談判に服さず、列強が大挙して襲来したら幕府はどのような処置をとるのか、その時になって談判以前に戻そうとしても無理である。横浜鎖港に固執することは、内憂外患が一気に噴出して、大混乱に陥ると警鐘を鳴らす。

ここは一橋慶喜をはじめ、速やかに未来攘夷派の諸侯が上京し、「官武の御一和ハ申す迄もなく開鎖の可否をも議定せらるゝ事」と公武融和はもちろんであるが、開国すべきか鎖国すべきかを議するべきであると述べ、国是を通商条約の容認に導くことを提唱した。これまでの、通商条約を容認するか否かの態度を鮮明にしない、どこか遠慮がちな対応から一歩踏み出したことがうかがえる。

久光は、西国雄藩である薩摩藩の事実上の国主であり、近衛家との濃密な関係が存在していたことから、孝明天皇の信任も厚かった。しかも、八月十八日政変の成功に深くかかわったのが薩摩藩であった。こうしたことを背景にした、久光の自信みなぎる意見の開陳である。

文久三年十一月十五日、久光は近衛家において孝明天皇の宸翰《しんかん》を拝戴《はいたい》した。久光に対する孝明天皇の信頼は、前年の文久二年（一八六二）四月の浪士を鎮撫した寺田屋事件から継続していたが、その表れである。即時攘夷派が席巻する当時の中央政局において、孝明天皇の真のより所は将軍ではなく、無位無官に過ぎない久光であったのだ。

孝明天皇は朝廷内でも破約攘夷派グループに押されており、中川宮しか頼りになる廷臣はおらず、孤独感は相当なものであった。孝明天皇の依頼は武臣では久光、廷臣では中川宮に集中しており、この状況は文久三年末まで続くことになる。

さて、その宸翰には少なからぬ在京諸侯や廷臣が長州藩に同情を寄せ、その復権を画策するという政変後の中央政局の難局を、久光と協働で乗り切りたいとの願望が率直に語られている。そして、具体的な諮問内容が二十一項目にわたって、列挙されていた。その最初の諮問事項が対外政略についてであった。

孝明天皇は久光に対し、攘夷実行について、武備が不十分な状態での戦争は避けるべきというのが天皇の自論であるとする。しかし、過激な即時攘夷を唱える暴論激派の前では多勢に無勢であり、その上、自分自身が愚かであり、はっきりとものも言えなかったので、政変前のような即時攘夷派が思い通りに政局を牛耳る事態となったと言い訳を述べる。そして、今後、皇国が永遠に穢《けが》されることなく安んじられるために、迅速な攘夷実行の方策を建白して欲しいと訴えた。

それに対して久光は、皇国のみ鎖国の状態にあることは極めて難しいと、暗に通商条約の容認を示唆した。さらに、とても今の武備では勝ち目などなく、一度開戦となれば、皇国のすべての人民が塗炭の苦しみをなめることになると持論を展開した。そして、武備充実が唯一の策略と率直に述べる。即時攘夷は不可であり、当面は通商条約を容認し、武備充実の上での攘夷実行、すなわち未来攘夷を提唱した。久光は孝明天皇に対して、とうとうここに至り、未来攘夷を率直に具申したのだ。

ところで、八月十八日政変後、幕府の久光に対する態度は一変する。それまで、幕政に関与しようとする久光の態度に、幕閣は極めて冷淡であったが、朝廷からずば抜けて信頼され、中川宮や近衛家という絶対的なパイプを持つ、稀有な武臣である久光に接近し優遇し始めた。例えば、一橋慶喜は久光を藩主に推しており、薩摩藩・久光と幕府の蜜月関係が構築されて、共同で長州藩と対決しようとする姿勢がうかがえる。

翌文久四年（一八六四、二月二十日に元治に改元）一月、久光は朝議に参画することを許され、また、同月に将軍家茂が朝廷の要請に応えて、政変後の中央政局の動揺を抑えるために上洛してからは、幕政にも関与が可能となった。一見、久光の絶頂期に見えるのだが、実際にはいずれも諮問レベルの形式的なもので、体の良いお飾りに過ぎなかった。

これは、朝幕双方ともに本音では、久光をはじめとする有力諸侯の政治参画を快く思っていなかったからに他ならない。その背景として、久光が朝廷内でのさらなる庇護者を求め、孝明天皇が嫌う山階宮晃《やましなのみやあきら》親王の還俗《げんぞく》を強硬に主張したため、久光は天皇の信頼を失っていた。

しかも、久光の朝廷への過度の影響力を恐れた慶喜とも確執を深めたことから、久光の政治的権威は急速に衰え、すべての要職を辞して帰国せざるを得なかった。ここに、久光と幕府の蜜月関係は終焉を迎えた。

この間、国是については、久光の意に反して慶喜が主導して横浜鎖港と決まり、大政委任を受けた幕府によってその談判が継続された。しかし、前述した通り、慶応元年（一八六五）九月に英仏米蘭の四国連合艦隊が大坂湾に入り込み、朝廷を威圧したことから、孝明天皇も通商条約を勅許せざるを得なかった。

ここに期せずして、斉彬・久光が思い描いていた未来攘夷が事実上の国是となった。しかし、時代は通商条約の可否をめぐる対外政略の違いによる政争から、王政復古か大政委任かをめぐる国体レベルでの騒乱へと突き進み、明治維新を迎えることになる。

3　生麦事件と薩英戦争の真相

生麦事件の真相――英国人リチャードソンはなぜ斬られたか

薩摩藩・島津久光の世界観を考える場合、避けて通れないのが生麦事件と薩英戦争であろう。それにしても、未来攘夷を志向していた久光が、なぜ即時攘夷の実践とも言える幕末の二大事件を引き起こしたのだろうか。本書でその謎を解き明かすことは、ここまで述べてきたこととの関係で欠かせないことと考える。

生麦事件は文久二年八月二十一日（一八六二年九月十四日）に起こった英国人殺傷事件であるが、二〇一二年でちょうど百五十年を迎えたことになる。当時、それに関するニュースが新聞紙上をにぎわせた。まずはそれを振り返ってみよう。

「生麦事件」で薩摩藩士に殺害された英国人チャールズ・リチャードソンさんの子孫、マイケル・ウェイスさん（八三）が六日午前、横浜市中区の横浜外国人墓地を訪れ、先祖の墓前に花を手向けた。今年は事件から一五〇年で、横浜市の事件現場の見学ツアーが話題となるなど関心が高まっている。ウェイスさんも歴史的意義を紹介する講演会に出席するため来日した。リチャードソンさんの長姉のひ孫に当たる元編集者ウェイスさんは「子孫としてはうれしくないが、事件が明治維新に影響を与えたのは間違いないでしょう」と話した。横浜開港資料館では事件をめぐる企画展が十月二十一日まで開催中。ウェイスさんが英国で見つけたリチャードソンさんの手紙も公開されている。事件直前に「日本は私が訪れた最高の国」などと日本の印象をつづっていた。

「生麦事件」子孫が墓参り　横浜、一五〇年で関心（日本経済新聞九月六日）

幕末に起こった不幸な大事件であったが、百五十年たった今になってようやく子孫の墓参が叶ったことになる。しかし、親日家と言われるリチャードソンは、なぜ生麦村にいたのだろうか。彼の来日がいつであったのかは確定できていないが、一八六二年になってからであることは疑いなく、七月初めごろであったらしい。

リチャードソンは、上海での仕事を引き払ってイギリスへ帰郷する際に、観光のために横浜に立ち寄った。上海で親交があったアメリカ人経営の商店勤務のクラーク、生糸商人のマーシャル、マーシャルの従姉妹で香港在住イギリス商人の妻であり、横浜へ観光に来ていたボロデール夫人を加えた四人で川崎大師へ向かうことになる。

当時、横浜居留地に閉じ込められていた外国人の商人らにとって、娯楽らしい娯楽は、通商条約に規定された範囲での遠出であった。特に、このコースに沿ってピクニックに出かけることは、居留民にとって、またとないリクリエーションであった。

他方、薩摩藩国父である島津久光は、なぜそこを通過していたのか。久光は、文久二年四月に率兵上京を果たし、次いで幕政に参画することを目指したが、その足掛かりとなる一橋慶喜と松平春嶽の将軍後見職や大老就任を、朝廷権威によって実現しようとした。

五月二十一日、久光は勅使・大原重徳に供奉して京都を出発、六月七日に江戸に乗り込んだ。久光一行は、道中で出会った、また市中を我が物顔で行きかう西洋人に、嫌悪感を抱いていた。未来攘夷とは言いながらも、外国人に対する感覚は攘夷思想そのものである。

六月二十三日、薩摩藩は幕府に対し外国人の外交官が乗馬の上、江戸市中を徘徊することを強く非難し、不作法があった場合には是非なく国威を汚さないよう、時に応じた処置を講じるので、各国公使に通達して欲しいと届書を出した。生麦事件は、起こるべくして起こったのだ。

慶喜・春嶽の登用を果たし、所期の目的は達成したが、そもそも外様諸侯で藩主の実父に過ぎない久光が、朝廷権威を後ろ盾にして幕政に介入を図ったことに、幕閣は痛烈な嫌悪感を持っていた。久光に対する幕閣の態度が至極冷淡であることは当たり前であり、久光の幕政参画の道は途絶えていた。慶喜らの登用実現で、久光のメンツは辛うじて保たれたものの、その失望感たるや、想像に余りある。

不愉快極まりなく、殺気立った四千人ほどの武装集団が、帰京するため東海道を進軍した。久光は、当時最強と言われた薩摩武士団に守られながら、京都に戻る途中であったのだ。観光目的

生麦事件の現場。幕末期（横浜開港資料館蔵）

のリチャードソン一行と、イライラしながら行軍する薩摩藩主従、生麦事件とはその両者が東海道の生麦村で遭遇した悲劇である。

行列の先頭の方にいた薩摩藩士たちは、正面から行列に乗り入れてきた騎乗のリチャードソンら四人に対し、身振り手振りで下馬し道を譲るように説明した。行列は、ほぼ道幅いっぱいに広がっていたので、結果として脇に寄ることもできずに、行列の中を逆行して進行してしまった。

リチャードソンらは鉄砲隊も突っ切り、ついに久光の乗る駕籠のすぐ近くまで馬を乗り入れてしまった。供回りの藩士たちの無礼を咎める声に、ようやく事態の深刻さを認識したが、引き返そうとその場で堂々巡りしたため、奈良原喜左衛門および他数人の藩士が抜刀して斬りかかった。

リチャードソンは肩から腹へ斬り下げられ、臓腑《ぞうふ》が飛び出るほどの深手を負い、二百メートルほど戻り落馬、追いかけてきた海江田信義《かいえだのぶよし》に止めを刺された。マーシャルとクラークも深手を負い、ボロデール夫人も一撃を受けていたが、帽子と髪の一部が飛ばされただけの無傷であった。おそらく、薩摩武士は女性には手加減をしたものであろう。

ここで一つの可能性の検討を試みたい。リチャードソン以外の外国人であった場合でも、殺害されたかどうかである。実は、久光一行がリチャードソンらと出くわす前に、アメリカ商人ヴァン・リードは何事もなく行列を通過させている。彼は下馬して道を譲り、帽子を取って敬礼したというのだ。

リチャードソンの性向について、一つの示唆がある。坂野正高「駐清英国公使ブルースのみた生麦事件のリチャードソン」（『学士会報』第七二三号）には、このブルースの書簡（一八六四年四月十五日）が掲載されている。これを見ておこう。

リチャードソン氏は慰みに遠乗りに出かけて、大名の行列に行きあった。大名というものは子供のときから他人に敬意を表せられつけている。もしリチャードソン氏が敬意を表することに反対であったのならば、何故に彼よりも分別のある同行の人々から強く言われたようにして、引き返すか、道路の脇に避けるかしなかったのであろうか。私はこの気の毒な男を知っていた。というのは、彼が自分の雇っていた罪のない苦力《クーリー》に対して何の理由もないのに極めて残酷なる暴行を加えた科《とが》で、重い罰金刑を科した上海領事の措置を支持しなければならなかったことがあるからである。

もちろん、これだけをもって、その責がリチャードソンにだけあったとは断定できない。当時アジアにやって来た西欧の冒険商人たちは、一様に若くて血気盛んであり、粗野な面も持ち合わせていたとされる。

彼もその一人に過ぎないかも知れない。しかし、一つの可能性として、リチャードソンを直接知る同国人の指摘を見逃すことはできない。彼が慎重さに欠けていたことだけは、事実ではなかろうか。

生麦事件後の英代理公使ニールと小松帯刀の対応

生麦事件は、よく言われるように、即時攘夷運動の一環であったのだろうか。それまでの外国人殺傷事件は、ヒュースケン殺害や東禅寺事件といったテロであり、明らかに襲う側に攘夷実行の信念が存在した。

しかし、生麦事件においては、そのような意図は存在していない。当時の慣習として、諸侯の行列に対する作法が存在しており、それを破った者は無礼討ちされても仕方がないという論理がまかり通っていた。

そのことを現在の私たちが、野蛮であるといった言説で単純に非難できない。当時は、当たり前であったからだ。そもそも、相手が日本人であったとしても、生麦事件は発生していた。つまり、偶然の出来事であり、薩摩藩・久光は攘夷を実行しようとしてリチャードソンを殺害したのではなかったのだ。

ところで、久光が直接惨殺を命じた記録は一切なく、つまり生麦事件とは、藩士のとっさの判断で起こった偶発的な事件である。事件後、久光がこの行為を咎めなかったことも、封建領主としては何ら不思議ではない。とはいえ、久光は内心、面倒な事態に至ったとの認識はあったと推測する。

当時の日本では、明らかに攘夷行動として捉えられ、久光の意に反して、攘夷のチャンピオンとして遇されることになった。生麦事件後、ほどなく入京した薩摩藩一行に対して、京都の民衆は薩摩藩の攘夷を讃えて熱烈な大歓迎をした。久光には晴れ晴れとした気分と同等に、うかない気分もあったであろう。

しかも、孝明天皇から称讃の言葉をかけられ、名実ともに攘夷の雄となったのだ。薩摩藩のイメージは、そのように祭り上げられたが、実際には攘夷実行には慎重の態度を示しており、そのギャップは幕末史に影を落とすことになる。

さて、リチャードソン殺害後も、薩摩藩の行列は何事もなかったかのように行軍を続けた。イギリスのヴァイス領事は、保土ヶ谷に宿泊した久光一行への報復攻撃を提唱し、横浜居留民の多くが熱烈に支持した。

ニール

小松帯刀
(国立国会図書館蔵)

しかし、イギリス代理公使のジョン・ニールは極めて冷静であった。彼は、横浜には居留民を守ることすら不安な戦力しかなく、全面戦争に発展した場合、新たに日本に差し向けられる艦隊が、さしあたってアジアには存在していない実情を説明した。さらに、日本国内での内乱の誘発の可能性なども説いてようやく居留民を鎮静させ、幕府との外交交渉を重んじる姿勢を貫いた。そのため、局地戦または戦争に至らなかった。

一方で、薩摩藩側では、小松帯刀が奈良原喜左衛門・海江田信義の、報復攻撃を受ける前に機先を制して横浜居留地への夜襲を企てるとする強硬な意見を斥けた。そして、薩摩藩一行は取り調べのために幕府に制止されても、それを無視して何事もなかったがごとく上京を継続する。

この時、ニールと小松がそれぞれに存在したことで、東海道での局地戦、さらには日英戦争の可能性の芽を摘むことが可能となった。大げさに言えば、日本は植民地化を回避できたのだ。実際、イギリスは生麦事件の賠償金が未払いの場合、海上封鎖を実行する艦隊の増派を計画しており、さらには陸戦すら想定して様々なシミュレーションを行っていた。

生麦事件の一報がロンドンにもたらされると、ラッセル外相は幕府に対しては、事件の発生を許したことに対する公式の謝罪、犯罪に対する罰として十万ポンド（四十万ドル、当時一ポンドは約二両、現在の二万円程度）の支払いを要求した。一概に比較はできないものの、それにしても現在の貨幣価値で二十億円とは法外な金額である。

一方で、薩摩藩に対しては、一名ないし数名のイギリス海軍士官の立会いの下に、リチャードソンを殺害し、その他の者に危害を加えた犯人を裁判に付し処刑すること、被害に遭った四名のイギリス人関係者に分配するため、二万五千ポンド（十万ドル）を支払うことを要求している。

生麦事件の三つの余波

この生麦事件は、幕末に頻発した他の外国人殺傷事件とは一線を画し、事件そのもの以上に、その後の幕末史に影響を与え続けた。以下、三点に整理してみる。

一点目として、久光が京都に長期にわたって滞在することができなかったことである。というのも、英国艦隊がいつ鹿児島湾に侵入して報復行動を起こし、砲火を交えないとも限らず、とても鹿児島を留守にするわけにはいかなかった。生麦事件によって、久光が在京できなかったのだ。

しかし、一方では孝明天皇をはじめ、中川宮や近衛忠煕などの上級廷臣は久光の在京を切望していた。これは薩摩藩の武力を期待したことによるが、その対象は過激な尊王激徒に対してであった。

孝明天皇はもちろん攘夷派であったが、自分が先頭に立つような攘夷行動は欲しておらず、天皇自らが統率する攘夷親征を計画している長州藩や、それを後ろ盾にした三条実美らの中下級廷臣の朝議進出に嫌悪感を抱いており、朝廷内の秩序崩壊を過度に警戒していた。これらの勢力を抑えるためには、久光の在京が必須であったのだ。

この京都情勢を心配した幕府は、京都守護職の新設に踏み切る。周知の松平容保の登場である。しかし、実際には朝廷は久光を推薦していた。当初、幕府は断固反対の態度であったが、孝明天皇の強い意志もあり、その方向性を容認するに至った。久光自身もそのつもりであり、意欲満々であったが、結局あきらめざるを得なかった。

このことから、京都は長州藩・三条実美ら即今破約攘夷派の激徒によって、ますます牛耳られ、いわゆる「尊王攘夷運動」が沸点を迎えた。つまり、この事態は生麦事件の余波である。そして、この状態を打破したのが八月十八日政変であり、生麦事件は、その導火線であった。

二点目として、ラッセル外相が、「日本の異常な政治状況」を考慮せざるを得ないとしたことである。その状況とは、列強が今まで最大の諸侯であり、その武威によって大名を統制している事実上の「君主」であると考えていた将軍が、実は薩摩藩という一地方藩ですら統治できていないという実態である。

欧米列強は、通商条約の勅許問題で、将軍家の上に天皇の存在を意識し、大政委任というメカニズムをようやく理解し始めていた。しかし、幕府が薩摩藩にイギリスの要求を実行させる何ら有効な命令ができず、生麦事件の解決が容易でないことが、期せずして白日の下にさらされた。

まさか、幕府に大名を統制する実力が失われていたと思っていなかったイギリスは、対日政策を方向転換せざるを得なかった。つまり、幕府ありきの姿勢を改めるに至る一つの契機となったのだ。当然ながら、この事実は、その他の通商条約締結国にも大きなインパクトをもって理解された。

象徴的なのは、ラッセル外相が幕府と薩摩藩の双方に賠償金等を要求したことである。つまり、イギリスは幕府以外に、日本に複数の統治者がいることを認め、大名（諸藩）が割拠する、あたかも連邦制国家のようなイメージを抱いたのだろう。まさに、第一次長州征伐以降、鹿児島に割拠して幕府と対峙することを目指した薩摩藩の思う壺であったのだ。

そして、国内においては、イギリスの二重の賠償請求によって、幕府の全国統治能力は否定され、さらなる権威の低下を招いた。これ以降、幕府の命令を拒む風潮が西国諸藩を中心に顕著となった事態は、生麦事件後の一連の幕府とイギリスの交渉過程に、負うところが大きいのだ。

生麦事件の賠償交渉の図。中央は酒井忠毗。その右はイギリス代理公使ニール、酒井の左はフランス公使ベルクール

三点目は、幕薩関係が、抜き差しならぬ方向に向かったことである。率兵上京や勅使供奉によって、幕閣の薩摩藩・久光への嫌疑・敵視が始まったが、生麦事件によって、「将軍の地位を狙う」敵の一人と断定した。

このような内容は、政治的に極めてナイーブであり、日本側の史料からは当然見つからない。ここでは、当時の幕府の実力者、若年寄酒井忠毗《ただます》の発言（文久三年五月十七日）を見ることにしたい。

島津がリチャードソンを殺害させた時、大君を諸外国との紛争に巻き込むという狙いが彼にはあった。特にイギリスだけを困らせようとしたのではない。諸外国を薩摩への進撃に誘い出そうとしたのである。（略）薩摩を攻撃するな、自分が大君の地位につくのを援助してくれ、そうしてくれれば私は貴国に日本を開放しようと訴えるのが、島津の筋書きである。

（『遠い崖』）

この内容については、後で詳しく確認することにするが、それにしても幕府の薩摩憎しは相当なものである。また見方を変えれば、ここまで幕府が薩摩藩を評価していたことになり、今後の両者の関係を考えるに興味深い。いずれにしろ、この段階で幕薩関係の緊迫化を確認でき、また幕府の薩摩藩への相当な警戒感を知ることができる。

薩英戦争を招いた「誤伝」と、戦後の薩英急接近

ここからは、薩英戦争（文久三年七月二日）である。最初に触れておきたいのが、戦争直前の薩英関係である。詳しくは次章で述べることとするが、実はその一年ほど前に、薩摩藩はイギリスと軍艦購入の交渉を行っており、鹿児島の港を開き貿易を始めたいとまで申し込んでいる。つまり、薩英関係は極めて良好であり、たまたま生麦事件が起こってしまったという印象をイギリス側は持っていた。そして、薩摩は償金の一部、あるいは必要とあればその全額を支払うことを決めており、イギリスと通商条約を結びたいと考えていると理解した。

ニール代理公使は、薩摩藩が「政治的性質の交渉」を持ち出す可能性があると考え、全権を持

つ代理公使として鹿児島に同行する必要を感じており、戦争の可能性はゼロに等しいと判断した。つまり、薩摩藩には戦争をする意志がないという前提で、イギリス艦隊は鹿児島に向かったのだ。

しかし、実際には薩英戦争が始まってしまう。その理由は何だったのだろうか。実は、イギリスの薩摩藩への要求が償金と久光首級であり、それを求めて鹿児島へ軍艦を派遣すると誤伝された。償金はまだしも、主君の首など渡せるものではない。この誤伝により、薩摩藩の徹底抗戦の方針が確定した。

なお最初に、イギリス文書を翻訳したのは、福沢諭吉ら三名であったが誤訳はない。しかし、それが上洛途上の将軍家茂を追いかけながら京都に到着し、薩摩藩の留守居役に伝達された時には、誤訳となっていた。

事実は小説よりも奇なりとはこのことだろう。おそらく、幕閣間を伝言ゲームのように回覧された際、薩摩藩への悪感情も手伝って、改竄された可能性を感じるが、薩英関係を悪化させるための故意であったのか、真相は藪の中である。

その後の経緯を見ていこう。文久三年（一八六三）五月九日、老中格小笠原長行《ながみち》は生麦事件の賠償金十万ポンドを支払った。ようやく最大の交渉相手であった幕府と妥結し、砲艦外交で用いた艦隊が自由になったため、ニール代理公使は鹿児島に向かうことが可能となった。そして、六月二十二日に横浜を出港、二十七日鹿児島湾に到着した。

二十八日、イギリス艦隊は鹿児島城下近くの前之浜約一キロ沖に投錨し、薩摩藩の使者に対し

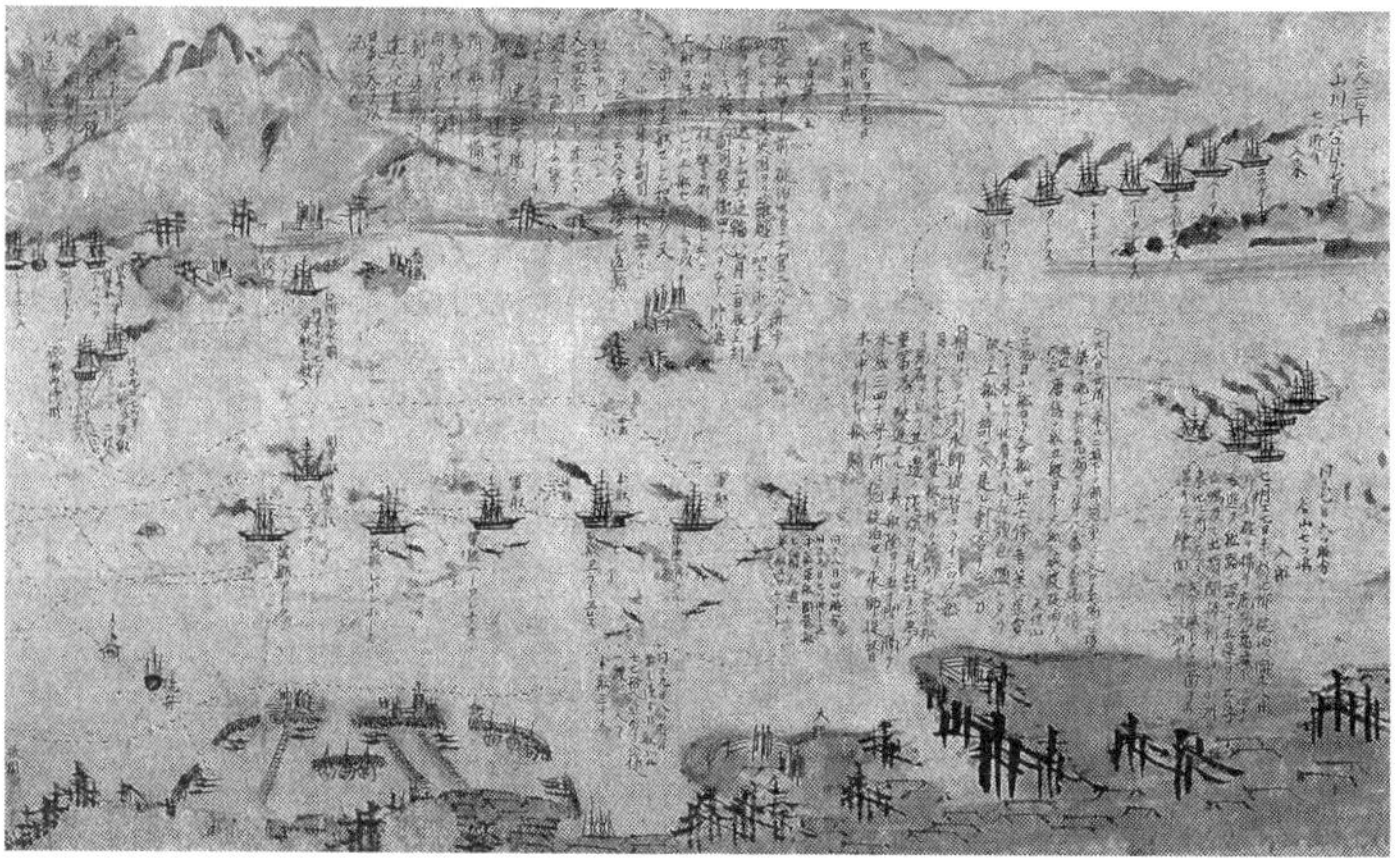

薩英戦争絵巻（鹿児島県立図書館蔵）

イギリスは生麦事件犯人の逮捕と処罰、および遺族への賠償金二万五千ポンドを要求した。ここでは、正確な内容の伝達であったが、薩摩藩側は警戒心を緩めずに回答を留保し、翌日に鹿児島城内で会談を行うことを提案した。すでにこの段階で、薩摩藩は臨戦態勢であった。

二十九日、イギリス側は城内での会談を拒否して、早急な回答を求めた。奈良原喜左衛門らがイギリス艦に奇襲を計画、海江田信義・黒田清隆・大山巌《いわお》らによる「スイカ売り決死隊」が結成された有名な事件が起きたのはこの時だ。

彼らの多くはスイカ売りに変装し、斬り込む覚悟で艦隊に接近した。使者を装った一部は乗艦に成功したが、イギリス側に警戒されて、ほとんどの者が乗船を拒まれたため、奇襲作戦は中止され、奈良原らは退去した。

七月一日、ニール代理公使は薩摩藩の使者に対し、要求が受け入れられない場合は武力行使に出ることを通告、翌二日、イギリス艦隊は、五代友厚や寺島宗則らが乗船する薩摩藩の汽船三隻（白鳳丸、天佑丸、青鷹丸）を拿捕《だほ》する。これを宣戦布告と受け取った薩摩藩は、正午に湾内各所に設置した陸上砲台（台場）の八十門を用いて先制攻撃を開始した。

イギリス艦隊の損害は大破一・中破二、死傷者は六十三人（旗艦ユーライアラスの艦長の戦死を含む死者十三人、負傷者五十人）に及んだ。一方、薩摩藩は人的損害こそ少なかったものの、鹿児島城、集成館、鋳銭局、民家三百五十余戸、藩士屋敷百六十余戸、藩汽船三隻などが焼失した。双方、莫大な損害を被ったことになる。

生麦事件の一報がロンドンにもたらされると、意外な反応が起こった。イギリス議会では、薩英戦争時に民間施設を砲撃したことへの議論が起こり、ニール代理公使や艦長を非難した。また、国内世論でも同様の意見が出され、政権は彼らの弁護に躍起になった。当時屈指の民主主義大国であった、大英帝国に湧き上がった面目躍如の光景であろう。

戦争後の薩英関係であるが、そもそも久光をはじめ、久光四天王らの藩要路は、通商条約容認の立場であり、攘夷の無謀さをあらためて悟らされ、戦争の継続は困難との認識から、和睦談判を志向するに至った。そして、十月五日には講和が成立し、薩摩藩は二万五千ポンドを幕府から借用して支払い、犯人は逃亡中として不問に付された。

談判中、薩摩藩は戦艦や武器の調達を依頼し、また留学生の派遣を打診している。これは、膠《こう》着《ちゃく》した交渉の打開を図った起死回生の一策であった。そのあまりに現実的で柔軟な発想の転換には、驚くばかりであるが、それらはいずれも実現し、薩英間は急速に接近して、友好国となるのに時間がかからなかった。

アーネスト・サトウ
（横浜開港資料館蔵）

その後、公使ハリー・パークスが薩摩を訪問し、また通訳官アーネスト・サトウは多くの薩摩藩士と個人的な関係を築いた。その関係が明治維新の原動力となったことは、論をまたないであろう。そして、その中心にいたのが小松帯刀であった。

小松は、新政府の最も早い段階の外交を一手に引き受け、幕府が残した賠償金や借財の整理にあたり、しかも神戸事件や堺事件といった外国人殺傷事件の解決に奔走した。その際に役立ったのが、英国・パークスとの友好関係であった。

生麦事件・薩英戦争は結果として、イギリスと薩摩藩を結びつけ、その友好関係を促進した。その事実は幕末・維新期に極めて重要な意義を持ち、政治動向に大きな影響を与えた。明治政府はイギリスとの関係を重視し、明治三十五年（一九〇二）、日英同盟を結んだが、その礎は幕末期に確立した良好で親密な薩英関係にあったと言えよう。

第六章

幕末「武器・軍艦貿易」

——輸入利権をめぐる幕薩対立

1　日米修好通商条約では何が決められたのか

外国人居留地の誕生と遊歩規定

幕末期における最大の争点は、通商条約の締結に求められる。これによって、我が国は未曽有の混乱状態に陥ったからである。当初は、孝明天皇の勅許を得ていないことに反発する尊王志士によるテロ行為が横行し、大老井伊直弼も桜田門外の変で斃れた。

その後、抗幕運動は尊王志士による個人レベルから藩レベルに上昇し、即時攘夷を唱える土佐藩・長州藩および三条実美ら過激廷臣グループによって、中央政局は席巻された。しかし、文久三年（一八六三）の八月十八日政変、元治元年（一八六四）の禁門の変によって、その勢力は失墜し、即時攘夷派の勢威は大きく後退した。

にもかかわらず、相変わらず朝廷は破約攘夷を求め、通商条約容認派との間で横浜鎖港という妥協点を見出した。この間、薩摩藩は朝廷との対立は回避して勅許問題は埒外《らちがい》に置き、貿易による利益を幕府が独占していることへの反発を急激に強めた。財政難の西国雄藩においては、その志向性に同調する越前藩や宇和島藩なども現れた。

ところで、薩摩藩が指弾する幕府による貿易の独占とは、具体的にはどのような状態を指すのであろうか。そのことをいざ説明するとなると、意外と難しい。本書では、そのことを解きほぐす糸口として、通商条約の内容そのものから迫ってみたい。

通商条約によって何が取り決められたのか、このことは幕末史を考える上で、非常に重要なことである。しかし、意外と知られていない内容が多々含まれる。第三章でも触れているが、筆者なりの解釈も加えながらあらためて確認しておこう。

我が国は、安政五年六月十九日（一八五八年七月二十九日）に締結された日米修好通商条約によって、国際市場に放り込まれた。幕府は同年中に、イギリス・フランス・ロシア・オランダとも立て続けに同様の通商条約を締結しており、これらをまとめて、安政五ヶ国条約と呼んでいる。

なお、幕府は滅亡までに、ポルトガル（一八六〇年）、プロイセン（一八六一年）、スイス（一八六四年）、ベルギー（一八六六年）、イタリア（一八六六年）、デンマーク（一八六七年）とも通商条約を結んでおり、先の安政五ヶ国条約と合わせ、十一ヶ国にものぼっている。これは意外と知られていない事実ではなかろうか。

さて、通商条約の内容は、それぞれの条約によって若干の差異はあるものの、本書では通商条約といえば、原則として日米修好通商条約の条文によるものとしたい。これ以降も、日米修好通商条約による検討となる。

条文に入る前に、その目的として「帝国大日本大君と亜墨利加合衆国大統領と親睦の意を堅くし、且永続せしめんために両国の人民貿易を通する事を処置し、其交際の厚からん事を欲するかために、懇親及ひ貿易の條約を取結ふ事」と謳われている。

つまり、この条約は、日本の主権者たる大君（徳川将軍家）とアメリカ大統領が、親睦を一層発展させ、かつ永続させるために、日米両国の和親と通商について取り決めたものとしている。

ここでは、江戸時代の「日本型華夷帝国」を象徴し、徳川将軍家が外国に対して創作した主権者の呼称である「大君」が使用されている。この段階では、あくまでも外国にとって日本の主権者は天皇ではなく、大君、すなわち将軍であったのだ。

第一条では、「日本大君と亜墨利加合衆国と世々《よよ》親睦なるへし」と、日本と米国は友好関係を維持することが謳われる。注目すべきは、締結主体として、アメリカという国家と大君という機関との間で結ばれていることだ。また、これ以降出てくる「日本政府」とは、すなわち幕府のことである。通商条約は、大君政府である幕府とアメリカの条約である。

ここでは、お互いに外交官を相手国に駐在させ、国内旅行の権利を有することが規定されている。日本側は単に「役人」とのみしており、アメリカに駐在することが意識されているとは思えない。そもそも、この段階では日本人の海外渡航はご法度であり、吉田松陰の密航事件を思い出すまでもなく、国禁であったことは明らかである。

一方、アメリカは公使・領事・領事代理人・総領事と職位を明記している。日本側は、これらの職位を明確に区別できておらず、誤解のもととなった。ようやく、世界秩序にデビューすることになった日本にとって、初めての国家間の通商条約である。何もかも、交渉相手のタウンゼント・ハリス駐日領事に教えを請わなければならなかったのだ。

また、日本政府はワシントンに「役人」(公使相当)を、アメリカは江戸に「公使」を、両国の開港場(実際には、アメリカ本土の港は想定外)にはその他外交官を置けるものとした。有名な水戸浪士の斬り込みがあった東禅寺や長州藩士に焼き討ちされた御殿山の英国公使館は、駐日公使の江戸住居であった。

第二条では、「日本国と欧羅巴《ヨーロッパ》中の或る国との間に若《もし》ハ障り起る時ハ日本政府の嘱《しょく》に応《おうじ》、合衆国の大統領和親の媒《なかだち》となりて扱ふべし」と謳う。日本と西欧列強との間で、もしも問題が生じた場合は、アメリカ大統領が仲介することを約束する。

これは、今後イギリスなどの列強諸国との条約交渉時に紛糾があった場合、アメリカの援助を想定したもので、日本側が強く求めた条項である。日本外交の黎明期《れいめい》は、まさにアメリカが頼りであった。

ハリスをはじめ、アメリカ外交官はおおむね日本に好意的で、他の列強と日本の間に入り、調停役を買って出てくれており、幕府の信頼も厚かった。しかし、アメリカは南北戦争(一八六一~六五)によって、アジア外交から脱落する。

アメリカに代わって、日本における列強外交を中心になって推し進めたのはイギリスである。これ以降、日本とイギリスの密接な関係は幕府に止まらず、西国諸藩に及ぶ。また、フランスは幕府との関係を強化し、露骨な軍事的援助を行うに至る。なお、南北戦争の終結によって、不要となった軍需品が、怒濤のように日本市場に殺到する。日本は世界的に見て、最も武器商人が暗躍した国の一つとなった。

第三条では、開港場所やそこでのルールが取り決められた。和親条約で開港されていた下田・箱館に加え、神奈川・長崎・新潟・兵庫を開港、江戸・大坂を開市することにした。最大の貿易港となる神奈川は、安政六年六月五日（一八五九年七月四日）開港とした。ただし、神奈川の開港六ヶ月後に下田は閉鎖することも決まった。

なお、神奈川ではなく、実際に開港されたのは横浜である。幕府が横浜は神奈川の一部と主張したことが認められ、神奈川湊の対岸にある横浜村に、港湾施設や居留地を急遽設けたのだ。これは、神奈川では街道を通行する日本人と入港する外国人との間に混雑が生じ、何らかの紛争が起こるのではと幕府が危惧したことによる。

なお、意外と知られていない事実として、横浜で実際に交易が開始されたのは、日米修好通商条約の締結から一年後である。この間に、幕府は横浜港を整備した。また、長崎についても、横浜と同日の開港日としている。

ところで、横浜開港は岩瀬忠震の功績である。江戸からなるべく離れた場所とすることが、多くの幕閣の共通認識であったが、岩瀬は一人、横浜を主張し、その方向性で意見を収斂させたのである。これは江戸・横浜経済圏を確立し、大坂に集中する経済機構の打破を目指しており、幕府が貿易の富を独占して、まずは率先して武備充実を図ろうとしたことによる。

その他、新潟・兵庫の開港、江戸・大坂の開市を順次行うこととしたが、後述の通り、朝廷や尊王志士による破約攘夷を求める過激な言説やテロリズムによって、予定通り実施していくことは困難となった。通商条約をどう履行していくのかが、幕府の大きなアキレス腱となったのだ。

本条で、開港地におけるアメリカ人の居留、土地の借用、建物・倉庫の購入または建築を許可したが、これがいわゆる外国人居留地の開始となる。第六条で認めた領事裁判権は存在するものの、居留地内の外国人は当然のことながら自治は許されず、日本の行政権に従う必要があった。

しかし、実際にはトラブル回避を目的として、居留地は厳重に隔離されており、日本の法の支配外の様相を呈した。しかも、関税以外の租税の徴収も見送られた。この居留地の撤廃は、条約が一部改正される明治三十二年（一八九九）を待たなければならなかった。なお、開市後の江戸・大坂では商取引のための滞在は可能であるが、居住することは認めなかった。

一方で、これとは別に第七条でアメリカ人の遊歩規定を厳しく設けている。居留地を認める代わりに、外交官以外が日本国内を自由に旅行することや、居留地外で商取引をすることが禁じられた。とはいえ、幕府は外交官の旅行も治安の問題から、簡単には許可しなかった。

これは、中国などが内地雑居や自由旅行などを認めていたことに比べ、日本側の大きな成果であったと言えよう。また、この条約がベースとなったため、イギリスをはじめ、遅れて調印した諸国もこれに従わざるを得なかったことも、日本にとって有利であった。

なお、米・麦は居留民・船舶乗組員の食用としては販売するが、積荷として輸出することは不許可とすること、日本産の銅は余剰がある場合に限って、役所が入札によって売り渡すこと、在留アメリカ人は日本人を雇用することができることを取り決めた。

米について付け加えれば、幕府はかたくなな態度をとった。米は主食であり、かつ国内には自給自足ができる程度しかないと主張して、輸出に難色を示した。これに対し、ハリスからは輸出によって米価が上がった場合、外国から米を輸入すればよいとの提言を試みたが、幕府が譲歩しなかったため、輸出禁止を第三条に盛り込んでいる。

自由貿易の開始と軍需品の売買、貨幣交換

ここからは、いよいよ交易にかかわることを述べていこう。第三条は多岐にわたるが、本条の核心とも言える内容は以下の通りであり、日米修好通商条約の最も重要な部分であろう。

双方の国人、品物を商売する事、総て障《さはり》なく其払方等に付ては日本役人是に立合ハず、諸日本人、亜墨利加人より得たる品を売買、或は所持するとも妨なし、軍用の諸物ハ日本役所の外《ほか》へ売べからず、尤外国人互の取引は差構《さしかまえ》ある事なし

まず、両国の商人は役人が立ち会うことなく自由に取引ができ、日本人はアメリカ製品を自由

に売買し、かつ所持できるとした。条約の根幹をなす、自由貿易の実現である。幕府は当初、長崎の出島で行われているような会所貿易を提案した。そもそも、幕閣としては、自由貿易こそ通商なのであり、会所貿易であれば鎖国の枠組みを維持したとの認識であった。では、会所貿易の内容を、実際に行われていた長崎会所における貿易で説明してみよう。

長崎会所とは、長崎奉行の監督下に長崎総勘定所として設置されたもので、中国（清）・オランダの商人との貿易を主とした、長崎の金銀の出納を管轄した。貿易総額から雑費、地下配分金（町民に対する貿易利益の配分金で地役人の給与などを賄う）を控除した残りを、運上金として幕府に上納しており、長崎貿易の利益は、幕府が独占していた。

一方で、長崎警備は福岡・佐賀両藩に命じており、幕府が貿易の旨みのみを、享受できる仕組みであった。幕府にとって、会所貿易の形態を維持できるかどうかは、死活問題であった。安政四年（一八五七）十月に調印された、日蘭和親条約・日露和親条約の追加条約では、会所貿易の維持が認められていた。

ハリスとの交渉までに、この二条約を急いで締結しており、幕府はハリスとの交渉でも、この方針を貫こうとしたのだ。しかし、この希望はハリスによって、最初の交渉であっけなく一蹴されてしまう。

しかも、ハリスにとっては、今回の条約交渉で最も重要な点は自由貿易の成否であり、極めて強い態度で幕府要求を拒絶した。幕府はハリスが意外に思うほど、あっさりとこの要求をひっこめ、自由貿易を認めた。幕府も、ここがポイントとして意識していたものの、ハリスとのこの間の予備交渉などを通じて、とうてい抗し切れるものではないと最初からあきらめていたのだろう。

自由貿易を認めたことにより、幕府は会所貿易のような、莫大な利益を得ることができなくなった。しかし、第四条で見る通り、実際に関税を独占しているのは幕府であり、その他商人から取り立てる冥加金などの歳入も考えれば、幕府と一部の特権商人がその利益を独占したとしても、大きな間違いではないであろう。

そして、その次に注目すべき一項がある。軍需品については、日本国内において他の外国に売ることは可能であるとしながらも、日本人に売る場合、日本役所、すなわち幕府にしか売ってはならないという取り決めである。これは、購入した商人から諸藩に武器や軍艦が転売されることを恐れたもので、幕府による諸藩統制の一環である。

第四条では、輸出入品はすべて日本の税関（運上所）を通すことが謳われる。つまり、幕府の管理を必ず受けることになり、まさに貿易独占の要の一項となった。また、アヘンの輸入を禁止し、アメリカ人が一定以上のアヘンを持参している場合は、没収できるとしている。

これは、来るべきイギリスとの交渉を十分に意識した一項である。アヘンを売り込む可能性が高いイギリスへの警戒心を幕府に掻き立てると同時に、アメリカの誠意を示すことによって、交渉促進を狙う思いがハリスにあったかも知れない。

とはいえ、国家間の通商条約に、特定の品目が堂々と書き加えられることは珍しいのではないか。これは、当時の日本人にとって、いかにアヘン戦争が大事件であったかを物語っていよう。このことは、その他の東アジア諸国には見られなかった稀有な反応であった。

第五条では、外国通貨は日本通貨と同種同量の交換を通用すること、取引は両国通貨を自由に使用できること、開港後の一年間は、日本人が外国通貨に慣れていないため、日本の通貨で取引を行うこととし、両替を保証すること、金銀貨（銅銭は除く）の輸出は自由とすること、などの貨幣条項が規定された。

これによって、幕末の貨幣制度は大打撃を受けることになった。貿易が開始されると、日本通貨が外国通貨と自由に交換され、日本通貨（小判、つまり金）の輸出が始まった。よく言われるように、非常に短期間に、国外への金の大流失が起こったのだ。

これに対応するため、幕府は小判の金含有量を下げるしか手がなく、結果として貨幣価値が暴落し、激しいインフレを引き起こした。通商条約の交渉過程で、当初は、日本貨幣の輸出は認めないことになっていたが、日本側から撤回している。

これは、幕府がドル銀貨と一分銀の交換を嫌ったためとされるが、その真意はよく分からない。いずれにしろ、交渉の過程で、幕府の方から外国通貨の国内流通を提案したのだ。ハリスの同意を得るために、通貨交換（両替）を一年間に限るとしながらも、その見返りとして日本の金銀貨の輸出を認めることを持ちかけ、最終合意となった。

金の大流失について、なぜ起こってしまったのかを確認しておこう。外国人商人は、一ドル銀

メキシコドル

天保一分銀

貨（当時の国際貿易通貨メキシコドル）を運上所で、同種同量交換の原則から一分銀三枚に交換する。次に、両替商に持ち込んで、今度は日本の国内相場によって、一分銀四枚によって小判一枚に両替する。それを国外に持ち出し、地金として売却すれば小判一枚で四ドルに交換できた。なかなか、合点がいかないかも知れない。

　分かりやすく言うと、日本国内で、ドル四枚で一分銀十二枚と交換し、一分銀十二枚を小判三枚と交換する。それを国外に持ち出し、外国で小判三枚をドル十二枚と交換できるということになる。つまり、両替をしただけで、最後には三倍にも膨れ上がり、莫大な利益が得られることとなったのだ。

　一方で、幕府はある程度、このことを予想できていたとされる。結果として、幕府の予想をはるかに上回る経済混乱によって幕府の威信は傷つき、その倒壊を早めたと言えよう。幕府の大きな失策である。

第六条は、日本人に対し罪を犯したアメリカ人は、領事裁判所にてアメリカの法に従って裁かれるとした領事裁判権、第七条は外国人の行動範囲を定めた遊歩規定であるが、これらは、第三章で詳解しているので、そちらを参照していただきたい。

第八条では、アメリカ人は宗教の自由を認められ、居留地内に教会を建てることが許可された。幕府にとって、キリスト教を厳禁することは、最優先の課題であったはずである。しかし、実際には、ハリスが驚くほど簡単に了解している。

これは、宗教については、キリスト教を認めるか否かのみで、交渉の大半を割くことにもなりかねず、また、強硬な反対も予想されたためであろう。この一項によって、数多くの宣教師たちが来日している。

もちろん、彼らは日本人に対する将来的な布教を期待していたのだが、当面は教育事業などに専心した。例えば、明治学院大学のヘボン博士などが知られているが、現在数あるミッション系の伝統校は、少なからず、そのルーツをこの宣教師たちに求めることが可能である。

その他の条項で特筆すべきは、日米和親条約で定められた、アメリカに対する片務的最恵国待遇が、第十二条によって継続されたことである。ハリスは、双務的な、つまり日本側にも最恵国待遇を認める提案をいったんはしたものの、当初反対した輸出税を認める代わりに撤回している。

以上見てきた通り、日米修好通商条約とは、まさに日本とアメリカが、日本の開港地で貿易を開始し、それに伴い、アメリカ人が日本国内の居留地で生活を始めるにあたり、そのルールを取り決めたものである。日本はこの通商条約によって、真の開国を遂げて国体を転換させた。その交渉相手が日本の将来に少なからぬ危惧を抱くハリスであったことは、大きな幸運であった。

2 幕府と諸藩の軍需貿易をめぐる攻防

幕府・諸藩の艦船製造の実態

幕末日本は、ウエスタンインパクトにさらされ、変えたくもない国体を鎖国から開国に転換せざるを得なかった。これによって、帝国主義によるアジア侵略や自由貿易主義に巻き込まれることになり、日本は否応なしに世界新秩序の中に放り込まれた。

世界デビューを果たした日本であるが、最大の難問はいち早く欧米並みの近代化を果たし、列強の侵略を跳ね返すほどの国力を整え、植民地になる危険を回避することにあった。そして、未来攘夷を実現することが宿願となったのだ。

この段階では、近代化といっても、殖産興業よりも速成の富国強兵に力点が置かれ、その中でも海軍建設、そのための士官養成や軍艦の製造・購入は喫緊《きっきん》の課題であった。このことは、幕府のみならず、西国雄藩にも十分に意識され、まずは老中阿部正弘との連携が図られるなど、挙国一致による対応が模索された。

安政期（一八五四～六〇）以降、国内でも、長崎海軍伝習所や神戸海軍操練所などの機関による士官養成や、大型船建造の解禁など、幕府による諸施策があった。また、それに呼応した諸藩の様々な動向があった。

しかし、艦船の国産化や国内での士官養成は、膨大なコストがかかるわりには、そう大きな成果を挙げることは叶わなかった。国産艦船は、長距離航行などの実践に耐えられるものではなく、欧米列強の足元にも及ばない技術レベルであった。また、士官を養成できる日本人教師は、極端に少なく、お雇い外国人に頼らなければ現実的ではなかった。

この事実から、士官養成は留学による伝習がクローズアップされ、また、通商条約による貿易の開始に伴い、艦船は国産から外国船の購入へシフトしていった。軍艦を主とする艦船や、武器の輸入による軍需品の調達については、後で詳細に述べることとし、その前に艦船製造の実態について言及しておこう。

嘉永六年（一八五三）九月十五日、幕府はペリー来航を契機に、我が国の軍備・海防力の強化を目的として、各藩の大船建造を解禁した。それ以前にも、徳川斉昭、佐久間象山、島津斉彬から大船建造の解禁要請がなされており、遅きに失した感は否めない。

これを受け、早くも翌安政元年（一八五四）には、幕府は鳳凰丸、薩摩藩は伊呂波丸・昌平丸、佐賀藩は皐月丸を建艦している。これ以降、慶応期（一八六五〜六七）まで建艦は継続され、延べで八十艘ほどが国内で建艦されたが、特に幕府の二十五艘、薩摩藩の八艘、佐賀藩の五艘が際立って多い。

ところで、安政元年から翌年にかけて、ロシア使節プチャーチンの要請に基づく洋式船ヘダ号の建艦が戸田《へだ》で行われ、それに諸藩から藩士や船大工らが参加した。これを中心になって画策したのは岩瀬忠震であったが、幕末から明治にかけて、戸田から全国に散って造船に従事した船匠は二百人を超える。

彼らが全国に技術を伝播したことから、その他の藩でも建艦が可能となった。長州藩・加賀藩・松山藩・田原藩・和歌山藩・阿波藩・大野藩・津藩・姫路藩・宇和島藩・福井藩・仙台藩などでも、広く建艦が行われている。

諸藩、外国からの武器購入を認められる

さて、前節で見た通り、日米修好通商条約では軍需品について、日本人に売る場合、日本役所、すなわち幕府にしか売ってはならないという取り決めがあった。これは、購入した商人から諸藩に武器や軍艦が転売されることを回避し、雄藩が軍事的に幕府を凌駕《りょうが》することを恐れたためであ

る。幕府による、諸藩統制の一環と言える条項である。

安政六年（一八五九）六月、箱館・横浜・長崎での通商が開始された。条約締結の時点では、幕府は外国が幕府の許可なく諸藩に武器や軍艦を売ることを禁じていたが、武器については、開港早々、それを改めることにした。同年六月二十一日、老中・外国御用取扱の間部詮勝は以下のような老中達を沙汰した。

各国舶来の武器類、開港場へ見本差し出させ置き候間、万石以上以下諸家陪臣に至るまで、買い受け候儀苦しからず、臨みこれある面々は、勝手次第、最寄開港場運上所へ、罷《まか》り越し承り合い候の様、致すべき候

（『大日本維新史料稿本マイクロ版集成』、以下『稿本』）

これによると、外国人商人に命じて、各開港場に外国製の武器の見本を置かせたので、諸侯から一般の武士まで、購入することを認める。その希望があるものは、随時最寄りの開港場の運上所に出向いた上で、取り計らうようにとの達しであった。これにより、諸藩は自由に武器を購入することが可能となった。

なお、横浜については、相当な混雑が予想されるとして、乗馬したままはもちろんのこと、下馬して馬を引いたとしても、馬を伴って横浜に来ることを不許可とした。これは幕府が、諸藩の武器需要が相当に高いと踏んでの沙汰であろう。

ところで、諸藩は関税を支払うため、当然のことながら、幕府はどの藩がどれくらいの武器を購入したのか把握できていたが、当時の井伊直弼政権の柔軟性も確認できる。井伊は、幕府だけが武器を持ったとしても、欧米列強には太刀打ちできないことを十分に知っていたのだ。

将来、諸藩がその武器を幕府に向けるかも知れなかったが、挙国一致で外国と対峙するために、開港早々に英断したのだろう。内憂よりも外患を、つまりは国内問題よりも国外問題を優先したのである。また、当時進行中の安政の大獄によって、諸藩統制に自信を深めていたこともあったかも知れない。

諸藩、艦船購入も認められる

次に、艦船の方はどうであろうか。幕府からの艦船購入に関する正式な命令は確認できないが、諸藩からの購入申請に基づき、その都度対応していた。まだ通商条約が結ばれる前の安政四年（一八五七）、幕府は初めて咸臨丸をオランダから購入した。同年、佐賀藩もオランダから飛雲丸を購入している。

翌安政五年（一八五八）にも、幕府は朝陽丸と鳳翔丸（製造はイギリス）を、佐賀藩も電流丸をオランダから購入している。幕府はこれ以降もコンスタントに購入を続けているが、諸藩では、万延元年（一八六〇）に薩摩藩が天祐丸を、文久元年（一八六一）に福岡藩が日下丸を購入している。

このように、佐賀藩が諸藩の中で先鞭をつけることができたのは、なぜであろうか。これは、長崎警衛にあたっていたこと、文化五年（一八〇八）のフェートン号事件によって、武備充実の必要性を痛感したこともあろうが、何よりも藩主鍋島直正の存在に負うところが大きい。直正は、独自に西洋の軍事技術の導入を図っており、反射炉などの科学技術の導入に積極的であった。老中阿部正弘とも懇意であり、またこの時期には、長崎海軍伝習所に多数の藩士を送り込むなど、海軍建設への士気が向上していた。

また、福岡藩も長崎警衛を担っており、薩摩藩は建艦を繰り返し、出来上がった艦船を幕府に贈呈するなどの実績が評価されたのだろう。なお、文久二年（一八六二）以降は長州藩・加賀藩・尾張藩・松江藩・広島藩など、一気に購入した藩が拡大している。これは以下に述べる、幕府による艦船購入の緩和政策による。

幕府は、文久二年七月五日、それまでの例外的な取り扱いを廃止し、諸藩が自由に外国から艦船を購入することを認め、老中水野忠精《ただきよ》は以下のような老中達を沙汰した。

　条約御取り結び相成る国々へ、船艦あつらいたき面々は、相伺いに及ばず、神奈川奉行・長崎奉行・箱館奉行の内へ申し達し、同所奉行よりあつらうべく、申され候

（『稿本』）

これによると、条約を締結した諸国に艦船を注文したい諸藩は、幕府への伺いを立てずに、神

奈川奉行・長崎奉行・箱館奉行に申し入れ、奉行経由で外国へ発注することを許可した。大名が直接、外国人商人とは取引はできないものの、極めて思い切った沙汰である。また同時に、参勤交代時に軍艦を用いて、海路で行き来することも許可している。

高島秋帆
(石山滋夫『評伝高島秋帆』より転載〈写真提供 板橋区立郷土資料館〉)

これは、この翌日に一橋慶喜が将軍後見職に、また四日後に松平春嶽が政事総裁職を拝命することに関連があるかも知れない。彼らは開明的であり、実際にこれ以降、参勤交代の緩和を実現するなど、幕府の「私政」(幕府のためだけの政治)を厳しく指弾している。

なお、当時幕府には、老中らは、慶喜・春嶽の登用が秒読みになった段階で先手を打ったのだ。

日本には二百くらいの軍艦が必要であるとの議論があった。しかし、とても財政的に無理があり、諸藩からも金を出させて、幕府海軍を作り上げようとの議論があった。

しかし、講武所師範・高島秋帆が海陸御備向御軍制取調を命じられ、この議論に加わったことから、流れが変わったらしい。高島はこれに異論を唱え、海防のためには、各藩が軍艦を所有・運用すべきであると強硬に主張したこともあり、諸藩の軍艦購入が認められたとする記録もある。面白いエピソードである。

確かに、幕府への伺いは不要といっても、開港場を統轄する各奉行を経由することになるため、実際には依然として幕府の管理下に置かれていた事実は否めない。とはいえ、それまでの幕府の姿勢を考えると、やはりこの転換は画期的であった。

幕府による軍需品購入の統制と諸藩の密貿易

しかし、文久三年(一八六三)七月十四日、外国人商人より武器類を購入する際は、あらかじめそれを幕府に届け出させることにした。老中水野忠精は以下のような老中達を沙汰した。

舶来武器その他買い入れのため、横浜表へ家来差し越したき節は、大目付・御目付へ申し立て、家来印鑑差し出し候様、致さるべく候

(『稿本』)

これによると、外国製の武器類を購入するため、横浜(箱館・長崎も同様)に家臣を派遣する際は、大目付または目付まで届け出て、家臣の印影を差し出すことを義務付けられた。この時期は、長州藩による攘夷実行(下関事件)がなされており、八月十八日政変の直前にあたる。これ以上、無謀な攘夷を止めさせる意図があったのだろう。

以上を整理すると、幕府は武器については開港当初より、諸藩が自由に購入することを許可していたが、文久三年七月以降は、これを事前の届け出制にしている。また、軍艦については、文

久二年七月以降、諸藩の購入を許可したが、神奈川奉行・長崎奉行・箱館奉行経由による注文とした。

幕府は諸藩の武器・軍艦の購入を認めていたが、いずれも結果として幕府の了解が常に必要であった。抗幕姿勢を強める薩摩藩や長州藩などがこれを嫌い、いわゆる密貿易によって、幕府を通さずに軍需品を買い求めることになるのは元治期(一八六四〜六五)以降である。

一例を挙げれば、「山口藩廟記録」(『稿本』)には、長州藩は元治元年(一八六四)十二月十八日、「英国商船より銃器等を購入す」との記載がある。本件は幕府がつかんでいた数少ない確かな情報であり、実際には、アメリカ商人なども長州藩との密貿易に加わっていたことが、横浜居留地では公然の秘密となっていた。

また、慶応元年(一八六五)七月二日、オランダ総領事ファン・ポルスブルックは、同国商会の武器売り込みを紹介し、某藩からの注文のカノン砲が到着したことを幕府に報じた。そして、幕府が購入を希望すれば、幕府が手に入れられるように斡旋《あっせん》すると申し込んだ。これに対し、幕府は謝絶し、諸藩に対する武器売り込みは条約違反であることを警告している。

さらに、同月九日には、幕府は米国代理公使ポートマンに対し、上海における長州藩の蒸気船の密売に関する取調書を送付し、これを本国政府に報告して、その船を購入した米国商人およびその関係者を処罰することを要求した。

その船とは、下関事件で撃沈された壬戌丸のことで、長州藩はそれを引き揚げていた。慶応元年二月、長州藩は大村益次郎を上海に派遣し、壬戌丸の売却とその利益による銃器購入を命じた。この件は、幕府が第二次長州征伐に踏み切る理由に挙げているもので、極めて重要である。

このように、幕府は通商条約の締結国に対して、条約の順守、つまり、幕府を経由しない諸藩との取引の厳禁を求めている。常に外国から、通商条約の不履行を責められていた幕府であったが、この時ばかりは立場が逆転し、しかも強硬であった。

ところで、同じタイミングで、外国奉行は神奈川奉行に対して、前述した文久三年（一八六三）七月の幕令について、実際の取り扱いについての報告を求めている。そして、印影の照合や取引品の検品の徹底を命じている。

これに対し、神奈川奉行は、印影が合致した場合は居留地に入れ、目付同行で外国人商人に引き合わせ、目付の前で取引をさせている。しかし、取引品の見本や取引書の提出といったことまでは求めていないと回答している。外国奉行が、現場で法令が順守されているかを確認するほど、幕府要路が密貿易の阻止に腐心していることがうかがわれる。

幕府と諸藩の軍艦購入データ

ここからは、軍需貿易の実態について、可能な範囲で見ていくことにしよう。その最大の取引は艦船、特に軍艦であったが、これは日本が国を挙げて、海軍建設を目指していたことから、当然の結果であろう。

さて、ここから述べることとは、勝海舟の『海軍歴史』がベースとなる。これは、明治になってから海軍省の要請を受け、勝が執筆したもので、現在でもバイブル的な存在である。しかし、必ずしもすべてを網羅しているわけでなく、若干の漏れや異同があることも知られている。本書でも、可能な範囲で補いながら述べてみたい。

『海軍歴史』によると、安政元年（一八五四）から慶応三年（一八六七）までの十四年間で、我が国が購入・製造・贈与された軍艦・その他船舶は、幕府が軍艦八艘・その他船舶三十六艘の計四十四艘、諸藩（二十九大名）の所有船総数が九十四艘であった。合計すると百三十八艘にのぼる。これに、明治元年や不明なものも加えると、幕府六十四艘、諸藩（三十四大名）百二十七艘、合計で百九十一艘となる。なお、『海軍歴史』は、その内の百十一艘が外国からの購入であったとする。

そして、国内製造船および代価未詳のものを除き、外国からの購入代金としては、幕府は三百三十三万六千ドル、諸藩は四百四十九万四千ドルと日本円八千百両（外貨邦貨混在での支払い）であり、合計は七百八十三万ドルと日本円八千百両であった。

これらの艦船は、主として長崎で購入されており、横浜が長崎より多かったのは、文久二年（一八六二）のみであった。しかも、その年を除けば、長崎で七〇％前後の取引があった。長崎がメインであったことには、いくつかの理由がある。当時、横浜周辺では攘夷を声高に叫ぶ激徒が集結し、外国人に対するテロが頻繁に起こっていた。そのため、横浜は軍艦の受け取りには不向きであった。

また、軍艦を購入した諸藩の分布として、薩摩藩をはじめとして、長州・土佐・佐賀藩など、西国諸藩が多かった。この事実は、地理的には長崎で受け取ることが、横浜より利便性が高かったことを物語る。なお、年度で言うと、文久二年から輸入が急増し、慶応三年までその状況が継続している。幕府も諸藩も苦しい財政状況の中で、時代の趨勢からそれを余儀なくされたのだ。

それでは、艦船の購入額は、貿易額全体のどのくらいを占めたのかを見ていこう。文久三年（一八六三）から慶応三年（一八六七）の五年間では、文久三年二七％、元治元年（一八六四）一三％、慶応元年（一八六五）六％、同二年八％、同三年六％であった。

艦船は、綿織物や毛織物といった繊維製品に次ぐ、重要な輸入品に位置付けられていることが分かる。なお、慶応期になってパーセンテージが下がったのは、総輸入量が激増したため、相対的に減ったまでで、額そのものはむしろ増えている。

勝海舟

ところで、長崎での輸入が多いと述べたが、長崎に限れば、この五年間の平均では三五％に達している。長崎での貿易においては、最大の輸入品が艦船であり、次に多い毛織物でさえ艦船の五分の一以下である。一方、横浜は文久三年のみ一三％を占めたが、それ以外は二％程度に止まり、額の上からも長崎偏重であったことがうかがえよう。

次に、どの国から艦船の輸入が多かったかを見たいのだが、その前に、そもそも全体の貿易額はどうであったのか、確認しておこう。統計の都合から、万延元年（一八六〇）・文久三年・慶応元年を比較したい。

万延元年には、イギリス六七％、アメリカ二六％、オランダ五％であったものが、文久三年には、イギリス七八％、アメリカ・オランダ九％にまで差が開いた。そして、慶応元年には、イギリス八三％、オランダ一〇％、フランス六％、アメリカは一％にも達していない。この通り、この段階では、イギリスによる寡占とも言える状態になっていたのだ。

なお、アメリカの急激な落ち込みは、南北戦争によるものであった。しかし、イギリスの勢いは相当であり、一方で、幕府に接近していたフランスが振るわないことは意外である。

さて、話を艦船に戻そう。第一位は圧倒的に他を引き離してイギリス、第二位はアメリカであった。イギリスは七十艘を日本に輸出し、四百五十八万九千五百ドルを得ているが、これは船数においても額においても、全体の六〇％を占めている。次いでアメリカであるが、三十艘、二百三十一万五千五百ドルであり、これは船数・額において、全体の三〇％を占めている。なお、フランスは佐賀藩への一艘のみであり、ここでも振るっていない。

次に、幕府を含め、どの藩の輸入が多かったかを見ていこう。やはり、この観点で見ると、圧倒的に幕府の優勢はゆるぎない。船数においては全体の三分の一、額においては四四％を占めており、他の追随を許さない。諸藩においては、倒幕の主体となった薩長土肥と言われる、薩摩藩・長州藩・佐賀（肥前）藩・土佐藩の四大雄藩が群を抜いていた。

その四藩に加えて、和歌山・加賀・熊本といった大藩も続いていたが、とりあえず購入額は考慮せず、二艘以上購入した藩の船数で比較しておこう。そうすると、薩摩藩十七艘、土佐藩八艘、長州藩・久留米藩六艘、熊本藩五艘、佐賀藩・加賀藩・福岡藩・広島藩四艘、和歌山藩・宇和島藩・越前藩三艘、松江藩二艘となっている。

なお、一艘ではあるが、東国では仙台藩・弘前藩・南部藩が購入している。幕府が他を圧倒しているため、東国大名はその傘下にあり、独自購入を考えていなかったことは容易に察しがつくものの、その意識差は大きい。完璧な西高東低である。

諸藩の中では、薩摩藩が突出していた。船数では十七艘、額では百十二万四千ドル余りに達しており、船数・額両方において、幕府のおおよそ三分の一に当たり、薩摩藩を除く他の四大雄藩の合計にほぼ匹敵する。この数字からも、薩摩藩の抗幕姿勢や割拠体制の構築のための、富国強兵を目指す志向が読み取れるのではないか。

その他の軍需品については、艦船ほど記録が残されておらず、その全容をつかむことは現実的ではない。その中で、比較的まとまった記録が残存する小銃について、その実態を述べてみたい。

文久三年から戊辰戦争が続いていた明治二年（一八六九）まで、分かる範囲でのデータであるが、合計すると約四十八万挺、六百六十万ドルという巨額に達する。

小銃の場合、艦船とは違って横浜からの輸入が半数を占めており、慶応三年から明治元年に至る時期が最も多い。これは、そもそも、幕府からの注文が多いことによろうが、艦船と違って目立たないように梱包が可能であったこと、戊辰戦争によって需要が激増したこと、その際に東国諸藩に爆発的な需要があったことも見逃せない。

では、小銃輸入額は、貿易額全体のどのくらいにあたったのかを見ていこう。文久三年ではわずかに二%に止まっていたが、慶応期に入ると一〇%前後にまで急上昇する。この数字はあくまでも小銃のみであるため、武器類の購入額はかなりの割合にまで達していたことは容易に推測が可能である。

ところで、艦船においては、フランスはまったく振るわなかったが、『横浜開港五十年史』に幕府からフランスへの慶応二年の武器類の発注書が掲載されている。これを見る限り多種多様であり、その後、明治新政府が払わなければならなかった残金は、三百三十三万八千七百五十フランという高額に達している。

以上からの類推ではあるが、フランスは、この分野ではそれなりの勢威を示していたことが想像される。とはいえ、イギリス・アメリカ、特に前者には到底及ばなかったであろうが。データ的には、この程度しか分からないが、幕末期の貿易実態の一端でもお示しできたとしたら幸いである。

以上見てきた通り、幕末日本は、当初は挙国一致で外国から我が国を守るため、その後は幕府・諸藩が、それぞれ富国強兵を図り対峙するため、最後には実戦で使用するために、軍需品の需要が急激に、そして異常なほど高まった。そこに目を付けたグラバーに代表される欧米の武器商人がこぞって来日し、幕府および諸藩に売りつけていた。

我が国は、特に南北戦争後にだぶついていた武器類を大量に輸入し、幕府・諸藩の富国強兵に供するとともに、長州征伐や戊辰戦争といった実戦で使用することになった。日本の開国は、皮肉なことに内乱を誘発する一助になったとも言えよう。

3　薩摩藩の軍艦購入と独自貿易志向――久光・小松の狙い

薩摩藩による軍艦「永平丸」購入と幕府の横やり

幕末最大の雄藩といえば、薩摩藩と長州藩であることは異論がなかろう。薩長両藩が協力して倒幕を成し遂げたことは、この本の読者であれば、当たり前過ぎることであろう。とはいえ、この両藩の在り方は、あまりにかけ離れている。

長州藩は即時攘夷路線を突き進み、中央政局をリードしながら、文久三年（一八六三）の八月十八日政変によって京都から追放された。巻き返しを図った、元治元年（一八六四）の禁門の変でも、官軍の壁に跳ね返され、中央政局への復帰は果たせなかった。

しかも、禁門の変の罪を問われた、第一次長州征伐に端を発した抗幕・武備派と従幕・恭順派の激しい内訌もあいまって、多くの有為な人材を失ってしまったのだ。その過程の元治元年十二月、高杉晋作の功山寺《こうざんじ》挙兵を引き金にして、両派の武力衝突に発展したが、奇兵隊などの諸隊の活躍から、抗幕・武備派が勝利を収めた。

これ以降、藩の政権を奪取した木戸孝允・高杉晋作・広沢真臣・前原一誠らを中心とした抗幕・武備派が幕府と対峙し、第二次長州征伐を戦い抜いた。しかし、戦闘に明け暮れたため、まともな国家戦略を立てたり、貿易による利益を追求したりといった余裕など、まったくなかったと言ってもよいであろう。

一方で薩摩藩は、文久二年（一八六二）の島津久光の率兵上京以降、常に中央政局の中心的存在であり、幕府と融和と対決を繰り返す存在であった。幕府としては、篤姫の存在など、将軍家と薩摩藩は姻戚関係にあり、しかも、最大の雄藩として実力は無視できなかった。結果として、幕府は薩摩藩の顔色をうかがう態度を示し続けた。

その薩摩藩は、久光の率兵上京時から、幕府の貿易の独占を声高に非難し、諸藩の貿易参画を求め続けた。特に、元治元年春に朝政参与（いわゆる参与会議）が崩壊した後は、露骨に抗幕姿勢を示し、一藩の富国強兵を図りながら、鹿児島での割拠体制の確立を模索したのだ。

しかし、薩摩藩が富国強兵を目指し、自藩海軍の創設に乗り出したのはそれよりも早く、万延元年（一八六〇）十二月には、長崎において、同奉行所の仲介を経て、天佑丸（イングランド号）をイギリスから購入している。この時は、幕府に従順で、その要望を容れて神奈川に回航して幕府の用に供している。

ところで、本書で問題としたいのは、薩摩藩がこの後に購入した永平丸（ファイアリ・クロス号）であり、その時の商談の実態である。そこに見えるものは、薩摩藩の通商への強い思いであり、幕府への対決姿勢である。他方、幕府の薩摩藩への警戒心と忌避感である。

また、このタイミングは、文久二年（一八六二）八月という、久光が一橋慶喜および松平春嶽の登用を迫るため、勅使大原重徳に供奉して江戸にいた時であり、しかも、まさに生麦事件の直前であった。これから述べることは、このような政治的背景の下での、幕府・薩摩藩・イギリスによる通商および外交にかかわる交渉経緯である。

文久二年八月五日、家老島津登と当時は家老吟味（見習い）であった小松帯刀が横浜に出かけ、ジャーディン・マセソン商会の横浜支店の総支配人ガワーおよびファイアリ・クロス号（永平丸）船長ホワイトと、永平丸購入の商談に及んだ。小松らは、実際に試乗まで行っている。

諸藩が幕府への事前相談もなく、自由に艦船を購入することが可能になったのは、七月五日であり、今回の商談はちょうど一ヶ月後である。もちろん、薩摩藩は、神奈川奉行経由で購入しなければならず、その動向は筒抜けであった。

その後、久光も直々に横浜まで赴き、売却・支払方法について商談し、十三万ドル（約六万七千両）で契約を完了し、八月十四日に引き渡しを受けている。奇しくも、そのちょうど一週間後に、生麦事件が勃発することになる。まさに、滑り込みでの商談成立である。

なお、これだけ高額であった理由は、永平丸が当時の最先端技術であるスクリューを動力として使用しており、イギリスの新聞・雑誌をにぎわすほど優秀な蒸気船であったためである。薩摩藩は最新鋭の軍艦を、金に糸目をつけず手に入れようとしていたのだ。

この件については、幕府と薩摩藩との間で、様々な軋轢が生じていた。ガワー書簡（ヴァイス宛、一八六二年九月五日。ニール代理公使報告〈ラッセル外相宛、同年九月十四日〉に同封）およびホワイト船長報告書（日付未詳、ラッセル外相宛および英国紙「タイムズ」寄稿）によって、具体的な経緯を追ってみたい。

最初に、この商談について、幕府の横やりが繰り返されている実態が判明する。ガワー書簡では、独立心に富んだ諸侯（島津久光）の代理人が、外国船購入を目的に横浜で商談しようにも、幕府の役人の尋問や妨害がある。

例えば、海岸から船に向かうすべての小舟が、幕府役人の厳重な監視の下に置かれていた。そのため、購入したい船の自由な見学すら、容易ではないと述べている。これは明らかに、幕府による妨害である。

また、ホワイト船長報告書では、薩摩藩主の実父・島津三郎（久光）と実名を挙げ、久光がフアイアリ・クロス号を購入した際、幕府は色々な手口で妨害をしてきたと、幕吏の動向を伝えている。妨害工作は、薩摩藩の大砲・蒸気機関の責任者・中原猶介《なおすけ》が、購入交渉を開始するか否かの判断をするため、エンジンの状態を確認に横浜出張になった時点から始まったとしている。

そして、ホワイトは、幕府の密偵の目を避けようとして、中原を人夫にやつさせ横浜へ招き入れたと語っている。幕府としては、諸藩の軍艦購入を認めていたものの、諸藩がいつどのような軍艦を購入したのか、その有様を探索し、あわよくば妨害しようとの意図が丸見えである。

永平丸問題と生麦事件の関係

幕府の嫌がらせは、これに止まらなかった。ホワイトに続きを語ってもらおう。薩摩藩は、ようやく契約を済ませることができたが、今度は支払いの段階で、幕府から次なる横やりが入った。

そもそも、当時の貿易では国際貿易通貨としてメキシコドルが広く流通していた。今回の取引も、メキシコドルで支払われる予定であったが、薩摩藩はその調達に苦戦し、邦貨である一分銀で支払うことを申し入れた。

この苦戦の裏に、幕府の陰謀があったかは判然としない。いずれにしろ、薩摩藩は一〇〇メキシコドルに対して、一分銀で二百四十五枚というレートを提示し、ガワーはそれを承諾している。

そもそも、幕府は一〇〇メキシコドルに対して、一分銀で二百十二枚というレートを堅持しており、薩摩藩が提示した二百四十五枚と比較して、売り手は三十三枚分も得することになったのだ。ガワーが承諾するのは、至極当たり前である。

しかし、ここから幕府が介入を始める。諸藩が自由に軍艦を買えるとしたものの、開港場を統轄する各奉行を経由することになるため、神奈川奉行を経由して、薩摩藩にメキシコドルを幕府から買うことを命じたのだ。しかも、一〇〇メキシコドルに対して、一分銀を三百十枚という、法外なレートを押し付けた。

薩摩藩としては、その法外なレートを飲んででも、軍艦の取得はどうしても必要であった。よって、切歯扼腕しながらも、その要求に従わざるを得なかった。こうして紆余曲折を経ながらも、ようやく契約に至った。しかし、幕府からのとどめの嫌がらせは、この後に起こった。

ホワイトによると、八月十四日に引き渡しが終わり、久光は永平丸に乗船して鹿児島に海路で直行しようと目論んでいた。石炭を満載して、まさに乗船準備が完了した段階で、老中が海路での帰藩を禁じ、他の大名と同様に陸路にすることを命じたのだ。

この件については、管見の限り、薩摩藩をはじめとする日本側の史料における記載は発見できていない。よって、今のところホワイト報告が唯一の史料であるが、そもそも、ホワイトに虚偽の報告をする必要性がまったくないため、この内容は事実の可能性が高いと考える。

薩摩藩・久光にとっては、七月五日に幕府は参勤交代時に軍艦を用いて海路で行き来することを許可しているので、可能と考えても不思議ではない。一方、日本側の史料がないため確かなことは分からないものの、幕府は久光が藩主でないことなどを理由にして、拒否したことが想像される。

いずれにしろ、久光はせっかく購入した艦船にもかかわらず、使用が叶わなかったことになる。それ以上に、驚くべき事実として、久光が海路を採っていたら、生麦事件が発生していなかった可能性が高まるのだ。つまり、その後の日本史が、大きく塗り替えられたことは間違いない。歴史の醍醐味を感じる瞬間である。

ホワイトは続けて、鹿児島まで海路では二日か二日半に過ぎないところ、久光は自分の快適な船を使えず、しかも、この上なく不快な手段で、三週間もの道中を過ごすことになる。それは四フィート×三フィートの乗物、つまり駕籠であり、まるで鳥のように閉じ込められながら、久光はその中で座り通しになると報告した。

そして、このことによって、久光は怒り心頭に発し、それを鎮めることは叶わなかった。その怒りに任せて、久光は幕府を外国とのトラブルに巻き込もうと固く決心し、途中で外国人に出くわしたら、相手を選ばず斬り捨てるようにと家臣に命じたとする。

ホワイトの結論としては、永平丸をめぐる一連の幕府の妨害が、疑いなくリチャードソン殺害の引き金になったとしている。もちろん、久光が幕府の妨害ごときで外国人殺害を命じた事実はないのだが、ホワイトにはそれほどの事態に映ったのだろう。

薩摩藩の強烈な独自貿易志向と幕府の警戒

一方でホワイトは、久光と個人的に商談した経験から判断するところ、生麦事件は、外国人に対する憎悪の念に発したものではないという可能性も示唆した。そう判断した根拠として、久光と同席した有力な日本人商人が、薩摩まで交易に来ることをホワイトらに提案し、輸出可能な産物を伝えて、貿易開始を希望していることを挙げている。

その提案に対し、イギリス側が通商条約に違反し、幕府の許可を得られるとは思えないと指摘した。するとこの商人は、幕府など構うものではなく、島津氏の領内では幕府に大きな顔はさせないと啖呵を切った。

これについてホワイトは、将軍家が外国貿易の利益を独占しているが、薩摩藩は、唯一大名の中で急速に経済力をつけている。よって、幕府を外国とのトラブルに巻き込むことによって、幕府が貿易を独占する体制を打破したいからであると推測している。

この件について、先のガワー書簡にも記載が見られる。ガワーはホワイトと同席しており、さらに詳細なやり取りを確認することができる。そもそも、ホワイトが「有力な日本人商人」としたのが、小松帯刀と明記している。では、具体的に見てみよう。

ガワーによると、小松は、主君久光は外国人の最大の敵の一人であると、幕府によって常に言い触らされている。しかし、それはまったくの嘘であって、久光は外国人との和親と通商の関係の樹立を、切に望んでいると述べ、薩摩藩の物産の一覧表をガワーに渡した。

そして小松は、藩の御用商人を打ち合わせのために、江戸からガワーのもとに派遣してもよいし、それら物産が数多く保管されている大坂に、ガワーが船を回すこともできると発言した。それに加え、驚くことに、鹿児島の港を含む大坂以外の数ヶ所の港を挙げて、そこで薩摩藩と交易を始めないかとまで提案している。

ガワーは、それは現行の通商条約に違反すると答えると、小松は非常にがっかりした様子であった。しかし、彼はすぐに気を取り直して、それならば大君とだけではなく、薩摩藩とも通商関係を持てるように、条約を結ぼうではないかと再度提案した。

さらに小松は、ガワーらは何も恐れることはないとして、大君の役人は一人たりとも、自分の主君の領地に足を踏み入れさせはしないと言い放った。若干の文言の相違はあるものの、ガワー書簡はホワイト船長報告書と同じ内容であると言える。

薩摩藩（久光・小松）とイギリス（ガワー・ホワイト）のやり取りから、私たちはいくつかの大きな歴史的事実を確認することが可能である。まず、薩摩藩に非常に強い幕府嫌悪・軽視感がすでに存在することである。幕府による薩摩藩に対する嫌がらせが頻発していたとはいえ、すでに薩摩藩には幕府との対決姿勢が垣間見られる。

次に、この文久二年（一八六二）八月という早い段階で、薩摩藩は外国と直接貿易を開始したいという、極めて強い意向があったことが確認できる。それも、薩摩藩内の港を開き、そこに外国人商人を招き入れることを計画した。

しかも、それを可能にするために、薩摩藩自らが、外国と通商条約を結ぶことすら厭わない態度を示している。このことは、非常に重い事実であろう。これを実現するためには、幕府から外交権を取り上げなければならず、国家の在り方に変更を迫るものであった。

つまり、幕府を否定することにつながり、また、薩摩藩が条約締結権まで保有した連邦国家の一員となる、国体の変容を想定していたことになる。薩摩藩にどのくらい明確なビジョンがあったかは、必ずしも判然としないが、王政復古を目指す萌芽を見て取れよう。王政復古といっても、薩摩藩にとっては幕府という重石がなくなればよく、強力な王権を伴わない連邦制国家構想ではあったが。

他方、幕府はこうした薩摩藩の動向を注視していた。生麦事件後、賠償金をめぐる様々な交渉が継続していた文久三年(一八六三)五月十七日、当時の幕府の実力者である若年寄酒井忠毗《ただます》は、イギリス代理公使ニール、フランス公使ベルクール、イギリス海軍キューパー提督、フランス海軍ジョレス提督と会談した。

そこでの酒井の発言は極めて注目に値する。第五章でも若干触れているが、ここでは詳しく見ておこう。酒井は、久光がリチャードソンを殺害させた時、大君を諸外国との紛争に巻き込むという狙いがあった。特にイギリスだけを困らせようとしたのではなく、諸外国を薩摩への進撃に誘い出すため、故意に起こしたものと断言する。

また、久光の計画は、生麦事件のような外国人殺傷事件の報復のため、諸外国が次々に薩摩領内にやって来ることになる。そうなれば、幕府はあなた方政府と条約を締結したが、決して条約を履行する意志などないと、薩摩藩が説明する機会を持つことにある。

その上で、久光は薩摩藩への攻撃回避を求め、それどころか、自身が大君の地位に就くことへの助成を依頼し、それが叶えば、日本を開放しようと訴えるつもりである。これは、薩摩藩が諸外国を直接交渉の場に引き込もうとする策略である。

そして、酒井が今日の会談を持った目的は、薩摩藩の手に乗って、諸外国が鹿児島に行かないことを訴えるためであると述べた。この酒井の発言から、幕府の薩摩藩に対する猜疑心や警戒感が極めて大きいことが明確となる。

久光による幕府軽視の率兵上京や勅使供奉といった動向によって、幕閣の薩摩藩・久光に対する嫌疑・敵視が始まった。そして、早くもこの段階で、幕府は「将軍の地位を狙う」敵の一人と薩摩藩を断定したのだ。

ここで、薩摩藩のこうした動向を薩英戦争との関連からも見ておこう。ガワー書簡（ジャーディン・マセソン商会香港本店パーシヴァル宛、一八六三年六月十二日）によると、薩摩藩は、大君政府を仲介とした生麦事件の賠償問題の解決を断固拒否し、もし外国人が直接鹿児島まで出向くのであれば、この問題を外国人と直に談判する用意があるという。

またガワーは、薩摩は賠償金の一部または全額を支払う用意があるばかりでなく、幕府が結んだ通商条約とは関係のない、薩摩藩と諸外国間の極めて友好的な条約を締結することを、非常に望んでいると聞いている。これは薩摩藩の独立を確保するためであり、幕府からの独立を、いつでも宣言する用意があることを意味していると伝えている。

さらに、ニール代理公使からラッセル外相への報告（一八六三年七月十二日付）によると、リチャードソンの殺害を命じた久光の策略は、自藩の領土に西欧列強を引き寄せ、直接、西欧列強と貿易上の取引を開始しようという意図を蔵したものであると伝えている。これらから、ニールが薩摩藩には戦争をする意志がないと考えても不思議ではない。

ニールは、薩摩藩が政治的性質の交渉、つまりイギリスとの通商条約の締結の希望を持ち出す可能性があるため、代理公使として鹿児島に同行する必要を感じていた。こうしたイギリス側の、戦争の可能性はゼロに等しいという判断が、薩英戦争におけるイギリスの苦戦につながったのだ。

このような薩摩藩の抗幕姿勢、鹿児島に割拠しての富国強兵、緩やかな連邦国家志向は、朝政参与体制や共通の敵・長州藩との対決の中で、幕府との蜜月時代が到来するなど、一時影を潜めた。しかし、元治元年（一八六四）春の朝政参与体制の瓦解以降、再び頭をもたげた。

この後述べる、慶応元年（一八六五）に派遣された薩摩藩留学生である、「薩摩スチューデント」の使節の大きな目的に、島津久光・小松帯刀が構想している諸外国との通商条約締結の交渉があり、それは五代友厚に委ねられた。その成果が、後述するベルギーとの貿易商社契約の締結であろう。

しかし、この時に西欧列強を実際に見聞した薩摩スチューデント一行は、薩摩藩のそれまでの連邦国家志向では、とても欧米列強には太刀打ちできないと悟ることができた。天皇中心の強力な中央政府による、集権国家の必要性を認識することになり、版籍奉還・廃藩置県による封建制の廃止まで、思いをめぐらすことになるのである。

第七章

日本人、海を渡る

——使節団・留学生が見た世界

1　幕府の七度にわたる海外視察団派遣――世界観の劇的変化

第一回使節団〈安政七年〉――米国との条約批准書の交換と夷情探索

幕末に海外に渡航した日本人としては、次章で述べる長州ファイブや薩摩スチューデントが有名である。派遣された留学生たちが、明治国家の建設の礎《いしずえ》になったこともあいまって、多くの関心がそこに集中することはいたし方あるまい。

しかし、実際には幕末期に海外に出た人間の半分近くは、幕府からの使節や留学生であった。ここでは、幕府の使節団について、具体的に派遣の経緯を追いながら、実際の体験によって、彼らの世界認識がどのように変化したのか、しなかったのかを見ていくことにしよう。

幕府から欧米への使節団の派遣は、合計七回にも及んだ（別途、上海に使節団を四回派遣）。その最初は、安政七年（一八六〇）一月十八日、米軍艦ポーハタン号で品川沖を出帆し、サンフランシスコに三月八日に到着した総勢七十七名の遣米使節団である。

そもそもこの派遣は、安政四年（一八五七）十二月、日米修好通商条約の審議過程において、幕府側からアメリカ総領事ハリスへ直接提案された。ハリスから積極的な賛同を得ることができ、実現の方向に向かったものである。

この提案を行ったのは、終始日本側の全権として、ハリスとやりあった岩瀬忠震である。岩瀬については、第二章などで詳しく述べたので重複は避けることにするが、提案の真意は条約批准書の交換を名目にして、これまで幾度となく計画してきた海外渡航を実現することにあった。

岩瀬はこの機を逃さず、西洋文明を自らの眼で確認し、その体験をもとにして、幕府を中心とする未来攘夷が可能となる国家建設を夢想していた。すなわち、この遣米使節は諸藩に先駆けて、幕府自らが「夷情探索」に積極的に乗り出し、幕藩体制の立て直しを図ると同時に、未来攘夷に向けた富国強兵の国家を実現するスタートに位置付けられたのだ。

しかし、岩瀬らのこの目論見は、安政五年（一八五八）四月の井伊直弼の大老就任で、木っ端微塵となった。六月に日米修好通商条約が調印されたが、将軍継嗣問題で一橋派に属するなど、外交以外でも政局に首を突っ込んでいた岩瀬ら開明派の幕閣は、井伊による安政の大獄の一環でことごとく失脚させられた。

このため、遣米使節は正使に外国奉行兼神奈川奉行新見《しんみ》正興《まさおき》、副使に勘定奉行兼外国奉行村垣範正《のりまさ》、目付に小栗忠順《ただまさ》がそれぞれ任命された。ハリス自身はこの人事を不快に思い、幕府を激しく批判したことは先に触れた。

また、この一行に加わる予定で実現が叶わなかった福地源一郎は、新見を「温厚の長者なれども決して良吏の才に非ず」（『懐往事談』）、村垣を「純乎たる俗吏」と評している。使節の正使・副使のレベルは、この程度であったのだ。

一方で、「夷情探索」を目的として、自ら志願して使節の従者といった資格で同行した諸藩の藩士も十数名含まれていたことは無視できない。また、この時に幕府軍艦咸臨丸《かんりんまる》も派遣されたことは周知の事実であるが、司令官木村喜毅《よしたけ》、艦長勝海舟をはじめとする開明派の海軍士官も多数乗り組んでいた。また、福沢諭吉も木村の従者として乗船していた。

なお、咸臨丸にはブルック大尉をはじめとするアメリカ船員十一人も乗船しており、彼らのおかげで無事航海ができたことを忘れてはならない。当時の海軍力は、その程度であった。

今回の遣米使節は、富国強兵をもたらす技術の導入といった、未来攘夷実現への布石となるような成果は何ももたらさなかった。しかし、「夷情探索」した有志の体験は、日本に西洋社会を見直すきっかけを与えた。例えば、一方的な夷狄蔑視を反省し、平等に欧米人に接する機運をもたらした。

また、身分秩序の厳格な日本のような封建社会よりも、言論の自由が保障され、能力主義が徹底した西洋的な平等社会の方が危機的状況を乗り切るのに適していると判断した。こうした有志の体験は、明治維新以降の社会変革にも通じる概念であった。

また、西洋事情の一端が垣間見られたことにより、海外渡航に対する日本人の心理的な恐怖心を払拭《ふっしょく》できたこと、幕閣に「夷情探索」の重要性を知らしめたことも忘れてはならない。

アメリカには、欧米列強の中で対日外交のイニシアチブを取るという、外交的な意図が背景にあった。とはいえ、その友好的な態度によって、明治初年にアメリカへの留学気運が増したことなども、忘れてはならない。

なお、咸臨丸乗船の海軍士官の見聞が、その後の日本海軍建設に寄与したことは極めて重要な点である。ちなみに、文久元年（一八六一）七月、軍艦奉行木村喜毅および勘定奉行小栗忠順は、老中安藤信正に軍艦購入を強く進言し、それを実現している。これも渡米した際に痛感した、我が国の海防の強化を迅速に図るべきとの認識に立ったものである。

第二回使節団〈文久二年〉――対西欧、開港開市延期交渉

幕府の二回目の派遣使節は、文久二年（一八六二）の遣欧使節である。その目的は、即時攘夷の嵐が吹き荒れる中で、期日の迫っている両港（兵庫・新潟）・両都（江戸・大坂）の開港開市は極めて困難であると判断し、延期する交渉をオランダ、フランス、イギリス、プロイセン、ポルトガルと、また樺太国境の画定交渉をロシアとするためであった。

文久元年七月、幕府がイギリス・フランス公使と折衝を開始したところ、期せずしてイギリス公使オールコックからヨーロッパへ使節を派遣してはどうかとの提案がなされた。その意図は、幕政を主導する幕閣にヨーロッパを視察させ、開明的路線をさらに推し進めさせることにあった。

つまり、単なる政治交渉だけでなく、各国を表敬訪問する友好使節の側面をあわせ持っていた。幕府はこれに乗じて、各国の政治・経済・軍事・社会・制度など、多岐にわたる「夷情探索」を

遣米使節団によるウッド・ニューヨーク市長への表敬訪問
（国立国会図書館蔵）

重要な目的とした。その人選が幕臣に偏らなかったことは、老中安藤信正の見識であろう。

正使に勘定奉行兼外国奉行竹内保徳《たけうちやすのり》、副使に神奈川奉行兼外国奉行松平康直《やすなお》が任命された。この他、「夷情探索」の命を受けた傭医師兼翻訳方の箕作秋坪《みつくりしゅうへい》（津山藩）、松木弘安（後の寺島宗則、薩摩藩）、通詞として福地源一郎・福沢諭吉他二名、諸藩から従者として参加した数名が加わり、総勢三十六名の遣欧使節団である。

使節の主目的である外交交渉は成功し、開港開市五ヵ年間延期に関する協定（いわゆるロンドン覚書）が各国と結ばれた。幕府に猶予期間を与え、その間に幕府が即時攘夷を標榜する勢力を抑えることを期待した。一方で、条約の完全履行にプラスして、貿易品の数量・価格の制限の撤廃などの代償も決められた。しかし、関税低減や諸侯の自由な貿易参画などの取り決めは実施されず、必ずしも通商条約締結国を満足させるものではなかった。

派遣使節の正使には、全権が委ねられており、条約等の調印も可能であった。しかし、幕府は自身に都合が悪い場合は、いとも簡単に正使が取り決めたものをないがしろにしてしまった。例えば、ロンドン覚書の一部は履行されず、また、後述するように、パリ約定は破棄された。幕府には国際法の認識が薄く、全権である正使であっても国内的序列でしか見ておらず、最終決定権は幕閣にあるという認識であった。

さて、「夷情探索」であるが、幕府はその要員を派遣しながら、一方で目付による監視を行い、外国人との接触を暗に妨害した。外国の情報が要員に入ること、要員から日本の情報が外国に漏れることを過度に恐れたのだ。福沢は、日本の鎖国をそのまま外国まで、担いでいったようだと嘆いた。

建前としては、「夷情探索」を打ち出しながら、本音では納得していない幕閣・幕吏が少なからず存在していた証拠であろう。しかし、そのような愚行にもかかわらず、福沢ら「夷情探索」要員は、西欧の政治、社会、文化、教育、軍事などを熱心に視察した。そして、西欧文明を形成する、近代市民国家を深く洞察したのだ。

福沢らはその結果を、国別の報告書にまとめて幕府に提出したが、政局が混迷する中で、幕閣に顧みられることはなく、せっかくの情報を幕府は活かせなかった。しかし、彼らの経験は各自の分野に応じて、近代日本の成立に貢献した。

とりわけ、福沢の『西洋事情』は、我が国の知識人に政治・経済・社会政策・科学技術など、多岐にわたって西洋の実態をありのままに紹介し、公議公論の重要性を認識させた。また、議会制国家といった明治国家のビジョンを構築するための礎ともなった。『西洋事情』は、明治新政府のバイブルのような存在である。

第三回使節団〈文久三年〉——対西欧、横浜鎖港談判

幕府の三回目の派遣使節は、文久三年(一八六三)十二月の二回目の遣欧使節である。正使外国奉行池田長発《ながおき》、副使外国奉行河津祐邦《かわづすけくに》、目付河田熙《かわだひろむ》に随員・従者が加わり、総勢三十三名という一団である。今回は、横浜鎖港談判という極めて実現困難な交渉に挑むことが目的であった。

さて、横浜鎖港とはどのようなことか、あらためて簡単に触れておこう。まずは当時の背景であるが、文久二年(一八六二)十二月、朝廷からの勅使である三条実美が江戸城を訪れ、将軍家茂に攘夷の実行を迫った。

国家を代表して、通商条約を締結していた幕府ではあったが、国内では尊王攘夷の気運が高まり、将軍家よりも権威が向上した孝明天皇の意向を拒否できなかった。家茂は朝廷の意向を受け入れざるを得ず、ここに国是は攘夷と定まったのだ。

奉勅攘夷を宣言した家茂は、文久三年（一八六三）三月、三代将軍家光以来の二百三十年ぶりの上洛を余儀なくされ、その挙げ句に、攘夷の実行期限を五月十日に決めさせられた。しかも、その直後に、朝廷の「無二念打払令」と幕府の「襲来打払令」（襲来以外は攘夷を猶予する）という対立した命令が下された。

朝幕の命令は、完全に齟齬しており、ここに、誰の目にも政令二途を強く印象付けることになった。ここで登場したのが、横浜鎖港である。

幕府は、開港していた箱館・横浜・長崎をすべて同時に鎖港するのではなく、横浜鎖港によって朝廷との歩み寄りを模索した。朝廷は当初、幕府の横浜鎖港の提案を無視していた。もちろん、先に見た通り、横浜鎖港は事実上の貿易中止に他ならず、諸外国が認めるはずもないのだが。

これ以降、過激な攘夷実行に突っ走る長州藩と、横浜鎖港を目指しながら、隙あらば通商条約の容認を狙う幕府の対決となった。即時攘夷派が牛耳る朝廷をバックにつけ、圧倒的に優位であった長州藩を、京都から追放したクーデターが八月十八日政変である。長州藩を庇護していた三条実美らも、都落ちして長州に向かったが、これが七卿落ちである。

これによって、孝明天皇が陣頭に立つような過激な攘夷実行の志向は鎮静化し、幕府は一気に開国（条約容認）に舵を切ろうとした。しかし、攘夷実行（破約攘夷）を志向する朝廷を説得することは叶わなかった。そのため、これまでも幕府が実現を目指していた横浜鎖港に、朝幕双方は妥協点を見出すことになったのだ。そこで幕府が、朝廷への誠意を示そうとしたのが今回の使節であった。

とはいえ、幕府も最初からこの談判が簡単に運ぶとは考えておらず、時間稼ぎの側面も否定できない。そもそも、正使である池田長発は、聞きしに勝る攘夷派であり、あえてそのような人選を行い、交渉が長引くことを狙っていたとされる。また、交渉の失敗を、池田らに押し付けようとしていたという見方も存在する。通商条約調印時もそうだが、現場に責任を押し付け、一時的に取り繕うのは幕府の常套《じょうとう》手段である。

使節一行は翌元治元年（一八六四）の三月十六日、パリに到着した。皇帝ナポレオン三世に謁見し、リュイス外相と横浜鎖港の交渉を数回重ねたが、当然ながら、交渉は難航して妥結などは望むべくもなかった。

五月十七日、池田は文久三年の井土ヶ谷事件（フランス士官殺傷）および下関事件でのフランス船砲撃に対する賠償金を、幕府十万ドル・長州藩四万ドルとすること、輸入品の関税率を引き下げることなどを取り決めた、パリ約定を結んだ。

横浜鎖港とはまったく関係のない、このような約定を強いられた背景について考えよう。四月二十八日、池田は駐仏英国大使カウレーを訪ね、近くイギリスに渡航して横浜鎖港について協議を希望することを伝えたが、本国政府はそれに応じないと明言された。

このことは、パリでの交渉の不調に追い打ちをかけることとなり、池田は横浜鎖港の談判はまったく不可能であると悟った。無為に滞仏することを回避して、一刻も早く帰国することを欲した。そして、幕府に対し、速やかに通商条約を完全履行すべきことを進言しようと、この段階で決心したため、パリ約定の締結を承服せざるを得なかったのだろう。

池田の行動は迅速であった。パリ約定の締結後、同日にその他欧州諸国への歴訪を突如としてキャンセルし、使節団は帰国の途についたのだ。池田らは、二ヶ月後の七月十八日、横浜に帰着した。幕府は、このあまりにも早すぎる帰国に狼狽し、池田らを叱責して禄高を減じて蟄居などに処分し、パリ約定の破棄を列強に宣言した。

攘夷家・池田長発の世界観の劇的変転

ところで、池田長発らの世界認識が、どのように変化したのかを見ていこう。池田は随員の一人、原田吾一がそのまま西欧に残り、留学をしたいとの希望を受け入れ、オランダでの留学を斡旋した。

実は、西欧に向かう途中で上海に寄港した元治元年一月九日、密航していた広島藩士長尾幸作・薩摩藩浪士上野景範《かげのり》ら四名から出された、留学のための海外渡航許可を求める願書に接した。池田は彼らに対し、国禁であるとして許さず、上海駐箚《ちゅうさつ》米国領事に委嘱して帰国させていた。池田は、帰国後に海外渡航の解禁建白をしたが、それを滞仏中に、しかも自分の一存で決めるほど認識を改めていた。

池田長発

加えて、池田はフランス政府からの勧めもあって、帰国後にフランスへの留学生派遣に尽力することまで約束している。上海で取った行動と比較して、池田がいかに留学生の派遣の重要性を悟ったかが、これらの事実からうかがえる。西洋の制度・文物の受容を日本の若者たちに託す必要性を肌で感じており、世界観の大きな変化が読み取れる。

なお、池田はパリで会ったシーボルトに対し、滞仏中の様々な斡旋を依頼し、その報酬として金四百両を贈っている。このシーボルトは以前に長崎に在住していた経験を持つが、幕府禁制の日本地図を海外に持ち出そうとして、国外追放処分となったシーボルト事件を引き起こしている。この段階で処分は解除されていたとはいえ、池田の判断は大胆である。

しかも、幕府にこの件を伝えた際には、将来外交官を西欧に駐箚させるにあたって、シーボルトを雇用すべきであるとまで進言している。池田は弁理公使（特命全権公使と代理公使の中間に位する常駐外交使節）派遣の重要性を、身をもって体験しており、有能な現地人の雇用まで念頭にあった。池田の判断能力の高さは、侮ってはならないだろう。

帰国後、池田は将軍家茂に対して通商条約の完全履行を求め、またそれに付随する様々な建議を行った。攘夷志向が強く、横浜鎖港を目指したはずの池田が、一転して真逆の提案を行ったことは注目に値する。これは、池田個人の資質にもよるが、今まで述べてきたように、西洋文明に圧倒されながらも国際情勢をつぶさに観察し、日本の置かれている立場を十分に理解できたからこそ可能となったのだ。

この建白書の中で、横浜鎖港の不可と富国強兵の必要を論じる。そして、幕閣の反省を促して、国内一和・海陸軍備・各国交際の三点を、国際社会で存在し得る国家の条件として強調する。

その具体策として、池田は、西欧各国に弁理公使を配置すること、西欧のみならず他の地域の独立国とも条約を結ぶこと、西欧の軍隊（海軍・陸軍）の長所を学ぶために留学生を派遣すること、西欧諸国の現地新聞の定期購読者となり内外の事情に精通すること、商業以外の目的でも日本人の海外渡航を認めることを挙げている。

池田の提言は、これまでの使節団には見られない、極めて開明的なものであり、かつ先進的で示唆に富む内容となっている。このような国際認識の前提として、国家間の対等性や、秩序を維持する「万国公法」の理解の始まりを感じ取ることが可能であろう。

万国公法とは、近代国際法のことであり、国家主権とその相互尊重、国家間の平等や往来の自由の原則、条約の順守を中心としており、アジア諸国に外交概念の転換を迫った。万国公法は中国に伝播し、中国は、それまでの東アジア的華夷思想を否定され、西欧的な条約体制に取り込まれた。我が国にも慶応期に入るとすぐに中国から万国公法の漢訳書が流入して翻刻が始まった。しかし、それ以前に池田は西欧でその真髄に接し、理解し始めていたのだ。

しかし、この池田の提言は、池田自身が罰せられるなど、この段階では幕府の採用とはならなかった。だが、池田提言はその後の日本に、少なからず影響を与えた。もちろん、様々なその他の要因は考えられるものの、幕府によって、留学生の派遣や日本人の海外渡航解禁が実現されたことは、その証拠に数えられよう。

また、国際関係における万国公法を基礎とした新しい国際認識は、福沢らの開明的な世界認識とあいまって、これ以降の留学生によって引き継がれた。そして、明治維新という大変革、その後の新国家建設において、極めて重要な梃《てこ》となったことは歴史が証明している。

ところで、その後の池田長発であるが、慶応二年（一八六六）三月、罪を許されて軍艦奉行並に補職されている。残念ながら、病気のために三ヶ月ほどで退いてはいるものの、その登用の裏には、池田提言の記憶が当時の幕閣にあったのではないか。先に紹介した岩瀬忠震とまでは言わないが、池田も評価されてしかるべき人物であった。

第四〜七回使節団〈慶応元〜三年〉――欧米ロシアへの実務的派遣

これ以降の幕府派遣使節は、目的達成に極めて忠実であり、実務的な態度に終始して任務を全うした感が強い。幕府の四回目の派遣使節は、慶応元年（一八六五）閏五月の横浜製鉄所の建設準備および軍制調査のためフランス・イギリスに派遣された使節団で、文久二年の遣欧使節に加わっていた柴田剛中《たけなか》を正使とする総勢十名の一行であった。

フランスとの間では、製鉄所建設と軍事教練に必要な協定を締結できたが、イギリスとの交渉は不調に終わった。この件については、当時、薩摩スチューデントがイギリス外務省と交渉中であり、彼らが妨害工作をした可能性が指摘できる。いずれにしろ、この交渉のみを使命としていたため、翌慶応二年（一八六六）一月に帰国した。

幕府の五回目の派遣使節は、慶応二年十月の樺太国境画定交渉のための遣露使節団である。正使外国奉行兼箱館奉行・小出秀実《こいでひでみ》、副使目付石川利政《としまさ》に随員・従者として榎本武揚《たけあき》、会津藩士山川浩などが加わり、総勢十九名という一団である。

十二月十二日にペテルブルグに到着し、ロシア皇帝アレクサンドル二世に謁見後、ロシア全権と度重なる交渉を行った。しかし、双方の意見はまとまらず、慶応三年（一八六七）二月、樺太島はこれまで通り、両国民の雑居とすることを認め合った日露間樺太島仮規則に調印した。

ところで、ロシア側から交渉過程で、得撫《ウルップ》島と周辺の三島を日本に割譲する代わりに、樺太の領有権を認めるよう提案がなされた。これは将来の樺太・千島交換条約（一八七五）につながるものとして注目されよう。

その後、この使節はヨーロッパを歴訪している。プロイセンではビスマルク首相、フランスでは皇帝ナポレオン三世に謁見し、第二回パリ万国博覧会に参加している。ここでは、最後の幕府派遣の使節団と合流している。

なお、ロシアについてもう一言述べれば、幕末にロシアを訪問した日本人は、一様にその後進性を指摘し、「西洋の田舎」と評している。その矛先は、工業化の遅れといった産業における諸分野よりも、むしろ、農奴制に象徴される後進的な社会制度や貧困に喘ぐ国民生活など、国家の根本にかかわる部分であった。

ロシアを実見した使節や留学生は、ロシアからは学ぶものがないと断言し、さらなる留学生の派遣などにも反対した。こうしたロシア蔑視・軽視の観点は、大げさに言えば明治国家に引き継がれ、その遺産は日露開戦時に心理的影響を与えたのではないだろうか。

幕府の六回目の派遣使節は、慶応三年（一八六七）一月の咸臨丸渡米時に航海長だった勘定吟味役の小野友五郎を正使とした一行であった。幕府が発注した蒸気軍艦の精算と米国既製軍艦の購入、その他武器、洋書類の購入を目的とした、総勢十名の遣米使節団であった。極めて実務的な一行であり、使節と呼ぶにはおこがましいかも知れない。

二月二十六日にサンフランシスコに到着し、ジョンソン大統領に謁見した。その後、発注分の精算を終えるとともに、装鉄艦ストンウォールをはじめとする兵器類の購入に成功し、六月二十六日に帰国した。

最後の幕府からの派遣使節は、最後の将軍慶喜の発意による清水徳川家の当主徳川昭武《あきたけ》を代表とする慶応三年一月の一行であった。目的はパリ万国博覧会の訪問を機に、ナポレオン三世に謁見した後、イギリスをはじめ、ヨーロッパ各国を巡歴することであった。昭武を派遣して、日仏関係の強化を図りつつ、ヨーロッパ各国に対し、幕府の健在を誇示した。

しかし、使節の滞仏中に鳥羽伏見の戦いでの幕府軍の敗報が届き、その立場は微妙なものとなった。その後、新政府からの帰国命令に接し、昭武らは明治元年（一八六八）十一月に帰国している。そして、昭武は最後の水戸藩主に落ち着いた。

以上見てきた通り、幕府は幕末最後の八年間に、七回にわたって欧米諸国に使節を派遣した。それぞれには、様々な目的が存在した。彼らは困難な対外交渉や慣れない海外生活の苦難を味わい、また、外国にもかかわらず、随行員の中には多くの封建的な制約、例えば目付の監視などに辟易した者も少なくなかった。

しかし、使節団の多くはこれらの障壁を乗り越え、当時の情勢から、必ずしも満足のいく結果を出すことはできなかったかも知れないが、自分の能力に適う中で、精

ベルギーでの幕府使節団。中央左が徳川昭武

一杯に任務の遂行に尽力し続けた。また、その従者を中心に、近代日本人として新たな世界観に開眼した者も多数おり、その後の明治日本の建設に、多くの貢献を果たしたことを最後に明記したい。

2　幕府が「日本人の海外渡航禁止」を解くまでの経緯

阿部政権の日本人渡海計画と「松陰渡海事件」への対応

通商条約が結ばれた安政五年（一八五八）まで、日本は鎖国であった。繰り返しを厭わず述べると、鎖国とは日本人の海外渡航・帰国を厳禁し、外国船を追い払うことを骨子としており、キリスト教を徹底的に排除していた。通商条約の締結によって、これらはすべて解禁されたのであろうか。

キリスト教について、先に述べれば、幕府は最後までこれを認めなかった。明治新政府がキリスト教禁止の高札を取り除いて、キリスト教を黙認するようになるのは明治六年（一八七三）のことである。

これは、幕末から明治初年にかけて、キリスト教徒を流罪などにした浦上信徒弾圧事件が明るみに出て、諸外国から猛烈な抗議を受けたのがきっかけとなった。ただし、あくまで黙認であり公認ではなかった。信教の自由が保障されるのは、明治二十二年（一八八九）に公布された大日本帝国憲法を待たねばならなかった。

さて、通商条約であるから、さすがに外国船を追い払うことはなくなった。もちろん、即時攘夷を志向するグループはその限りではなかったが。そして、日本人の海外渡航・帰国の厳禁はそのままの状態であった。

本節では、これがどのように解禁されていったのかを、明らかにすることが主題であるが、より理解を深めるために、幕府の対外政策や世界認識がどのように変化していったのか、その状況についてまず述べておこう。

ペリー来航前後から、幕府の対外政策は劇的な変化を始める。積極的な開国路線、そして未来攘夷の観点から、航海術の修得、外国事情の探索、軍艦・武器の買い付けのために、幕府の役人を外国に派遣することを検討し始めた。

具体的には、嘉永六年（一八五三）八月、老中阿部正弘は、前水戸藩主の徳川斉昭と協議し、オランダにすでに依頼している軍艦購入の目的で、日本人を海外（ジャカルタ）に派遣することを相談した。これに対し、斉昭は前向きに対応した。

斉昭の側近である藤田東湖が、幕府の役人だけでなく、水戸藩士の同行を強く希望している事実は見逃せない。即時攘夷の権化のように喧伝されていた斉昭であったが、実のところ、事前に軍艦を手に入れようと用意周到に手を打っていたのだ。しかし、この件は幕府が常識はずれな六十艘もの軍艦を希望したことから、オランダ側の辞退にあった。

翌嘉永七年（一八五四）十一月の安政東海地震の際、ロシア使節プチャーチンは遭難したディアナ号の代船としてヘダ号を建造した。その時、岩瀬忠震が造船技術を実地で習得できる機会として、幕臣を派遣するにあたり、斉昭は水戸藩士も加えてもらえるように懇願している。

また、安政三年（一八五六）八月、阿部は幕吏の海外（ジャカルタ）派遣、加えて旗本子弟の西欧留学を海防掛に諮問し、その同意を得ている。なお、このプランは岩瀬忠震の発案で、自分を含む海防掛自身が派遣されることを期待した。

しかし、ジャカルタは隠れ蓑《みの》で、岩瀬の本意としては西欧に行くつもりであった。これは、過激な攘夷派を過度に刺激しないためであった。阿部は本件を裁可し、実行されるはずであったが、その急死（安政四年六月）によって頓挫してしまった。

なお、嘉永七年（一八五四）一月には、佐久間象山からも阿部に対して、海外視察のための日本人派遣が建議されていた。ちなみに、佐久間はその後、「下田渡海事件」、すなわち、吉田松陰の密航事件に連座して投獄される。

松陰は下田でペリーにアメリカへの同行を求めたが拒否され、その後自首した。師の佐久間は、関係書類を押収され連座した。ここで奇跡があった。国禁を犯した松陰らは、それまでであれば、当然死罪であった。にもかかわらず、阿部は彼らを信じがたい寛刑で済ませている。

阿部はなぜ、その程度で済ませたのか疑問が残ろう。その理由として、ペリーの存在が指摘されている。前途有望な松陰らに対し、その将来に災禍が及ぶことを危惧したため、ペリーは幕僚を下田奉行所に向かわせた。そこで、今回の事件は、アメリカ側には些細なことであるため、軽微な罰で済ませることを要請したとされる。

確かに、阿部の脳裏には、ペリーからの要請を無下にすることは、あらぬ国難を引き起こしかねないという思いがよぎったであろう。これも、寛典の理由であることは疑いのない事実に思われる。

しかし、筆者は最大の理由は別にあったと推測する。これは、日本人の海外渡航を検討していた矢先でもあり、その後の政策転換の不都合になると、阿部は考えたのではないか。安政の改革を断行できた、阿部ならではの政治的センスの賜物であろう。

幕閣の中でも、松陰の死罪を主張する意見は少なくなかった。しかし、阿部はそれらの意見を断固として退けた。進取果敢の気性に富む阿部でなければ、間違いなく死罪である。結果論であるが、阿部が松陰を助けたことにより、松下村塾へとつながり、大げさな言い方をすれば、幕府は崩壊をしたとも言える。歴史の大きな皮肉であろう。

文久二年、日本人初の留学生がオランダへ――西周、津田真道と「治国学」

その後も、渡航解禁や海外視察について、松平春嶽など開明派から建白書が出されるなどしたが、その実現は日米修好通商条約の批准書を交換するため、安政七年（一八六〇）に派遣された使節団を待たなければならなかった。しかし、本件を初代駐日公使となるハリスに申し入れたのは岩瀬忠震であった。

岩瀬らは安政の大獄で退けられ、使節一行の多くは自らは渡米を望まない、凡庸な幕府の役人の中から選ばれてしまった。そのため、その他の様々な要因があったとはいえ、さしたる成果は上がらず、使節の多くはその後の政局にも与っていない。

ちなみにハリスは、岩瀬や永井尚志《なおむね》らが使節から外されたことについて、「讐敵《しゅうてき》の御仕向《おしむけ》」（『懐往事談』）と不満を漏らした。これは、岩瀬らの再登用や使節への参画を暗に期待したものだったが、残念ながらその効果はなく、彼らは異国の土を踏むことなく終わってしまった。

岩瀬は別途、通商条約交渉を円滑に、しかも国際法に則って行うためとして、アジアにおける世界的貿易港として名高い香港への遊学も希望した。これも実現しなかったが、彼は我が国最初の国際人となり、また、近代人となり得る資質を持っていた。日本にとっても、また彼にとっても、実に惜しいことである。

すでに述べた通り、この後も幕府から遣欧米使節団が派遣されているが、ここでは、幕府によるオランダ留学生の派遣について述べていこう。文久二年（一八六二）九月、幕府による初めての、つまり、日本で最初の公式な留学生がオランダへ派遣された。これは、日本人の海外渡航解禁前の出来事である。

その目的は、オランダに依頼した軍艦建造の立ち会いと、その引き取りのために派遣された「和蘭行御軍艦方」のメンバーに、竣工するまでの間、現地で造船術や航海術、兵器製造法を学ばせることにあった。

当初留学生は、内田正雄・榎本武揚・沢貞説・赤松則良・田口良直ら、いずれも軍艦奉行配下の軍艦操練所の優秀な伝習生から選ばれ、まさに軍事技術の習得に特化されていた。大学などで時間をかけて学ばせる前提ではなく、つまり、積極的な留学生派遣というにはほど遠いレベルであり、速成的な士官養成に過ぎなかったのだ。

そもそも、この軍艦建造は文久元年（一八六一）七月、軍艦奉行木村喜毅・勘定奉行小栗忠順が老中安藤信正に、強く進言したことから実現した。その際、米国領事ハリスからアメリカへの発注と伝習人の派遣を強く勧められており、後者についても不本意ながら承諾した経緯があった。

しかし、文久二年（一八六二）一月、アメリカは南北戦争に突入したため、軍艦の建造を断ってきた。よって、これまで縁のあったオランダに依頼したところ、対日外交で他の列強から一歩リードすることを外交方針にしていたこともあり、その申し出は歓迎された。

その後、蕃書調所から教授方出役の西周《あまね》と津田真道《まみち》、長崎養生所から医学生の伊東玄伯《げんぱく》と林研《けん》海《かい》が留学生として加わり、都合士分が九名となり、職工六名と合わせて、留学生は全員で十五名となった。

西と津田は、日米修好通商条約の批准書を交換するため、岩瀬忠震らと渡米することが許されていたが、彼の失脚によって一緒に外された。その後の使節団派遣時も同行を許されながら、最終的には人数調整を理由に外されていた。今回は背水の陣で、蕃書調所掛・浅野氏祐《うじすけ》および外国奉行・大久保忠寛に迫って同意を得、老中安藤信正も容認したため、ついに渡航が叶ったのだ。

西以下の追加四名は、軍艦操練所の伝習生とはその目的を異にし、付随的な役割が与えられた。西と津田両名は「国治め民富ます道」(『西周全集』)、伊東と林は医術を、それぞれ学ぶように指示がなされ、本来の留学目的である航海術・兵器製造法などからは完全に外されていた。

文久三年(一八六三)四月十八日、一行は二百十五日もの航海を経てロッテルダムに到着し、長崎海軍伝習所で教鞭をとった、海軍大臣カッテンディーケを総責任者とする受け入れチームに歓待された。急遽このために帰国していたオランダ商館医師ポンペや、ライデン大学の日本語教授ホフマンらの通訳・指導の下に、目的別にオランダ各地に赴いて留学生活をスタートさせた。

西と津田は、ライデン大学のフィッセリング教授から、「治国学」に属する五科(法学・政治学・国際法・経済学・統計学)を二年間の予定で学び始めた。明治になり、我が国へのこれら諸学問の導入は、この二名を媒介とした。

西と津田は「治国学」を学ぶうちに、アジアが直面する帝国主義による、侵略的な植民地支配

文久年間オランダ留学生一行。前列右端が西周、
後列右端が津田真道。1865年撮影
（国立国会図書館蔵）

という事実の一方で、欧米間では普遍的な国際法の支配、つまり、万国公法によって国家間の平等や平和が保たれている事実を理解した。

　西欧列強の帝国主義的侵略行為への対抗措置として、万国公法に基づく世界新秩序に対応し得る統一国家としての日本を意識した。そして、国体の変革なくして、封建制から立憲制への移行なくして、日本は立ち行かないことを認識したのだ。こうして、西と津田は西欧を体験し、そこから学ぶことによって、いち早く近代日本人になったと言えよう。

　西らは帰国後、彼らの派遣に協力した理解者によって留学成果を大いに期待されたが、幕末動乱期の幕府にあっては、その成果を発揮するに至らなかった。しかし、その後の幕府留学生が軍事技術だけでなく、政治・法律・経済・哲学といった西洋の社会科学や人文科学などを学ぶ契機になった事実は見逃せない。

幕府は慶応元年にロシア、同二年にイギリス、同三年にフランスと、立て続けに留学生を派遣したが、明らかに軍事技術のみでなく、社会科学や人文科学にまでその学修対象が大幅に拡大した。この事実は、帰国後の西らの言動が、幕府を動かしたことは疑いない。とはいえ、幕府の倒壊が近づく中で、幕閣が為政者として、日本の将来に危惧していたから可能になったのであり、その見識には一目置く必要があろう。

慶応二年、日本人の海外渡航解禁――幕府はなぜ決断したか

このように使節や留学生が繰り返し派遣され、前述のように、横浜鎖港談判のために派遣された池田長発が留学生派遣を幕府に建言したが、日本人の海外渡航はそう簡単には許されなかった。しかし、慶応二年（一八六六）に至り、とうとう、幕府は日本人の海外渡航を解禁した。その前後の流れを最初に整理しておこう。

四月九日、幕府は学術修業および商業のために海外渡航することを許可し、その場合は、対象者に免許証を付与することを沙汰した。日本人の海外渡航解禁令であり、名実ともに、日本は開国を迎えたのだ。次いで、十三日にイギリス・フランス・ポルトガル・オランダ・アメリカ各国

公使に報じ、日本人旅行者の保護を求めた。

手続きとしては、渡航希望者は行き先、目的などを明らかにし、武家は大名、その他庶民は奉行または代官を通じて幕府の許可を得るものとし、免許証を持たない渡航者は厳罰を科するとされた。また、渡航先は、通商条約を締結した相手国のうち、七国（イギリス・フランス・ポルトガル・オランダ・アメリカ・ロシア・プロイセン）に限定された。

六月二十二日、外国奉行は開成所頭取に対して、海外渡航免許状（旅行券）の制定のために、教授方出役西周・津田真道に諸外国の制度を調査して、報告させるように依頼した。また、仏国公使館通弁官カションに対して、所持しているフランス政府発行の免許状の貸与を依頼した。

その後、作業の進展の遅さにいらだった英国特命全権公使パークスは、九月十九日に幕府に対し、速やかに海外渡航者に旅行券を発行するとの確証を求めた。そのため、幕府は最終工程を急ぎ、二十九日に旅行券を制定して各国公使に示した。

パークス

また、十月三日には、幕府は旅行券に当該人の人相書を添付することを、翌慶応三年（一八六七）八月二十日には旅行券の発行手数料を徴することを、それぞれ沙汰した。この旅行券は、江戸では外国奉行、地方では神奈川・長崎・箱館などの奉行を通じて交付された。

ところで、幕府はこの段階でなぜ海外渡航を解禁したのだろうか。その要因は、国内外それぞれに存在していた。まずは外的な要因について見ていこう。そのポイントは、イギリス公使パークスによる勧告だった。これが最大の要因であることは間違いない。

第三章で述べた通り、慶応二年（一八六六）五月十三日に、英仏米蘭の四ヶ国代表との間に改税約書が結ばれている。その主要項目は税率の改定で、輸入税が一律五％に改められたことにより、日本は俄然不利になった。しかし、改税約書の重要性はそれだけではない。

第九条では、日本人が外国で自由に貿易・商売ができること、第十条では、渡航解禁の幕令（四月九日）の通り、いかなる日本人も公の旅券をもって、学術研究・貿易のため、海外へ渡航できることが明記された。確かに、第十条にあるように、改税約書の調印は渡航解禁令の後であった。

しかし、実際には改税約書の交渉は、前年の慶応元年（一八六五）十一月二十二日から開始されたものである。その交渉過程で、パークスから強く要請された項目の一つが、まさに海外渡航の解禁であった。幕府は関税以外でも、イギリスの圧力に屈したと取られないように先手を打ったのだ。

次に内的な要因についても触れておこう。幕府から派遣された遣欧使節団や留学生はイギリス、フランス、そしてロシアなどで、長州ファイブや薩摩スチューデントなどの存在を把握し、実際に接触して交流を深めた者もいた。こうした情報は、当然幕府にもたらされていた。

藩ぐるみで、かつ組織的に、密航者がヨーロッパに集団で送り込まれており、しかも、大学で軍事技術を中心に学んでいる。忌々しきことには、協力する外国人が数多くいるだけでなく、西欧諸国の政府も黙認している事実に、幕府が驚愕したことは疑いない。

海外渡航の解禁以前に、組織的に留学生を派遣していたのは長州藩や薩摩藩に限らない。確認できるだけで、加賀藩、佐賀藩、広島藩、紀州藩、福岡藩などが挙げられる。しかも、グラバーなどの外国人商人はもちろん、アメリカ公使にまで、密航による留学生派遣の斡旋を依頼している藩の存在が知られている。

幕府にとって、このような状況は座視できなかったものの、それを食い止めるほどの実力はとうに喪失していた。なし崩し的に黙認を続けることは、幕府権威のさらなる失墜は免れないとの判断もあり、現実の追認ではあったものの、海外渡航の解禁に踏み切ったのである。

薩摩スチューデントの一人である森有礼《ありのり》は、ロンドンにおいて、新聞で海外渡航の解禁のニュースに接した。森は仲間と一緒に大笑いしたと、今さらながら公然の秘密を追認した、この幕令を馬鹿にしている。

我が国は、通商条約の締結によって開国はしたものの、貿易というのは外国船が日本の港にやってきて、そこで行うことを前提としていた。つまり、日本人はいつまでも外国には行かないことを想定していたのだ。

しかし、留学という形で、その方針は見事に覆された。この海外渡航の解禁によって、まさに文字通り日本は実質的な「開国」を迎えたことになった。

さて、この解禁によって、イギリス・フランス・オランダによる留学生派遣の誘致合戦が繰り広げられ、幕府はイギリス・フランスに留学生を派遣した。また、諸藩からも留学生の派遣申請が幕府に出された。

例えば、薩摩藩のイギリス他四国への百五十七名の大派遣団をはじめとして、佐倉藩、徳島藩といった小藩からも申請がなされた。また、個人としては、軍艦奉行勝海舟の嫡男・小鹿《ころく》がアメリカに留学している。

データが示す幕末留学生事情

最後に、幕末留学生の実態をデータに則して把握しておこう。とはいえ、渡航解禁までは幕府留学生以外すべて密航であり、例外的に、幕府公認の私費留学のケースもあった。解禁後も、手続きは煩雑で審査も厳しく、そう簡単に海外渡航が許されたわけではなく、それ以降も幕府の許可を得ない非合法的な渡航があったことがうかがえる。

また、資料によっては、留学生を同伴した使節団の人数まで、カウントしてしまう場合も見られる。つまり、どうしても大まかなデータとなり、これまでの研究成果でも、数字の違いが随所に見られるのは仕方がないことである。本書では、犬塚孝明氏の成果を踏まえながら、説明を行いたい。

最初に表2「出発年別人数一覧」によると、薩摩スチューデント十五名という大口もあずかって、慶応年間に八〇％が集中している。特に慶応三年だけで約三八％に達しており、多くの藩はおおむね渡航解禁後であることが分かる。渡航解禁令の影響力がいかに大きかったか理解できよう。

表2　出発年別人数一覧

	幕府	諸藩	私費	合計
文久2年（1862）	15	0	1	16
文久3年（1863）	1	5	0	6
元治元年（1864）	3	0	1	4
慶応元年（1865）	6	21	0	27
慶応2年（1866）	14	12	2	28
慶応3年（1867）	18	30	1	49
合計	57	68	5	130

「幕府遣外使節団と留学生」（『近代日本の軌跡1　明治維新』、1994年、吉川弘文館）に掲載の表をもとに作成（次ページの表3、4も同様）

また、幕府と諸藩の派遣数を比較すると、全体の半数以上を諸藩留学生が占めており、幕府は四四％ほどに止まっていることが大きな特徴であろう。途中までは非合法であった諸藩による派遣の数が、ここまで大きいことは、富国強兵への敏感な政治感覚、研ぎ澄まされた対外認識、国内外にわたる情報収集力の周密さを物語っている。

表3「出身藩別人数一覧」によると、薩摩藩が圧倒的に多く二十六名、次いで長州藩の十六名で、薩長両藩だけで約六〇％を占めている。この両藩が倒幕を成し遂げ、明治国家の建設の中核になったことは、このデータからも一目瞭然である。

なお、薩長に続いて、福岡藩八名、仙台藩四名、加賀藩三名とあり、その他の藩を含め、やはり大藩が名を連ねている。

表3　出身藩別人数一覧

薩摩	26	熊本	2	庄内	1
長州	16	越前	2	熊谷	1
福岡	8	土佐	2	佐倉	1
仙台	4	岡山	1	久留米	1
加賀	3	広島	1		
佐賀	2	安中	1		

期間は、文久2年（1862）〜慶応3年（1867）

表4　留学先国別人数一覧

	幕府	諸藩・私費	合計
オランダ	21	1	22
フランス	16	4	20
イギリス	14	37	51
ロシア	6	0	6
アメリカ	0	30	30
プロイセン	0	1	1
合計	57	73	130

膨大な留学費を賄うことは尋常ではなく、どうしても経済力がある大藩に偏ることはいたし方なかろう。

また、福岡藩が多いのは、長崎港の警衛を任されており、対外意識が高かったためである。それに加え、藩主黒田長溥《ながひろ》が、かの島津重豪の息子であり、薩摩藩の血が流れていることも、影響があるのではないか。

表4「留学先国別人数一覧」によると、幕府と諸藩では大きな違いが見られる。幕府ではオランダ・フランス・イギリスの順で多く、アメリカはゼロである。それに比べ、諸藩ではイギリス・アメリカが多く、フランス・オランダは僅少である。

これは両者の国際関係・認識の相違がそのまま表れた結果であるが、当時の国力・先進性からして諸藩の選択が正しかったことは自明である。なお、通商条約締結国であり、明治国家が多くを学んだプロイセン（ドイツ）が、たったの一名なのは意外であろう。

これは、まだプロイセンが新興国だったことによるが、留学生が旅行などで訪れた後では、その評価がてきめんに高まった。明治維新以降、ドイツへの留学数がアメリカ・イギリスに次ぐ第三位となったことは、幕末期留学生の口コミによるところも大きかったのだ。

第八章

幕末「極秘渡航」

――長州ファイブと薩摩スチューデント

1　長州藩の留学生、長州ファイブの誕生

幕府の遣欧使節団に参加した杉孫七郎の功績

日本経済新聞（二〇一四年五月二日付）に、「首相、幕末の留学生記念碑を訪問　UCL構内」という記事が掲載された。それによると、安倍晋三首相はユニバーシティ・カレッジ・ロンドン（UCL）構内にある「長州ファイブ」と呼ばれる伊藤博文ら幕末の留学生の記念碑を訪れた。伊藤ら五人は、長州藩から隠密に英国に渡り、UCLに留学し、帰国後に近代日本の基礎を築いた。山口県が地元の首相は、金融街シティーでの講演でも、長州ファイブに触れ「国を強くするなら、むしろ世界に対して開くべきだと信じた慧眼《けいがん》の持ち主だった」と讃えた、というものである。読者の中にも、この記事をご存じの方がおられるかも知れない。

長州ファイブとは、井上聞多《もんた》（馨《かおる》）、遠藤謹助《きんすけ》、山尾庸三《ようぞう》、伊藤俊輔《しゅんすけ》（博文）、野村弥吉（井上勝《まさる》）の五名の長州藩士を指しており、長州五傑とも呼ばれている。なお、本書では煩雑を避けるために、以下、井上馨、伊藤博文の呼称を用いる。

この記事の記念碑は、一九九三年に日英友好協会や日英文化記念クラブ、その他有志によって、「萩藩・薩摩藩留学生の記念碑」として建てられた。そのことを知った西日本国際交流推進協会

が、「地元にも顕彰碑を」と運動した結果、二〇〇三年には山口市にも顕彰碑が建てられた。

その碑文の中で、井上は外交の、遠藤は造幣の、山尾は工学の、伊藤は内閣の、野村は鉄道の、それぞれ「父」とされている。つまり、長州ファイブは、全員が日本の近代化を担う活躍をしたのだ。よく知られた井上、伊藤以外の三人にも注目しなければならない。

長州ファイブを語る前に、長州藩の「夷情探索」について触れておこう。安政七年（一八六〇）一月の遣米使節団に、北条源蔵が加わったことは第四章で述べた。次の長州藩士の海外渡航は、文久二年（一八六二）の遣欧使節への杉孫七郎《すぎまごしちろう》の参加である。周布政之助が、使節派遣の情報をつかんで幕府に働きかけた結果、何とか実現したものである。

杉は、英仏蘭を歴訪したが、特にロンドンでは大きな衝撃を受ける。万国博覧会を見学し、造船所・海軍病院・海軍学校などの海軍関連施設や、製鉄局・大砲製造所を視察した。イギリスの軍事技術の水準の高さと、軍需工場の規模の大きさに驚嘆し、攘夷実行の困難さを実感した。一方で、オランダの軍事技術に対しては、手厳しい評価を下している。

杉は帰国後、藩の海防体制構築に従事したが、歴史的に重要な役割は、むしろ、長州ファイブの渡航先としてロンドンが選ばれる際に、深くかかわったことにあろう。杉がロンドンの情報を開陳し、留学先として推したことによって、長州藩の「夷情探索」先は早い段階で、それまで我が国と縁があったオランダではなく、イギリスが意識されたのだ。

高杉晋作の上海視察――日本植民地化への危機感

当初杉とともに渡欧するはずであった高杉晋作が、外国貿易の実態調査を目的とする幕府の上海使節に同行を許された(文久元年十二月辞令)。高杉は出発に先立ち、長崎で宣教師や米国領事などと会談し、様々な情報を入手して、「長崎互市之策」を作成した。

上海は、アヘン戦争後に締結された南京条約(一八四二)により開港し、これ以降、イギリスやフランスなどの上海租界が形成され、西欧による清の植民地化のシンボルであった。そして、当時アジア最大の貿易港であり、国際都市であった。

その中で、長崎の海岸線の土地を買い上げ、大坂並みの蔵屋敷を五、六ほど建て、藩内の品物を自前の海軍によってそこに運び入れる。そして、相場を睨みながら、外国人と直談判して売り払えば、相当な利益を得られると力説する。

高杉は続けて、いずれ幕府は、各藩の航海通商も許すはずなので、その際には、長崎を根拠地として、広東・上海・香港・ロンドン・ワシントンにも出貿易することを主張した。上海渡航前の高杉は、通商条約さえも容認しており、極めて開明的である。

この段階では、航海遠略策が藩是となっており、前述した、その「但し書」に沿った献策とも言える。高杉が即時攘夷を主張し始めるのは、上海視察を踏まえた上であった。そう考えると、高杉の上海行きは大きな画期と言えよう。

文久二年（一八六二）四月二十九日、高杉は、長崎から千歳丸で上海へ向けて出帆し、五月六日に上陸した。当時の清国は、太平天国の乱の最中であり、上海付近にも戦火が迫っていた。清の正規兵では歯が立たず、英仏軍によって守られる上海での滞在は、高杉の対外認識を改めさせることになる。

高杉は、ともに渡航した薩摩藩士五代友厚・佐賀藩士中牟田《なかむた》倉之助と意気投合し、蒸気船や砲台といった軍事施設を中心に一緒に見学したり、武器商人と会談したりと、情報の収集に努めた。これらを通じて、高杉は西欧軍事力の半端ではない優越性を実感した。

高杉晋作

また、繁栄する上海の裏側で、高杉は、「津港（上海）繁盛ト雖《いへ》トモ、皆外国人商船多キ故ナリ、城外城裏も皆外国人ノ多キカ故ニ繁盛スルナリ」（「上海総論」）との感想を抱いた。上海は外国人によって繁栄し、その富は外国人によって独占されている実態を鋭く指摘している。対等でない通商条約を盾に取られ、西欧諸国と貿易を強いられた結果、清国が西欧に侵蝕されているという認識を持ったのだ。

これは、日本が西欧諸国に対して自主性を持った通商条約を結ばない限り、清の二の舞となり、植民地化されかねないという危機感である。

しかも、その危機は目前に迫っており、時間的な猶予がない焦りを覚えた。こうして高杉は、即時攘夷に転向する。つまり、久坂玄瑞らに同調し、長州藩を過激な攘夷行動に引っ張っていくのである。

その手始めとして、七月に長崎に帰った高杉は、独断でオランダ商人と蒸気船購入の交渉をし、仮契約を結ぶことになる。これ以降、長州藩の海軍は海外貿易ではなく、欧米諸国に対抗する軍事力として、より重視されることになる。

そして、高杉はその軍事力の源泉となる西洋技術の修得の必要性も訴えた。このことが長州ファイブによるロンドン密航に弾みをつけたことは想像に難くない。高杉の上海渡航は、その後の長州藩の軍事政策に大きな影響を与えたと言えよう。

「即時攘夷のための海外渡航」を熱望した井上馨

長州ファイブのリーダーである井上馨に話を移そう。明治になってから、西郷隆盛から「三井の番頭さん」と揶揄されるなど、財閥との癒着が指摘され、後世の我々には、あまりイメージが良いとは言えないかも知れない。

しかし、まさに外交の父らしく、その方面での活躍は目覚ましい。一度は、内閣組織を打診されたほどである。幕末維新期の活躍も、目を見張るものが山のようにあるだけに、誤解された人物の一人と言えよう。

　黒船来航に際し、世間では武芸が復興して、誰もが剣を握ったが、井上も当初は武芸の鍛錬に精を出した。しかし、列強に立ち向かうためには、彼らの軍事技術を学ばなければ太刀打ちできないことを悟り、蘭学修業を志すようになった。井上の柔軟性は、注目に値する。

　藩の許可を得た井上は、安政五年（一八五八）、二十四歳で蘭学者・岩屋玄蔵について学業をスタートさせた。また、幕臣である江川英龍にも師事して、西洋砲術の研究も開始している。

　その後、井上は藩主毛利敬親の小姓に抜擢されていたが、文久二年（一八六二）九月、長州藩は横浜のジャーディン・マセソン商会から、蒸気船壬戌丸を購入した。その際、井上は代価となる洋銀買い入れに奔走した。その壬戌丸に、井上は長州ファイブの一人となる遠藤謹助らとともに乗り組みを命じられ、運用を開始した。

井上馨（国立国会図書館蔵）

　ちょうどこのころから、井上の関心は特に海軍に向いており、攘夷実行は海軍力が必須であるとしきりに唱え、海外渡航を志すようになった。壬戌丸への乗り組みがその大志を抱かせたのかも知れない。
　一方で、井上は久坂玄瑞や高杉晋作らとともに御楯《みたて》組《ぐみ》を結成し、過激な即時攘夷運動に参加した。そもそも勅許を得ておらず、対等な関係で結ばれていない通商条約は破棄すべきであり、そのためには過激な攘夷行動に出て、幕府をその方向に追い込むことを目指した。これは、長州藩の破約攘夷の藩是そのものである。

文久二年十一月、井上は高杉や久坂らとともに、横浜で外国人を斬ろうとしたが、事前に計画が漏洩《ろうえい》して世子定広に諭され、数日間謹慎した。しかし、翌月には御殿山のイギリス公使館焼討ちに、長州ファイブの山尾庸三、伊藤博文らと参加し、完成間近の公使館を焼き落とした。海軍建設は簡単ではなく、まずできるところからの即時攘夷であった。

こうした現行の通商条約を破棄するための即時攘夷を実行しながらも、実際に対等な通商条約を結び直すには、西洋の文明、特に軍事技術を習得する必要があると判断していた。井上にとっては、それは未来攘夷のためではなく、あくまでも目前にあると信じる通商条約の再締結のためであった。一見矛盾した即時攘夷と海外渡航という二つの方向性は、井上らには何ら不思議なことではなかった。

井上の海外渡航への漠然とした希望が、現実を帯びたものに変化したのは、佐久間象山の開明的な意見を聞いた瞬間であった。当時佐久間は、松陰の密航事件に連座して故郷の松代藩で蟄居していた。

そこに、久坂玄瑞が長州藩に招聘するために、佐久間を訪れた。その計画は果たせなかったが、久坂は佐久間から、武備充実論、海軍建設論、海外人材派遣論を拝聴し、大いに賛同した。

文久三年（一八六三）一月、久坂はその内容を井上に聞かせた。井上は、佐久間の先見性にはなはだ恐れ入り、そして感激した。即時攘夷のためとはいえ、軽挙は慎むべきであり、即時攘夷の実行のため、そして、対等な通商条約を結ぶため、ここは当初から抱いていた海軍建設を最優先すべきである。そのためには、どうしても海外渡航をして、学ばざるを得ないと決心した。

井上は、藩要路の周布政之助と桂小五郎に、また、同志である高杉に、その内意を打ち明けたところ、全員から快諾を得た。しかし、将軍家茂が上洛し、まさに破約攘夷が実行されようという矢先でもあったため、その運動の先頭を走っていた、久坂玄瑞や品川弥二郎らから猛烈に反対された。久坂らは井上の宿志《しゅくし》を理解しており、賛同していたものの、同志である井上にどうしても加わって欲しかったのだ。

井上は、死生は予測できるものでなく、自分の志に忠実に生きて、国家のために尽くすべきである。井上にとっては、それが海軍建設であり、そのための海外渡航である。攘夷の一念においては、我々は同志であると熱弁をふるい、とうとう、久坂らはその固い決心に賛同せざるを得なかった。

長州ファイブの誕生——「生きたる器械」になるという使命

井上以外にも、海外渡航を目指す長州藩士がいた。山尾庸三と野村弥吉である。山尾は万延二年（一八六一、二月十九日に文久に改元）正月、航海術修業を目的に、箱館奉行所属の亀田丸でロシア領のニコラエフスク、アムール地方へ渡航した経験があった。
山尾はこの時期、ジャーディン・マセソン商会から購入した木造帆船癸亥丸に測量方として乗り組んでいた。また野村は、山尾と同様に箱館での航海術修業を終えたばかりで、同艦の船将となっていた。
山尾と野村は、それぞれが自らの海軍学修業を全うするため、何とかして海外渡航を実現しようと、密かにその機会をうかがっていた。二人は井上とは別に、やはり周布に運動して、夢の実現を果たそうと努めた。その結果、文久三年（一八六三）四月十八日、井上・山尾・野村に対して、藩主から次のような内命が下った。

外国へ航渡し学校へ入込《いりこみ》修業つかまつり度《た》き由、かねがね内願の趣聞こし召し上げられ候処、この節の時勢にては、幕府へ御申立にも相成り難く候間、右内願の趣御許容仰付けられ難く候。しかしながら一旦兵端を開、絶交の上にては、外国の長技《ちょうぎ》御採用の思召も行届かれ難く候儀に付、右三人共五ヶ年の間御《お》暇《ひま》下《くだ》され、御暇中下し於宿志を遂げ候よう心遣つかまつり、後年に至りまかり帰り候はば、海軍一途を以て御奉公つかまつり候よう心がけ申すべきの旨、御内命仰聞かされ候
（『修訂防長回天史』）

これによると、三人から海外渡航の内願があったが、幕府による国禁であるため、了解するこ

とはできない。しかし、破約攘夷のための開戦に及べば、国交は途絶えることになり、外国の「長技」（優れた産業・技術）を取り入れることは不可能になる。

ついては、五年の猶予を与えるので、海外渡航して海軍技術の修得に努め、帰藩後は藩海軍創設に尽くすことが求められた。おそらく、この文案は三人の趣旨に同意し、積極的に海外渡航を支持した周布が書いたものであろう。

周布が彼らに求めたものは、「人の器械」となることであった。「人の器械」とは、外国の「長技」、すなわち西洋の優れた産業・技術、とりわけ海軍を中心とした軍事技術を身に付け、様々な西洋事情に精通した人材のことである。周布は来るべき破約攘夷の実現後に必要となる、「人の器械」になり得る素質を、井上らに見出したのだ。

長州ファイブ。上段左より遠藤謹助、野村弥吉、伊藤博文。下段左より井上馨、山尾庸三
（横浜開港資料館蔵）

それにしても、この後述

べる薩摩スチューデントとは大違いである。さすがに、幕府には内密であったものの、藩として、正式な辞令を出して送り出した薩摩藩と比べ、長州ファイブは当事者しか知らない内命であり、いかにも気の毒である。彼らの海外渡航を知っているのは、藩主以下の要路と同志に限られた。そもそも、長州ファイブは、渡航資金さえままならなかった。

井上らは渡航費用として、藩からは一人に付きわずか二百両しか渡されていなかった。密航を依頼したジャーディン・マセソン商会横浜支店の総支配人であったガワーからは、一人千両が必要と宣告されており、井上でなくとも茫然自失となることは疑いない。しかし、誰もが挫折する状況に置かれても、屈しないのが井上の真骨頂である。

井上は盟友である伊藤博文を引き込み、海外渡航を同意させ、かつ資金調達のためにともに奔走し、藩の武器購入資金の一万両を担保にして渡航費用を捻出したのだ。藩の御用金を勝手に担保にする度胸には、恐れ入るばかりであるが、実はその陰に大村益次郎の存在があった。

言うまでもなく、大村はこの後、天才兵学者として、第二次長州征伐や戊辰戦争を勝利に導くのだが、「人の器械」の重要性を熟知していた。大村が斡旋したからこそ資金調達は成功したのであり、その功績は軽視すべきではない。大村は、井上らの宿志に大いに賛同したのであろう。人は人を見抜くものである。

ところで、井上は今回の藩に対する不始末を、「生きたる器械」を買ったと思い、許して欲しいと藩主に謝罪している。「生きたる器械」とは、周布が言うところの「人の器械」と同義語で

文久3年伊藤博文井上馨等英国渡航の乗船図（山口県文書館蔵）

ある。

井上は、「生きたる器械」となって戻り、藩のために尽くすという強い決意を語っている。長州ファイブは全員が、まさにその「生きたる器械」となったことは、近代日本にとっての僥倖であった。

当初の渡航予定者である井上・山尾・野村に伊藤が加わったが、最後に壬戌丸に井上とともに乗り込んでいた遠藤謹助が加わり、長州ファイブとなった。出発の段階で、井上二十八歳、遠藤二十七歳、山尾二十六歳、伊藤二十二歳、野村二十歳という分別ある青年グループであった。

彼らが横浜を出発したのは、文久三年（一八六三）五月十二日であった。その二日前に、久坂玄瑞らが下関で実際に攘夷を決行したことを、彼らは知らない。その事実を知ったのは、ロンドン到着後である。歴史の面白さが、ここにあるように思えてならない。

さて、長州ファイブが日本を出る時に誓った、「生きたる器械」となるためには、学問や技術を習い究めるだけでは不十分であった。近代西欧文明を根底で支えている「西洋の真髄」、そのものを見極める必要があると考えるようになる。キリスト教に対する理解も、その一環であった。長州ファイブの「生きたる器械」になるという使命感の大きさは、薩摩スチューデントとは雲泥の差があった。例えば、薩摩スチューデントは少なからず、キリスト教を自分のものとして受容する傾向があったが、長州ファイブは西洋の真髄として理解しつつも、学問の一つのように捉えた。

これは目的に対する使命感の差が影響している。長州ファイブがキリスト教を受容することは、「生きたる器械」となる使命達成の妨げになり、あくまでも理解する程度に止めようという意識が存在した。もちろん、出発までにどのような教育を受けてきたかや、渡航時の年齢も、大きな要素ではあっただろうが。

長州ファイブは、自らが目的意識を持ち、自らが志願し、しかも、自らが資金まで調達している。現代の若者にも、このような「志」が必要ではなかろうか。

2　薩摩藩の留学生政策――五代友厚と薩摩スチューデント

薩英戦争講和時の留学生派遣構想と、斉彬の留学生計画

二〇一四年八月、筆者は鹿児島県いちき串木野市羽島に開館してわずか一ヶ月ほどの、「薩摩藩英国留学生記念館」を見学した。羽島は、薩摩スチューデントがイギリスに出航した記念すべき場所であり、その場所に開館したことは意義深い。

平日にもかかわらず、ものすごく混んでいた。担当者から、「入場者は一日平均五百人、多い日は八百人。すでに一万人を超えました」とお聞きした。確かに、館内は全体的に明るく映像資料がふんだんで、カフェレストラン、ショップ、ライブラリー、展望デッキといった併設設備もうまくできていた。

地方の一都市が作り上げた博物館としては、秀逸と感じたが、それだけではここまで入場者は集まらない。二〇一五年にちょうど出航一五〇周年を迎える、薩摩スチューデントそのものに対する関心が高いのではないか。

見学者のまなざしには、若者たちが時代をいかに切り拓こうとし、未知の世界に飛び出していったのか、その情熱と勇気に触れたいという思いが込められていた。本節では、薩摩スチューデ

ント、つまり幕末の薩摩藩留学生について詳しく見ていきたい。

先に述べた薩英戦争（一八六三）の講和会議において、留学生の派遣にまで言及していた薩摩藩であったが、その計画を推し進めることは容易でなかった。というのも、島津久光の中央政局での国事参画（率兵上京、朝政参与）、長州藩との対立（禁門の変、第一次長州征伐）などが立て続けに起こっており、とても留学生政策を推進するような余裕などなかったのだ。

そもそも、講和会議における薩摩藩の留学生に関する要望は、どのようなものだったのか、確認しておこう。ちなみに、その談判で辣腕《らつわん》をふるったのは重野安繹《しげのやすつぐ》で、明治になって東京帝国大学の教授に就任し、また、日本人初の文学博士となった。

軍艦の購入を申し入れた際に、「手前などその内、軍艦打ち立て方、相成り候はば、欧羅巴へ罷り越し、三ヶ年も滞留の上、航海学科究窮《きゅうきゅう》いたし度《たく》、尤《もっと》も少年三十輩程も相携え習練修行致させ度《たく》、その節は御世話に相成申すべしと存じ候」（『薩藩海軍史』中）と、その後についても言及している。

これによると、軍艦を手に入れた暁には、私たちもヨーロッパに出かけて行って、三年間ほど滞在して航海術を究めたい。もっとも、年少の留学生を三十人ばかり同行させて、技術や能力を養いたく、その時はお世話をお願いしたいと頼み込んでいる。それにしても、軍艦購入とセットで申し込むなど、用意周到で虫がいい要望である。

さて、この談判は文久三年十月五日であった。この日は一八六三年十一月十五日に相当する。

その二ヶ月半後の一八六四年一月三十日、ニューヨーク・タイムズ紙にこの件にかかわる記事が掲載された。以下、その内容を見ておこう。

薩摩の使節とイギリス公使との交渉中に、薩摩は三〇人の若者をヨーロッパに送り、有用な技術の教育、特に造船、大砲の製造等の技術教育を受けさせたいと提案した。また完全に武装・装備された軍艦を購入したいとも言った。これに対しイギリス側は、平和が確立すればどの西洋諸国からでも買入れはできるが、目下の情勢ではそれはできないと回答した。

（『外国新聞に見る日本』）

薩英交渉の具体的な内容が、どのようにしてイギリスから各国へ伝播し、記事になったのかは詳《つまび》らかにできない。しかし、そこでの交渉内容が、かなり正確な情報として漏れており、薩摩藩の軍艦購入や三十人にも及ぶ留学生の派遣構想が、世界的に周知されている事実には驚くばかりである。

ところで、薩摩藩の留学生派遣計画は、この時が初めてではなかった。そもそも、島津斉彬が安政四年（一八五七）の段階で発案したものである。その内容は、薩摩藩が実効支配していた琉球を隠れ蓑として幕府の目をごまかし、琉球に滞在中のフランス人に斡旋を依頼して、イギリス・アメリカ・フランスの三国に留学させるというものだ。

人柄がよく学識が認められる二十歳前の若者十人程度、内訳として薩摩藩から五、六人、琉球から三、四人を選抜し、薩摩藩士については、琉球に渡らせ現地人に成りすまさせ、出国させることにした。費用はすべて薩摩藩が負い、留学年限は五、六年、学修内容は語学をはじめ、医学、化学、そして造船や航海術、その先には砲術などの軍事にまで及んだ。あわせて、欧米列強の動静を探り、逐次報告させるというものであった。

そのスケールの壮大さ、その一方での緻密な計画性には、舌を巻く思いである。この段階で、留学生の派遣を思い立ち、琉球を隠れ蓑にした詳細な渡航計画を立て、そして具体的な費用や修学対象の科目にまで検討が及んでいる。この一点をとっても、斉彬の超人的な異能さが理解できよう。

しかし、その大計画も一頓挫を来すことになる。構想者であり、推進者である斉彬が、安政五年(一八五八)七月にコレラに罹患して急死してしまったのだ。このころの政情といえば、幕府は六月に勅許を得ずして日米修好通商条約を結んでいる。

そして、無断調印した幕府に抗議して、孝明天皇が譲位をほのめかすなど、社会が騒然とし始めた段階で、斉彬は京都警衛のため、率兵上京を計画していた矢先であった。しかし、大老井伊直弼の権力が強化されつつあった当時の趨勢からして、斉彬が生きていても、留学生計画はそう簡単に実現はできなかったかも知れない。

その後の薩摩藩は、安政の大獄によって幕府から睨まれ、藩の実権も斉彬の父で保守的な斉興に戻っていた。斉興の死後、斉彬の異母弟の久光に実権が移行してからも、率兵上京、寺田屋事件、生麦事件、薩英戦争と打ち続き、留学生の派遣どころではなかった。

しかし、薩英戦争後、八月十八日政変によって、長州藩をはじめとする過激な即今破約攘夷派の主力を中央政局から放逐できた。そのため、多少の余裕が生まれたことから、留学生派遣計画は蘇生する。そのキーマンは、五代友厚であった。

五代友厚の詳細な留学生派遣計画

薩摩スチューデントの生みの親と言える五代友厚の動向について、詳しく見ておこう。五代は天保六年（一八三五）生まれであるが、この年は有栖川宮熾仁親王、篤姫、松平容保、小松帯刀、松方正義、坂本龍馬、岩崎弥太郎、前島密《ひそか》、福沢諭吉、土方歳三なども生まれており、幕末のそうそうたるメンバーと同級生であった。

五代友厚
（国立国会図書館蔵）

幼年時からその才能を高く買われていたとされるが、五代にとってエポックとなったのは、安政四年（一八五七）であった。五代は郡方書役に任命されたが、特に重要なのは長崎海軍伝習所への遊学であった。五代はここでオランダ語や海軍技術を学び、世界に対する幅広い知識・認識を持つに至った。また、それ以降も長崎に滞在することが多く、勝海舟、榎本武揚、佐野常民《つねたみ》、高杉晋作らと交遊し、ネットワークを構築した。中でも、トーマス・グラバーとの出会いは特筆すべきであるが、この点は後に触れたい。

その後、五代は藩に重用され、文久二年（一八六二）に舟奉行副役に就任、そして幕府艦千歳丸で上海に渡航し、薩摩藩のために汽船・武器を購入した。また、文久三年（一八六三）には、生麦事件によって発生した薩英戦争において、風雲急を告げる情勢を察して急遽長崎から帰藩し、天佑丸船長として参戦したが、寺島宗則とともにイギリス海軍の捕虜となった。

五代はこの時、自発的に捕虜となっており、その目的が攘夷から開国への藩論の転換を狙ったものと解釈されてきた。しかし、五代自身が上海から戻るとすぐに久光の命を受け、長崎で上海貿易に従事し始めており、その必要性はうかがえない。五代は潔く釈明を控えているが、おそらく、かけがえのない藩船の拿捕《だほ》の責任を取り、また、情報収集もかねて居残ったものと理解したい。

五代らは横浜で解放されたが、簡単に捕虜になったことから、藩からイギリスとの密通の嫌疑を受け、また幕吏にも追われることとなり、江戸や武州熊谷での亡命生活を余儀なくされた。その後、寺島と別れて長崎に潜入し、ここでグラバーと再会したが、五代らはそれまでに、肝胆相照らす仲となっていたようだ。

五代は、長年構想を練っていた富国強兵のための海外貿易や留学生派遣についての思いをグラバーに熱く語り、その構想の青写真を共同で作成することが叶った。これが「五代才助上申書」（『薩藩海軍史』中）である。なお、薩摩スチューデントにかかわる一切の面倒は、このグラバーが見ることになる。

この上申書はいつごろ書かれ、そして藩政府に提出されたのであろうか。五代の長崎潜入は文久四年（一八六四）正月ごろとされ、長崎に潜んでいることは、四月に藩の知るところとなり、五月には小松帯刀から上海行きを勧められていた。五代は小松とは個人的に親しく、そうした関係も五代には幸いであった。ちなみに、明治になって、小松亡き後、五代は小松の遺族を保護している。

五代が藩への帰参を許されたのは、同年六月とされる。上申書の中には後述する、新たに六月に設置された開成所への言及がないことから、上申書の完成・提出は、まだ帰参が許されていない五月ごろと推定される。この受理に関しても、小松との関係がプラスに作用したことは想像に難くない。

グラバー

さて、この上申書は非常に長文であるので、ポイントだけ紹介しておこう。第一弾として、まずは肥前などから余剰米を買い漁り、上海にて売りさばく。これは膨大な利益を生むが、その他に茶・生糸・椎茸・昆布・干鮑《ほしあわび》なども上海で売れば、その利潤は計り知れないと提案する。

第二弾として、その利益で製糖機械を輸入し、あわせて技術者も外国から雇用する。そして、砂糖を大量に精製し、それを輸出する。第三弾として、そこから上がる莫大な利益によって、蒸気軍艦、大砲、銃といった軍事品、さらには貨幣製造機、農作機械、紡績機械なども輸入すべきであると建言した。

なお、五代はこれら三弾を実行する前提として、留学生の派遣を切言した。そして、これらの買い付けは、留学生に同行する視察員が行うと論じた。

ところで、五代の上申書は細かな収支計画が付されており、驚きを禁じ得ない。これはグラバーの意見によるところも大きかったのであろうが、五代自身の緻密な調査や、商才に負うところも見逃してはならない。そして、その後の薩摩藩の富国強兵策が、この上申書に沿って進められた事実はさらに興味深い。

しかし、残念ながら、五代は幕末維新期に活躍したメンバーの中に、なかなかその名が挙がらない。これは政治家の道ではなく、明治に入ってすぐに財界人に転身したことによろう。五代がそのまま政治家を志していれば、総理大臣も夢ではなかったと個人的には確信している。

さて、その五代が提案した留学生派遣計画であるが、これも実に微に入り細に入りで、用意周到とはこのことであろう。おおよそのプランは、二段階に分けられており、第一段階は通訳一名を含む十七名を、百五十日ほどイギリス・フランスに派遣するというもので、留学というよりは視察団といったレベルに止まる。

家老職などの上級家臣九名には軍務・地理・風俗の視察、その他通訳を除く七名は分担して農耕機械、砲台築城、大砲小銃製造、病院学校等の設置などに関して調査を行うとする。このように、視察・調査の分野は幅広く設定されていた。

なお、上級家臣には攘夷を唱える壮士から三名を選ぶとしており、このあたりが五代らしくて面白い。当時、久光をはじめとする薩摩藩の要路は、未来攘夷を志向しており、貿易による富国強兵を念頭に置いていた。五代も、その一人である。

一方で、下級藩士になればなるほど、即時攘夷に凝り固まっており、薩英戦争によって、西欧の圧倒的な軍事技術の優位性を実感していても、なかなか開国を容認できない者もいた。五代は、特に攘夷を唱える藩士の中でも、将来の藩政を導く上級家臣の中から攘夷尊奉者を選び、イギリス・フランスを実見させて、開国派に転身させようとしたのだ。

第二段階として、五代は藩校の造士館から才気ある年少者五、六十人、多少年長の二十人ほどを選抜し、西洋諸国に派遣して陸海軍事技術はもちろんのこと、砲術、天文、地理、製薬などを研究させる。期間は明示されていないが、おそらく数年単位の留学が期待されていたであろう。そして、帰国後、熟練者を教師として藩内各地に学校を設立すべきであると提言した。

実際の薩摩スチューデントは第一・第二両段階の折衷案となり、その規模も財政事情から縮小されたものの、基本構想は、五代の上申書がそのまま活かされたことになる。

薩摩スチューデントの構成

五代友厚の計画では、造士館から留学生を選抜することになっていたが、実際には、元治元年（一八六四）六月に設置された開成所の生徒から、多くが選ばれることになった。開成所とは、薩英戦争によって、海軍力の圧倒的な差を痛感したことを契機に、欧米列強に対抗できる軍事技術・諸科学および英蘭学の教育機関として設置された。

富国強兵策を推進するにあたり、根幹ともなる陸海軍事力の強化、それを駆使できる人材育成に主眼が置かれた。教授科目として、海軍・陸軍の砲術、兵法、築城など軍事の専門科目を中心に、天文、地理、数学、測量、航海、器械、造船、物理、分析、医学などの諸科学、それに加え、英語・オランダ語などが開設された。

その教授陣容には、目を見張るものがある。蘭学者の石河確太郎《かくたろう》をはじめ、英学者の前島密、中浜万次郎など、他藩の大家が多数招聘されている。変わったところでは、海援隊士の沢村惣之《その》丞《じょう》も数学を教授している。

なお、石河確太郎は、大和国高市郡の出身であったが、斉彬に見出されて集成館事業に参加しており、その中核を担った。開成所でも教授を務めたが、元治元年十月に側役の大久保利通に上申書を提出している。

その中で、石河は組織、カリキュラム、教官と学生の選抜基準などの改革案を示すとともに、具体的な氏名を挙げながら、生徒を留学生に推薦している。石河の後押しによって、開成所から多くの留学生を輩出したことは間違いない。

ところで、開成所の設置にかかわった藩士は誰であろうか。確かなことは分からないが、大久保利通が設置にかかわる、具体的な意見書を出していることから、中心にいたことは間違いない。当時、久光と藩政を統べていた小松帯刀は京都にいたため、決裁くらいにしかかかわれなかったはずである。なお、大目付町田久成《ひさなり》は、学頭（総責任者）の職である開成所掛に就いており、大久保と一緒に全体を構想したものと考えたい。

開成所の生徒数は七十名ほどで、造士館から選抜されたエリートであった。能力に応じて三段階に分けられ、まずは語学から講義が始まったらしい。当時は蘭学の時代が続いており、英語専修は十名足らずであった。また、生徒には給与が出ており、このあたりはユニークである。これは藩としての期待の大きさを物語っていよう。

では、実際に選ばれた薩摩スチューデント十九名を見ておこう。厳密に言うと、使節四名と留学生十五名に大別される。

使節一行の四名を紹介しておこう。正使・新納刑部《にいろぎょうぶ》（久脩《ひさのぶ》、大目付）、松木安右衛門（寺島宗則、船奉行、政治外交担当）、五代才助（友厚、船奉行副役、産業貿易担当）、堀壮十郎（通弁、通訳担当）であった。なお、本書では煩雑を避けるために、以下、新納久脩・寺島宗則・五代友厚の呼称を用いる。また、町田久成は留学生であると同時に、督学という留学生全体を束ねるポジションにあった。

この使節の使命は、五代の上申書をベースに組み立てられたものであるが、以下の四点に集約される。①薩摩藩をはじめとする大名領にある港を外国に開き、そこで自由に交易できるように、イギリス政府に協力を求めること、②富国策を実現するために、外国市場を調査し、薩摩藩として必要な製造用機械などを購入すること。

さらに、③強兵策を実現するために、必要な軍艦・武器などを調査・購入すること、④将来に向けて、必要な西洋知識を受容するために留学生を同行させ、現地で諸々の手配をして監督することにあった。五代は②③にあたる機械買い付けや商社設立などに奔走し、寺島は①にあたる外交交渉に心血を注ぎ、町田は④にあたる留学生全般を扱った。

留学生は十五名で、開成所から多数が選ばれている。特定の家柄、年齢からではなく、幅広く選抜されており、思想的にはあえて攘夷思想が強い上級家臣が含まれた。実は当初、このメンバーのほかに三名が候補となっていた。

その内の一名、町田猛彦は出発直前に変死している。一説には、自殺とも言われているが詳細は分からない。もう二名は、上級家臣の島津縫之助と高橋要で、留学を恥辱とまで考えており、強硬に辞退を申し入れた。

慶応年間薩藩藩費洋行者写真（薩摩スチューデント）。上の写真の後列左から畠山義成、高見弥一、村橋久成、東郷愛之進、名越時成、前列左から森有礼、松村淳蔵、中村博愛。下の写真の後列左から朝倉盛明、町田申四郎、鮫島尚信、寺島宗則、吉田清成、前列左から町田清蔵、町田久成、長沢鼎（鹿児島県立図書館蔵）

何と、久光が自ら説得したにもかかわらず、翻意せずに外されている。なお、この時、上級家臣である畠山義成《よしなり》も辞退していたが、久光の説得に応じて翻意している。督学である町田久成を除く上級家臣五人中、三人が辞退を申し入れ、実際に二名が外れている。

ここからも、五代の門閥層の攘夷家を加える意義が分かるのだが、結果として実を結ばなかった。ちなみに、辞退した二名のその後の経歴は分からない。ここが人生の大きな分岐点であったことだけは確かなようだ。

元治二年（一八六五、四月七日に慶応に改元）三月二十二日、薩摩スチューデント一行は薩摩半島羽島浦（現在の鹿児島県いちき串木野市羽島）を後にし、約二ヶ月後にロンドンに到着する。

彼らは一等船客として乗り込んでおり、船旅は基本的には何不自由のない快適なもので、しかも、日本からグラバー商会のライル・ホームが同行して、至れり尽くせりの面倒を見ていた。長州ファイブとは雲泥の差があったことは、誰の目にも明らかであろう。

長州藩はボトムアップ型であり、藩は黙認という形をとり、その費用も面倒を見なかった。一方、薩摩藩はトップダウン型であり、藩を挙げての政策の一環であり、費用も当面は潤沢であった。

そして何より、留学生の士気にもその影響は見られよう。もちろん、個人差もあり、大雑把な印象に止まるが、長州ファイブは自らの強い意志によって海を渡っており、悲壮感すら漂う。一方で、薩摩スチューデントは自分の意志にかかわらず、藩命によって、半ば強制的に船に乗せられたのだ。

しかも、若年層が多く含まれており、どこまで武士道が浸透していたか、いなかったのか、分からない。その志の違いが、その後の留学生の人生選択に、大きな影響を与えたことは否めないであろう。

つまり、長州ファイブはヨーロッパの思想、つまりその根幹にあるキリスト教に必ずしも感化されず、全員が「生きたる器械」となり、明治国家の建設に重要な役割を果たした。薩摩スチューデントの場合、キリスト教に影響を受け、精神的には西欧人に限りなく近づいたり、技術者や外交官などとして、新国家にまったく貢献できなかったりと、大きな相違を示した。

もちろん、薩摩スチューデントからも森有礼を代表とする、明治初期外交に貢献した外交官を輩出するなどしたが、スケールの点では長州ファイブに劣るかも知れない。これは、個々の資質の差というより、その前提となった諸条件によるものであろう。

3　薩長留学生のロンドン生活と世界観の激変

長州ファイブのロンドン生活

長州ファイブ一行が当時アジア最大の貿易港であり、国際都市であった上海に到着したのは、横浜出発から六日後の文久三年（一八六三）五月十八日であった。ここで彼らは、船を乗り継ぐのだが、到着早々、攘夷は実行可能であるという認識をあきらめざるを得なかった。

上海には軍艦が数えきれないほど停泊しており、その海軍力のすさまじさを目撃して、我が国の防衛能力が無いに等しいことを悟らされた。つまり、破約攘夷のために開戦に及ぶと考えていたが、まったく歯が立たないことに気づかされたのだ。

しかも、上海はあたかも西欧のようで、その繁栄の裏側で、中国人は直接の商取引を行えず、富も欧米人が独占しており、彼らの奴僕が如くあしらわれていた。攘夷実行による、日本の植民地化が容易に想像できる眼前の風景に、井上らは恐怖に駆られたであろう。

しかし、彼らにとっては日本の将来よりも、長州藩の行く末の方が気がかりであった。今回の海外渡航は、あくまでも藩主の君恩に報いるために、封建的な忠誠心から出た行為であり、その枠内でしか上海の光景を見ることができなかったのだ。

もう一点、上海でのよく知られたエピソードであるが、井上らはジャーディン・マセソン商会上海支店で渡航理由を尋ねられた。井上は「海軍学研究」(『世外井上公伝』)と答えるために、本来であれば「ネイビー」と回答すべきところを、「ネビゲーション」(航海術)としてしまった。そのため、ロンドンまでの航海は水夫としてこき使われ、食事も満足に与えられないなど、その待遇は劣悪を極めた。井上らは横浜支店の総支配人ガワーの紹介状を持参しているはずであり、なぜこのような誤解が生じてしまったのか、解せない点である。

井上の後日談によると、航海中にほかの水夫からも「ジャーニー」という蔑称で呼ばれるなどしており、そもそも人種差別の感覚があったのではないか。それにしても、薩摩スチューデントとは雲泥の差であった。

長州ファイブは、事前に英語を学ぶこともなく、渡航資金は自分たちで何とかしなければならなかった。航海にあたっては、イギリス人の同行者もいなかった。薩摩スチューデントが「客」として扱われていたのに対して、井上らは「水夫」以下であった。航海途中に各地を見聞し、思索を深める余裕など、皆無であったのだ。

上海から、井上・伊藤と他の三人はそれぞれ別の船でロンドンに向かい、井上らは、文久三年九月二十三日(一八六三年十一月四日)にロンドンに入港し、おそらく、そう変わらない日に先着していた山尾らと再会を果たした。マセソン商会のマセソンの斡旋によって、ロンドンのユニバーシティ・カレッジ・ロンドン(一八二六年創設、以下、ロンドン大学とする)で学ぶことになった。

当時のイギリスでは、ロンドン大学だけが信仰、人種、国籍の違いを超えて、学ぶ意志がある者すべてに対して、開かれていた大学だったからである。つまり、長州ファイブはオックスフォード大学やケンブリッジ大学で学びたくとも、学べなかったのだ。薩摩スチューデントもまた、その多くがロンドン大学で学ぶことになる。

ここで、さらなる幸運が彼らにもたらされた。井上らを迎え入れてくれた、ロンドン大学の中心人物が、アレクサンダー・ウィリアム・ウィリアムソン教授であったことだ。一八二四年生まれの化学者で、一八四九年からロンドン大学で教鞭を執った。

一八五五年からは、三十一歳の若さで英国王立学会会員になり、長州ファイブを受け入れたのは英国王立化学協会の会長に就任した直後であった。ウィリアムソン教授は、当時、イギリスの化学界における重鎮として活躍していた。

イギリスは、産業革命をいち早く経験し、帝国主義国家の先頭をひた走って、世界各地に植民地を形成した。こうして世界の富を集積した大文明国家であったイギリスにとって、日本は未開で野蛮な東洋の遠国に過ぎなかった。

そこには当然ながら、日本に対する蔑視感があってしかるべきであろう。しかし、ウィリアムソン教授は、長州ファイブを自宅に迎え入れただけでなく、ロンドン大学で自身が主宰する化学教室に受け入れて教育まで施したのだ。

これは、リベラルで慈悲深いウィリアムソン教授だからこそなせる業であったが、英語もろく

旧ウィリアムソン教授邸宅。プロヴォストロード16番地（写真提供 清水健氏）

に話せない井上らへのこの応対は、相当な勇気と決断を要したことであろう。ウィリアムソン教授は、まさに近代日本の出発の大恩人と呼ぶにふさわしい。

ウィリアムソン教授宅が手狭なため、井上と山尾が他の三人と別れて暮らすことになり、新たに画家アレキサンダー・クーパー宅が下宿先として紹介された。クーパーは、これ以降も日本人留学生を受け入れており、彼らの邸宅は現在も当時のままの姿で残されている。

井上らは、朝晩はウィリアムソン教授やクーパーの家で英語や数学を勉強し、昼間はロンドン大学へ行って教授の実験室で授業を受ける、そうした生活の繰り返しであった。もちろん、化学だけでなく、地質鉱物学、土木学、数理物理学など、個人の希望で自然科学系の学問をそれぞれ選択している。

日々の勉学は厳しいものであったが、彼らには苦痛などなく、むしろ旺盛な好奇心と向学心に支配されていた。そして、毎日ロンドン大学で学ぶうちに、次第に実証的で、自由主義的な学問環境になじみ始めた。

そこには、ともに学ぶ信仰、人種、国籍を異にする様々な学生仲間が存在した。井上らは彼らとの接触を通じて、価値観や世界観に、新たな刺激を与えられたことは間違いないであろう。

井上らはそういう仲間とともに、指導を受ける教授や助手たちから、最先端の実践的教育と思想を貪欲に吸収したのだ。とはいえ、井上らは下宿先と大学の間を往復するばかりではなかった。「生きたる器械」になるためには、西洋の文明そのものを実見する必要もあった。

語学力が急速に向上したこともあいまって、授業の合間を利用して、造船所、各種製造工場をはじめとして、造幣局、博物館、美術館などへ頻繁に通った。実際の西欧文明の見聞を通して、自らの血肉にしようと努めていた。「生きたる器械」になるため、寸暇を惜しんで行動したのだ。

井上・伊藤の緊急帰国――長州と日本滅亡の危機に接して

長州ファイブはロンドン到着後、当然ながら日本の情報に敏感になっていた。しかし、当初は語学力不足から、情報収集は叶わなかった。しかし、彼らの語学力は瞬く間に向上し、また、周囲からの助力も受けながら、ロンドンタイムズなどの現地の新聞から、辞書を片手に日本関連の記事を注意深く拾い始めた。

そして、おそらく一八六三年度中に、一八六三年十月二十一日（文久三年九月九日）のタイムズの中に驚くべき情報を発見した。井上馨らは、到着前の新聞にも検索をかけたのだろう。

そこには、長州藩による下関での外国船砲撃事件と薩英戦争の詳細な経緯が記されており、しかも、英仏米蘭の四ヶ国が長州藩を砲撃するための最終協議をしているという、衝撃的な一文が含まれていた。さらに、一八六四年一月に入ると、マセソンからも薩英戦争の情報がもたらされた。

井上らの焦燥感は、ピークに達した。井上らは「かような無成算の暴戦を継続するときは、連敗の結果は恐るべきであるから、疾《と》く幕府を廃して政権を朝廷に還《かえ》し、我が国家の統一を謀《はか》ると與《とも》に、攘夷の謬見《びゅうけん》を打破して開国の方針を執《と》らねば、国家将来の維持は決して望まれない」（『世外井上公伝』）と語り合った。

つまり、王政復古による国家統一を成し遂げ、攘夷という誤った見識を打破し、真の開国を国家の方針としなければ、日本を独立国家として維持することはできないという議論だ。そして、イギリスでいくら海軍の技術を学んだとしても、長州藩が滅んでしまっては元も子もないという思いに駆られた。よって井上は、伊藤博文に対して至急帰国すべきであると告げた。

井上は帰国の上、藩主や藩要路に対して西洋の事情を開陳し、攘夷をあきらめさせ、開戦を思い止まらせたいとして、他の三人と相談に及んだ。山尾庸三らも一緒に帰国することを望んだが、井上はそれでは「生きたる器械」となるものが一人もいなくなり、目的が果たせないと説得した。

井上と伊藤が帰国したのは、元治元年（一八六四）六月十日前後であった。ロンドンをいつごろ出発したのかは分からないが、おそらく三月末から四月初めにかけてであろう。長州藩、そして日本の危機を知ってから、わずか四ヶ月程度の滞在であった。井上らは志半ばという断腸の思いで、しかし、我が国の危機を救うために帰国の道を選んだのだ。

詳細は諸書に譲るとするが、その後の彼らは、藩要路と英国公使の間を行き来して、何とか武力衝突を回避しようとした。しかし、残念ながら交渉は時間切れとなり、四国艦隊下関砲撃事件（元治元年八月）を阻止するには至らなかった。

しかし、西洋の事情に精通し、英語を使える彼らの存在は、これ以降の長州藩の開国路線になくてはならぬものとなり、その先の明治政府でも同様であったことは歴史が証明している。仮に井上らが戻らなかった場合、どうなっていたであろうか。

おそらく、長州藩とイギリスの友好関係はここまでには至らず、明治国家もスムーズなスタートを切れなかったかも知れない。よくぞ戻ってくれたと言うべきであろう。そして、井上と伊藤の明治国家での栄達も、ここに決まったのだ。

ところで、井上らが帰国の決意をマセソン、ウィリアムソン教授やクーパーらに伝えた際、彼らはこぞって反対した。そもそも、学業の道半ばであり、しかも藩の政治にあずからない若者が何を言っても相手にされず、藩によって文字通り、殺されかねないという懸念からであった。しかし、井上らは信念を変えなかった。

そこには、藩意識を超えた日本の将来を危惧するナショナリズムの高揚と、植民地化への危機感が醸成されていた点を見逃せない。日本を出発するにあたって、井上らの国家は藩であった。彼らは、藩のため、藩主のために渡航したのだ。しかし、井上は「生きたる器械」になっても、長州藩が滅亡しては役に立たず、その長州藩は日本があってこその存在であるという思いを持つに至った。

また、伊藤も井上と同様に、日本の将来を危惧するナショナリズムの高揚があり、外国の侵略を防ぐためにも、その口実になりかねない対外戦争はもっての外であると考えた。さらに、西欧諸国が郡県制を敷いて国家の隆盛を図っており、日本における封建制を廃止する必要性を、早くもこの段階で確信していた。伊藤にとっても、国家概念は藩から日本に転換したのだ。

ここに、近代日本人としての意識の萌芽が見られる。藩意識を超えて国家レベルでの世界観を持つことができたことによって、長州ファイブの危機意識は研ぎ澄まされ、井上らの帰国を後押しすることになったのであろう。幕末留学生の国家観は、明治国家を形成する重要な基軸と成り得たのだ。

薩摩スチューデントのロンドン生活と神秘主義との出会い

ここからは、薩摩スチューデントについて、見ていこう。慶応元年五月二十八日（一八六五年六月二十一日）、一行はイギリスの港町サウサンプトンに到着した。そこに至る二ヶ月ほどにわたる長い航海の間、香港、シンガポール、ボンベイなどに寄港し、ロンドンに到着する以前から、多くの未知なる体験を重ねていった。

彼らは行く先々で、イギリスなどの巨大な艦隊、商業施設などが整った機能的で美しい西欧風の街並み、整備された道路や行きかう無数の馬車などに度肝を抜かれ、しかも、そこで使役されている現地人を嫌というほど目撃した。西洋文明の先進性と、それに従属させられたアジア植民地を目の当たりにするに及び、大きな衝撃を受けざるを得なかった。

特に英国海軍の要衝の地である地中海のマルタ島では、中世の城壁に囲まれた市街、荘厳な教会群など、初めて純粋な西欧文明に接し、留学生の感嘆は極限に達した。五代友厚・森有礼らの開明派は、その高度な文化や技術を深く洞察し、日本が未開であることに大いに憤慨した。

一方、畠山義成・吉田清成《きよなり》らの攘夷強硬派も、「此節遠行人数の内にも過半は巨魁たる人物有之、地中海『マルタ』島港に着、始て欧羅巴の開成張大なるを実験して忽ち蒙昧《もうまい》を照し、是迄主張せし愚論を恥ち慨歎《こうがい》して止ます」（五代友厚書簡、慶応元年十月十二日）と、それまでの認識を改めた。畠山らは己の愚昧さに気づき、貿易による富国強兵論に一気に傾斜していった。ロンドンに

グラバーの実家（写真提供　清水健氏）

到着する前に、すでにその世界観は変化を見せ始めていたのだ。

ロンドンでは、奇しくも長州ファイブ同様に、後に述べる英国下院議員ローレンス・オリファントの仲介によって、ウィリアムソン教授の世話を受けることになった。彼らは、ロンドン大学の大学教員宅に二名ずつ分宿し、ロンドン大学で学ぶことになった。

なお、薩摩スチューデントの中で最年少の長沢鼎《かなえ》のみ、まだ十三歳であったため、大学の入学年齢に達していなかった。そのために、スコットランドにあるグラバーの実家に寄宿しながら、アバディーン・グラマー・スクールに通うことになった。

ロンドン大学での専攻は、渡航前にあ

らかじめ決めていた内容をもとに、ウィリアムソン教授の助言を得て決定した。軍事学が中心であるが、造船・軍用測量・医学産業、そして英文学に至るまで多様である。文学というのは、出発以前には考えられない領域である。長州ファイブと違って、文学が対象となったことは意義深い。

長州ファイブは全員が、「生きたる器械」となることを使命としており、それこそが日本の将来に役立つと信じ、そこに邁進した。もちろん、その過程では、近代西欧文明を根底で支えている「西洋の真髄」そのものを見極める必要性も理解していた。

一方、薩摩スチューデントは、「生きたる器械」となるための学問を習得するだけでなく、長州ファイブより一歩踏み込んで、その学問を培ってきた「西洋の真髄」も探るべきと判断した。こうした意識の違いは、どこから生じたのであろうか。それは、両者に使命感の強弱や、勉学を始めるにあたっての環境が違い過ぎたからに他ならない。

つまり、薩摩スチューデントの「生きたる器械」となる強い使命感は、人によっては必ずしも醸成されておらず、また、ロンドン生活は当面は資金も問題がなく、サポート態勢も万全であり、特段の問題がなかった。「西洋の真髄」を理解するための一助として、文学の選択が可能である環境があったのだろう。

なお、薩摩スチューデントが政治的な、あるいは先々の進路をどうすべきかといった様々な判断を下し、また、世界観を変容するにあたっては、ロンドン到着後、まもなく親しくなったローレンス・オリファントの影響も見逃せない。その当時は英国下院議員であったが、在日本英国公使館の一等書記官として日本に赴任した経験を持つ。

しかし、オリファントが日本に到着して、まだ一週間程度しか経っていない文久元年（一八六一）五月二十八日、水戸浪士の襲撃を受けた第一次東禅寺事件に巻き込まれ、重傷を負ってしまい帰国せざるを得なかった。にもかかわらず、オリファントは終生、親日家を貫き、日本贔屓な活動を展開し続けた。日本にとって、稀有な大恩人であった。

そのオリファントは、当時、アメリカの神秘主義者・宗教家トマス・レイク・ハリスに激しく傾倒していた。ハリスは、西洋キリスト教社会の偽善や腐敗を非難し、西洋文明自体にも否定的な見解を示して、物質にとらわれない精神の重要性を説いていた。

この思想は、オリファントが抱き始めたものと同じであり、ハリスの教義にとりつかれてしまった。そして一八六七年、議員を辞職して、薩摩スチューデントの一部とともに、ハリスとの宗教的共同生活に入るために渡米するに至る。

オリファント

薩摩スチューデントも、オリファントを通じてハリスと出会うことになる。ハリスが薩摩スチューデントに与えた影響が、相当なレベルにあったことは、その後、オリファントと渡米する留学生が、森有礼・吉田・畠山・長沢・鮫島尚信《さめしまなおのぶ》・松村淳蔵《じゅんぞう》の六名に及んだことからして、容易に推察が可能である。

薩摩スチューデントの多くは、「生きたる器械」となるだけでなく、西洋文明を形作る「西洋の真髄」が何であるのかを突き止めることに強い関心を持った。その際に、全員ではないが、一部はハリスの神秘主義的な伝道に大きく影響を受け、ヨーロッパの思想、つまりその根幹にあるキリスト教を必要以上に享受してしまった。

一八六七年七月、留学生のうち六名がロンドンを出発し、ハリスが主宰するニューヨーク州のコロニーでの共同生活を始めた。この背景には、ハリスへの傾斜だけではなく、幕末の動乱によって、薩摩藩からの学資金が滞り、帰国するかアメリカに移動するかの二者択一を迫られたという事情もあった。

しかし、ほどなく吉田・畠山・松村はハリスの教義に疑問を覚え、コロニーを脱退してアメリカ国内の大学に入学する。また、森・鮫島は、ハリスから日本国家の危機を救うことを命ぜられ帰国する。その後、彼らの多くは外交官として欧米に赴任した。彼らは「西洋の真髄」を知り得た者として、明治国家の初期外交に尽力した。この段階で、名実ともに近代日本人、そして最初の国際人になったのだ。

なお、長沢のみが生涯帰国せず、「カリフォルニアのワイン王」になり、地元の名士として一生を終えている。彼は近代日本人であると同時に、日本人移民の最初となった。これは弱冠十三歳で渡英し、一人でスコットランドに向かい、そこで二年間学んだことが大きく影響している。

彼は真のクリスチャンとなり、西洋人として生きたのである。

ラジカルな国家観を醸成する五代友厚と寺島宗則

留学生以上に西洋に衝撃を受け、政治的思考をめぐらしたのは、使節として派遣された五代友厚と寺島宗則であった。彼らは元来の開明派ではあったが、ロンドン到着と同時に、今後の日本について、大きな憂いを感じていた。

五代は、日本人を傲慢で地球が広いことを知らず、国内の動揺によって、むなしく年月を費やしている井の中の蛙《かわず》であると手厳しく突き放す。そして、今は北にロシア、西にイギリス・フランス、東にアメリカが存在し、最後にはその沓《くつ》を取ることになると述べ、つまり、欧米による植民地化を強く憂える。

また、その時になって憤慨し、倒れるまで戦って敗れてしまっては、まったく無益なことである。速やかに、これまで綿々と続いてきた国家の欠陥を明らかにし、無知蒙昧さを自覚し、通商を行って富国強兵を図ることに、尽力しなければならないと訴えた。

その前提となる具体的な方策として、五代は公家・大名をはじめ、諸藩の家老クラスから選抜し、そこに過激攘夷派の巨魁も加えた視察団を西欧に派遣する。そして、彼らの十分な観察を踏まえた上で、国策を論じて決定し、挙国一致で実現することを提言する。

こうして、富国強兵を実現し、国勢が奮い立てば、十数年後にはアジアで覇権を握れるとまで断言する。五代はこうした思索から、留学生の派遣は時期尚早であったと反省の弁を述べ、薩摩藩要路の西欧視察が先決であったことを繰り返し嘆き、その早期実現を希望した。

五代は、想像以上に進歩した西欧文明に接し、日本の抜き差しならぬ後進性に、めまいすら覚えたのであろう。しかし、その絶望感に拘泥することなく、日本の指導者、この段階では、支配者層の啓蒙啓発を実地で行い、富国強兵のための国策を立案して、挙国一致で邁進することに活路を見出そうとしていた。

五代は日本出発の前に、幕府から外交権を朝廷に移行し、一諸侯となった徳川家も含め、朝廷の下での国家体制の実現を目論んでいた。そして、藩は自由貿易を独自に行える権限を持つ、地方分権制を念頭に置いていた。

しかし、五代は、それでは欧米に対抗できる国家を形成できないと判断し、藩を超えた国家レベルで西欧諸国に対峙することを念頭に置いている。つまり、天皇を戴く中央政権の下に挙国一致体制を構築し、藩権限は抑えるべきではないかという考えに至った。

このような五代の志向性は、版籍奉還、その先の廃藩置県を漠然としながらも見据えており、すでに明治国家を先取りしたものであった。確かに、王政復古を志向していた志士は少なからず存在したが、藩の否定には至っていない。五代は、近世日本社会を脱した、近代日本人としての国家観と言えるレベルにすでに達していたのだ。

寺島宗則に至ると、それはさらに先鋭化してくる。寺島は当初、幕府から外交権を奪い、それを朝廷に帰属させることによって王政復古を実現し、その許可の下、諸藩が通商条約を個別に結び、貿易を行えるほどの権限を持った連邦国家を志向していた。

しかし、ヨーロッパ滞在によって、その方向性は中央集権的な国家観に変わっていった。ここまでは、五代と同様である。後述するロンドン外交で一定の成果を収めた寺島は、慶応二年（一八六六）五月二十四日、村橋久成とともに鹿児島に帰国した。寺島はその道中において、小松帯刀への建白書を認《したた》めている。

その中で、寺島は諸侯から構成される国会とも言える議会「会院」の設置を構想しており、しかも、「会院」の三分の二の多数決で議決された案件は、天皇の拒否権がないとされた。極めて近代的で、驚くほど開明的な内容である。

寺島宗則

さらに、寺島は慶応三年（一八六七）十月には、統一的で中央集権的な新国家建設を実現するため、版籍奉還を求める建白書を小松帯刀に提出している。版籍奉還とは、藩が領地（版図）と領民（戸籍）を朝廷に無条件で差し出すことであり、つまり藩は消滅し、大名権力の終焉、ひいては封建制の廃止につながるものである。

この発想は、幕府が存在しているこの段階では、思いもつかないユニークさを持つものである。そして、寺島を含む武士身分は、封建制があって初めて支配階級として存在できたのであり、自らの地盤を崩壊させる版籍奉還は極めて危険な考え方であった。

寺島は、その構想を帰国前後から温めていたと自叙伝に記しており、これも渡英の大きな成果であろう。この発案は、知られている限り、慶応四年（一八六八、九月八日に明治に改元）二月、木戸孝允が三条実美・岩倉具視に版籍奉還の建白書を提出したよりも四ヶ月も早く、最も早いものである。寺島は版籍奉還を建白したことにより、最もラジカルな近代日本人となったのだ。

第九章

ロンドン薩長同盟

――幕末史を動かした留学生ネットワーク

1　ロンドン薩長同盟——留学生ネットワークの誕生と幕府の横やり

長州ファイブと薩摩スチューデントの邂逅

ロンドンへの到着は、長州ファイブの井上と伊藤が文久三年九月二十三日（一八六三年十一月四日）、山尾ら三人もほぼ同時期、薩摩スチューデントが慶応元年五月二十八日（一八六五年六月二十一日）であった。この間約一年半が経過しており、すでに井上馨と伊藤博文は、薩摩スチューデントが日本を発つ九ヶ月ほど前には帰国していたことになる。

長州ファイブ（正確には長州スリーではあるが、便宜的にこの呼称を通す）と薩摩スチューデントの両者が、ロンドンという異国の地で邂逅するには、多くの時間を要しなかった。日本から同行し、そのまま薩摩スチューデントの面倒を見ていたライル・ホームが、山尾庸三・遠藤謹助・野村弥吉の三人に、偶然にも宿舎近くの路上で二日続けて出くわした。

それは、一八六五年六月二十四・二十五日、両日のことで、山尾らは薩摩スチューデントの存在を聞き及び、ホームを介して面会を申し込んだ。そもそも、薩英戦争後の講和談判で、薩摩藩が留学生派遣を希望している旨を新聞が報じており、それを見聞して渡英の可能性を知っていたのかも知れない。

しかし、薩摩スチューデントは山尾らの存在を当然知る由もなく、相当な驚きをもって迎え入れることになった。しかも、ロンドン到着後、まだ二週間程度しか経っていない段階であった。山尾らは七月二日に宿舎を訪ね、この間の経緯を話すなど、五時間もの歓談に及んだ。

当時の日本における薩長関係は、最悪の段階であった。前年の元治元年（一八六四）七月に禁門の変が起こり、長州藩は薩摩藩を中心とする官軍に惨敗し、しかも、山尾らの多くの同志が戦死している。さらに、第一次長州征伐が終了したばかりであり、薩長両藩はまさに不倶戴天の敵に相違なかった。

彼らは、薩長が日本では敵対関係にある事実を十分に理解していたが、両者は面会を果たし、お互いの苦労話を披露し合い、あっという間に親密度を増していく。これを単純に、異国にいる寂しさが故などと、片づけるわけにはいかない。

山尾庸三

ところで、森有礼は山尾らの第一印象として、山尾のみ誠実で優秀な人物であり、野村と遠藤は魅力がないと評している。これは野村らにとって、酷な評価である。その後、野村らも輝かしい経歴を残しており、山尾は政治家、野村と遠藤は技術者であり、キャラクターからくる印象に過ぎないであろう。

森有礼（国立国会図書館蔵）

なお、彼らがロンドンで邂逅したまさに同じ日に、日本ではイギリスの新任公使パークスが横浜に向かう途中で下関に立ち寄り、桂小五郎と歓談に及んだ。その時に同席したのが、井上と伊藤であった。ロンドンと下関で、歴史が回転し始めた瞬間である。

薩摩スチューデントと長州ファイブが初めて会った翌日には、山尾からの提案で、両者はロンドン大学での体育祭をともに観戦している。また、薩摩スチューデントの初めてのロンドン見学も、山尾の世話と案内によった。

七月二十五日、彼らは兵器博物館と造船所を訪れている。両者連れ立っての最初の訪問先が、このような場所であった事実は、日本人留学生の目的が、洋式兵器や軍艦といった軍事技術の修得にあったことを証明していよう。

この時の双方の心情は、いかなるものであったろうか。長州ファイブのロンドン生活は、もうこの段階で約一年九ヶ月に及んでおり、藩意識を超越した近代日本人としての自覚が芽生えていた。そうでなければ、薩摩藩士に面談を求めることなどなかったであろう。

彼らは、母国での関係を度外視して、同じ日本人として大いに異国の地で助け合いながら、研《けん》鑽《さん》を積みたいと志向していたであろう。よく言われるような、薩摩藩の内情探索を主たる目的とした行為とはとても思えない。

一方で、薩摩スチューデントは到着後一ヶ月程度しか経っておらず、森が「観察」していると書き残しているように、長州ファイブと違って、警戒心をもって山尾らと接触したことがうかがえる。しかし、前述したロンドンに至るまでの様々な見聞を通じて、彼らも藩意識を超えて日本を客観的に見ることが、ある程度は可能になっていたことだろう。

もちろん、この地の先輩である山尾らのアドバイスを得たかったという、打算的な思いもあったかも知れない。いずれにしろ、同じ密航留学生としての親近感もあいまって、彼らも長州ファイブを受け入れることが叶ったのだ。さもなければ、初対面の翌日に同一行動などとれるはずもなかろう。

両者の交流はその後も続いた。特に、山尾は積極的に薩摩スチューデントとの交流を図り、肝胆相照らす仲になっていった。山尾はロンドン塔など市内を案内し、また、両者はウィリアムソン教授に引率され、ロンドン郊外ベッドフォードに出かけて、市長をはじめとする市民の大歓迎を受けた。

そこでは製鉄工場を見学し、また、大農場で農業機械の操作なども一緒に行った。ベッドフォード訪問の様子は、タイムズ紙に掲載されたが、国禁を犯した日本の若者たちがイギリスでは大いにもてはやされ、一挙手一投足が耳目を集めて報道された。摩訶不思議な光景である。

ロンドン薩長同盟の結成

長州ファイブと薩摩スチューデントは急速に接近し始めたが、ここに一つのエピソードがある。山尾庸三は、クーパー邸で薩摩スチューデントの一人、村橋久成と同宿していたが、造船技術を学ぶため、ロンドン大学を退学してグラスゴーに赴くことになった。しかし、この段階で山尾らは学費もままならぬほど困窮を極めていた。

当初の目的である海軍技術の修得のために、造船所に赴くことが最大の目的ではあったものの、山尾は職工をしながらグラスゴーで学ぶ決意を語っており、まさにロンドン大学での学費に窮していた証である。そもそも、山尾にはグラスゴーに行く旅費すらもなかった。そこで山尾は、町田久成に対して、旅費の借用を願い出たのだ。

町田は、藩から支給されている公金には、手を付けることはできないとしながらも、一計を案じた。薩摩スチューデントに対して、一人当たり一ポンド（当時約二両、現在の約二万円）を義捐金として募り、十六ポンド（約三十二万円）を渡している。

これによって、山尾はグラスゴーに行くことが叶い、昼間は造船所で働き、夜はアンダーソンズ・カレッジで勉学に真摯に打ち込んだ。また、グラスゴーの造船所では聾唖《ろうあ》者が健常者と一緒に働いており、教育の面でも利益の面でも、大きな成果を挙げていることに感嘆した。

山尾は後年、工部卿（大臣）に就くなど工学関連の重職を歴任し、また、工学寮（東京大学工学部）や楽善会訓盲院（盲聾学校）の設立に尽力した。これらは、グラスゴーでの体験が大きく影響している。

山尾は薩摩スチューデントに対する恩義を忘れず、時折手紙で近況を伝えた。また、幼少であったため、中学から学ぶことになり、一人遠方のアバディーンにいた長沢鼎について、山尾は寄宿先のグラバー家まで様子をうかがう手紙を出し、その結果をロンドンに伝え、仲間を安心させている。彼の人柄が示された、心温まる話である。

ところで、山尾は薩摩スチューデントを引率し、市内を案内するなど交流に努めたが、その一方で、「町田久成日記」によると、新納久脩・五代友厚・寺島宗則の視察組との接触も繰り返している。彼らとは、留学費用の相談といったこともあったが、政治的なやり取りも当然あったはずである。つまり、共同しての対イギリス工作の密議がなされたとしても、まったく不思議ではない。

また、森有礼が横出安武宛書簡の中で、「三人（長州ファイブ）とも心を薩藩江傾け居候趣きニ見へ申候。追々噺《はなし》之模様左様ニ聞し可申候。左候得は、最早日本之人気大概西国江傾候得共、誠ニ追々は楽敷《たのしき》時世ニ成立申候半、御互ニ可奉存《ぞんじたてまつるべく》候」（『森有礼全集』）と記していることは見逃せない。

これによると、三人とも薩摩藩に心を傾けている様子で、そのことは、繰り返し対面する中で、彼らの話し振りによって、確信に変わっておりますと、長州ファイブ側からの親薩摩藩的なアプローチがあることを伝える。

そして、もしそうであれば、もはや日本における人心はあらかた西国（薩長両藩）へ傾くようになり、誠にこの先は楽しい時世が到来するでしょう。そのことを、お互いに心得ておくべきでしょうと、その後の見通しを述べる。まさに、来るべき日本での薩長同盟、その先の政治変革を予見している。

このようなエピソードから、薩長同盟が日本に先駆けて、ロンドンの地で結ばれたとしても過言ではなかろう。少し大げさな言い方かも知れないが、これを「ロンドン薩長同盟」と呼称したい。

ところで、長州ファイブも薩摩スチューデントも、日本における両国の立場や関係を十分に認識していた。にもかかわらず、こうした交情が成り立ったことは、やれ薩摩だの長州だのと言っている場合ではなく、日本人として一致団結する必要を感じていたからに他ならない。

彼らは西洋の巨大な文明、軍事力をまざまざと見せつけられ、日本の危機を肌で悟った。よって、藩同士がいがみ合い、つぶし合うことは愚の骨頂であり、むしろ連帯して外国にあたるべきであるという思いを強くしたであろう。

同じ日本人として、薩摩も長州もなく、異国の地で手と手を取り合った事実は軽視できない。日常的な交流を持ち、政治的な密議を凝らし、将来的な共同による幕府対峙を志向する、まさに、ロンドン薩長同盟の結成である。

森有礼は、今回のロンドン薩長同盟を、西国諸藩による日本の変革の兆しであると捉えていた。森の目には、日本の封建社会はもうもたないと映っていた。つまり、幕府に対抗する新たな国家ビジョンが森の中では形成されつつあったのだ。そのために、長州藩との協力態勢は必要不可欠と考えたのであろう。森の政治家としての資質の高さである。

さて、薩長留学生は日本史に先駆けて、この地でロンドン薩長同盟を結ぶことに成功した。そして、彼らは封建制を乗り越え、藩同士の垣根を取っ払い、来るべき日本の富国強兵や殖産興業に備えて、「生きたる器械」になろうと必死に研鑽を積んでいたのだ。その事実は、最初の近代日本人の誕生にも大きく貢献していたと言えよう。

ところで、長州藩は長州ファイブを渡英させてから約二年後、新たな留学生をロンドンに送り込んだ。南貞助《ていすけ》と山崎小三郎の二名であった。しかし、山崎はロンドン到着からわずか約五ヶ月後の慶応二年一月二十七日（一八六六年三月三日）に病死してしまう。

死因は肺結核であったが、病気の原因は過度の困窮、つまりお金がなかったことにある。長州藩の場合、建前としては藩の許可を得られるものの、あくまでも黙認程度であり、諸経費についても、自分で都合を付けなければならないことが多かった。

山崎もその例に漏れず、しかも語学力もない彼には、異国の地で資金を工面することなど不可能であった。山崎は大都会ロンドンにいながら、極寒の暖房もない宿舎の中で、薄着で通さざるを得なかった。病気にならない方が不思議であろう。

わずか二十二歳で死亡した山崎の追悼記事が、地元新聞に掲載された。そこにはウィリアムソン教授ほか、十二名の日本人留学生が葬儀に参列したことが記されていた。長州藩からは野村弥吉と山崎に同行した南の二名が参列したが、残り十名は薩摩スチューデントであった。

ここにも、薩長留学生の固い絆が確認でき、ロンドン薩長同盟が存在している証の一つに数えることができる。それにしても、同胞を死なせてしまった悔恨の思いは、留学生全体を覆ったことであろう。

幕臣・藩士の垣根を越えた留学生サークルの誕生

ロンドン薩長同盟は、その後は枠組みを拡大し、日本人留学生の全体をカバーするネットワークの役割も果たした。イギリス留学生サークルとでも言うべきものである。例えば、慶応二年二月十一日（一八六六年三月二十七日）にロンドンに到着した、佐賀藩士石丸安世《やすよ》・馬渡八郎、芸州藩士野村文夫はアバディーンに滞在して勉学することになった。

薩摩スチューデントの一人、長沢鼎はすでに三人がアバディーンに来ることを承知しており、到着の翌日には早速訪ねている。また、野村弥吉は同日の日記の中で、当時の密航留学生の詳細でほぼ正確な情報、例えば氏名・変名、出身藩、旅程、滞在地などを記しており、ここから、イギリス留学生サークルの存在を確信し得るであろう。しかし、そのサークルの輪は、密航留学生に止まらなかった。

オランダのライデン大学で学んでいた幕府派遣留学生の西周は、「薩之貴族英国に在り、諸処《しょしょ》之大機器を視て驚咳し、我一国の力之及ふへきに非されとも、其中一二種は必購《あがな》ひ帰るへしと云へりと、長州人三人英に在り、二人は舎密《せいみ》を勉め、一人造船を学び居ると云」(加藤弘之宛書簡、慶応元年十二月十二日、『西周全集』)と薩長留学生に対する情報を開陳する。

また、「薩州学生十五人倫同《ロンドン》に到り居る、其内三四人は余程達学も出来べし、一人前一ヶ年七百余金の費なり」と、薩摩スチューデントの情報をかなり的確に伝えている。西のこうした情報は、薩摩スチューデントから直接入手しなければ分からないレベルであるが、実際、西と津田真道はパリに立ち寄り、新納久脩、五代友厚と面会している。

「五代廻国日記」によると、西らはパリ滞在の十日間ほどは、五代らと連日行動をともにし、この間、両者はホテルで歓談したり、一緒にパリ市街を散策したりして非常に親しくなっている。日本においては、疎遠になっていた幕府と薩摩藩の要人が、パリの地ではにこやかに談笑している事実は面白い。西と津田がパリを離れるにあたって、五代らは餞別として六百フランを与えている。

西が幕府の留学生であり要人でありながら、五代ら薩摩スチューデントと親しく交流することができた背景には、どのような世界観の変化があったのであろうか。西は、アジアが直面している列強による植民地支配という構図を認識しており、欧米間では普遍的な法の支配、万国公法によって国家間の平等や平和が保たれている事実を理解していた。

そして、西欧列強の帝国主義的な侵略行為への対抗措置として、万国公法に基づく世界新秩序に対応し得る統一国家としての日本を意識していたことは先に述べた通りである。西は、すでに幕府官吏という殻を突き破り、近代日本人として脱皮をしていた。だからこそ、薩長留学生の存在を肯定的に捉えることが叶ったのだ。

この事実からも、日本人留学生の中では、幕府だの薩長だのといった藩レベルの意識はほぼ消え失せており、同じ日本人としてのアイデンティティーの共有が見られる。幕末留学生は、最初の近代日本人と考えても差し支えなかろう。

外国奉行、ロンドンで密航留学生の活動を邪魔する

一方で、幕府サイドは密航留学生をどのように捉えていたのだろうか。その事実を最初につかんだのは、先述した遣欧使節の外国奉行柴田剛中である。彼ら一行は、慶応元年十一月二日(一八六五年十二月十九日)にロンドンのイングランド銀行を視察した際に、長州ファイブと新納久脩、五代友厚そして通訳の堀壮十郎の記帳を発見して驚愕する。

田辺太一ら随行員は柴田に対して、幕府の許可なく渡欧した密航留学生を呼び出して、事情を質した上で取り締まりを行わないと、幕府は日本政府として、西欧から認められなくなると迫っ

た。

しかし、柴田は藪蛇《やぶへび》になるとして、その意見を退けたため、幕府要路と密航留学生の、ある意味歴史的なロンドンでの接触の機会はなくなった。田辺は、この事なかれ主義をいぶかしみ、かつ不満に思った。

一方で、柴田はイギリス外相に対して、幕府の許可なく渡航した留学生を、海軍学校に入学させないように要請して妨害を図った。しかも、帰国後にとやかく言われることを不安に思い、密航留学生との接触を極端に嫌い、随行員にも徹底させた。こうした態度の柴田を、五代は俗物と切り捨てる。

さらに五代は、柴田は帰国後、薩摩スチューデントへの対応を、どう申し開きすべきかのみに苦心惨憺であると嘲笑《あざわら》う。そして、この程度の人物しか派遣できない幕府の実態を痛烈に批判した。五代は、幕府を完全に見限ったのだ。

また森有礼は、柴田らは表向きには武器などを買う触れ込みでフランスまで来ているが、内実はフランスと手を組み、今後の政権維持を図ろうとしていると警戒する。これは、日本で西国雄藩が幕府・フランス提携を警戒する見方と同じである。

森は続けて、幕府はすでに薩摩藩が留学生を派遣している事実を知り、このことが、後々の災いのもとになると判断した。よって、薩摩藩に対抗するために、柴田らが渡欧したとも言われている。もしこのことが事実であれば、笑止千万であると手厳しい。幕府がこのように諸藩と政争を繰り返すことは無意味であり、皇国の発展のために妨げになるだけであると、幕府を非難した。柴田の渡欧目的などの事実誤認はあるものの、森もまた、幕府を突き放している。

こうした、柴田をはじめとする幕吏の対応に対し、当時の留学生はもちろんのこと、後世の歴史家も幕府の旧態依然とした後進性を批判するが、幕吏の取った態度は仕方がない側面もあるのではないか。結果から見れば、いかにも時代遅れで姑息な対応であり、日本の将来に適さないものであったことは確かである。

しかし、為政者側の立場からすれば、国禁を犯した密航留学生を容認することなどできるはずもない。幕吏は幕吏で、自身の職務を全うしただけである。また、その事なかれ主義についても、当時の圧倒的多数の官僚は同様の態度を示したであろう。後世の視点から、当時を逆算して捉え、その是非を問うことに、私たちは慎重な態度を取るべきであろう。

ところで、五代は幕吏批判を展開する一方で、密航留学が幕府に知られるに至ったことに、深刻な憂慮を示した。柴田が帰国すれば、幕府から薩摩藩へ尋問があるかも知れないとして、あらかじめ問答集を作成し、慶応元年十一月八日に家老桂久武《ひさたけ》に送付した。

五代のきめ細やかな配慮の背景には、フランスの実業家モンブランとの間で、薩摩藩とベルギーの貿易商社設立の契約（八月二十五日調印）を推し進めるにあたり、何らかの妨害が幕府から入るのではないかといった、悪影響への不安があろう。このベルギー商社の設立は、産業貿易担当の五代にとって、最大の使命であり業績であったからだ。

五代は問答集の中で、薩摩スチューデントの派遣目的として「夷情探索」「海軍技術の導入」「機械・物産の購入」の三点を挙げている。その目的は、国禁にもかかわらず、国家興廃にかかわる時節なので、やむを得なかったと説明している。

五代は続けて、薩摩スチューデントはすでに新聞紙上で取り上げられるほど有名になっている。特にフランスでは、島津久光がナポレオンと比較され、日本をリードするのは久光しかいないとさえ言われており、名誉なことであり難い。

しかし、幕府の尋問に対して薩摩藩が留学生派遣を否定すれば、その情報が直ちに横浜から西欧に伝わり、新聞に掲載されてしまう。そうなれば、それ以降、薩摩藩は西欧では相手にされなくなるであろうと、その世相を伝え、藩政府の善処を求めた。

五代の心配にもかかわらず、幕府からの尋問はなかった。日本人の海外渡航を認める機運が、幕閣内に出てきたことも大きな要因であったが、むしろ、政治的要因の方が重要である。

柴田の帰国は慶応二年（一八六六）一月で、薩長同盟が結ばれたわずか五日後であり、まさに風雲急を告げる事態の中であった。当時の状況は、第二次長州征伐をめぐって政局が混乱しており、幕府は薩摩藩を味方に引き入れようとしていたが、うまくいかず、その抗幕姿勢に神経を尖らせていた。このような中で、薩摩藩を刺激するような言動は、はばかられたであろう。

このように、江戸・京都・ロンドンで繰り広げられていた政治的動向、つまり薩長同盟の成立や幕府と薩摩藩の対立など、実は点として存在していたのではなく、それぞれに影響を及ぼし、連動していたのだ。まさにグローバルな世界の中で、幕末政治史は展開していたことになる。

2 長州ファイブの対イギリス工作

長州ファイブと外交官ラッセルの会談——外交権奪取による無血倒幕

薩摩スチューデントと長州ファイブの活動は、海軍技術を中心とする西洋文物の修得に止まらなかった。薩摩スチューデントの寺島宗則は自力で、一方、長州ファイブの山尾庸三・遠藤謹助・野村弥吉は他力ではあったが、イギリスの対日交渉に影響を与える活動を行った。

最初に、長州ファイブの対英交渉の業績であるが、これは犬塚孝明氏の「レジナルド・ラッセル覚書」（『日本歴史』六六一号）に詳しい。この覚書（一八六四年七月一日）は、ロンドン郊外にある国立公文書館の、対日外交関連のイギリス外務省文書の中に存在している。ここでは、犬塚氏の成果をもとに具体的な内容に迫ってみよう。

ラッセルは、文久元年（一八六一）六月末に駐日公使館一等書記官に任命されたローレンス・オリファントの随行員として、高輪東禅寺の英国公使館に赴任した。その後、臨時通訳官となり、二年四ヶ月ほど滞在していたが、文久三年（一八六三）十月ごろに帰国している。

井上馨と伊藤博文が帰国した後、元治元年五月末ごろ、西暦では一八六四年六月末ごろに当たるが、ラッセルはロンドンに残った山尾ら三人に、インタビューを二度、英語と日本語を交えて長時間にわたって行っており、その内容を記録している。以下、その一端を紹介しよう。なお、政治的資質の比較からして、ほぼ山尾が回答したものと考える。

長州ファイブがロンドンに派遣された目的を尋ねられ、山尾らは「応用化学」「藩国の人々に役立つ技術」「ヨーロッパの言語」を学ぶためであると答える。そして、当初五人であったが、井上・伊藤がすでに帰国したと述べる。

その帰国理由は、彼らのヨーロッパでの見聞を藩主に報告し、大量の留学生派遣を要請するためであったとした。その時は、英仏米蘭の四ヶ国艦隊との開戦を阻止するという、本来の理由については、明確な回答をしていない。

次いでラッセルは、長州藩主は自らの命をかけて国禁を犯し、家臣を西洋に派遣しようと考えるほど、西洋文明を理解し、その技術を学ぶことに熱心であると述べる。そして、実際に下関で交戦した西洋列強と、友好関係を築きたいと考えているのであれば、なぜ長州藩は外国船を砲撃したのかと尋ねた。

山尾らはその理由について、西洋人に対する攻撃という非常手段によって、憎むべき大君（徳川将軍家）の「不誠実な政府」、つまり幕府を倒すきっかけとし、それを実現するためであると答える。

そして、幕府が握っている政治権力を、正当たる主権者である「ミカド」、すなわち「正統なる皇帝」（天皇）へと取り戻す必要がある。つまり、王政復古を実現することによって、国内の秩序を回復することを真の目的としている。

そのためには、幕府を西洋列強と不和にすることで弱体化させる必要があり、外国人を追放することを意図しているのではないと断言した。山尾らは、倒幕志向を鮮明に表明し、長州藩のみならず他の多くの有力大名、さらには日本国民も同様の考えを持っていると強調した。

山尾らは続けて、欧米列強が天皇と直接条約を結ぶことを提案する。その理由は、現行の通商条約は「真の皇帝」（天皇）によって認められておらず、我が国の自然な国民感情に従うものではない。

そこで、外国勢力が日本人すべてに尊敬されている「ミカド」と、通商条約を直接結び直せば理に適う。そうすることで、幕府の持つ貿易独占権が排除され、外交と貿易の利益がすべての国民に届くようになると説明する。

外国人に加えられる、あらゆる残虐な攻撃、つまり、過激な攘夷行動の原因は、すべて幕府の「ミカド」に対する虚偽と「不正な条約」にある。この偽りの条約が存在している限り、外国人はいかなる莫大な利益も、決して得ることはできないだろう。また、安心して気楽に、日本で生活することもできないだろうと断言した。

最後にラッセルは、現在の通商条約が、「ミカド」によって批准されるにはどうすべきかを尋ねた。山尾らは、そもそも「ミカド」は、自身の同意なしに調印された条約の承認を拒むであろう。しかし、もし外国人たちが京都で、「ミカド」と話し合うことができれば、「ミカド」は条約を結ぶことを、容易に納得されるであろうとの意見を述べる。

また、現在の条約を無効にして、「ミカド」へ外交権を移行させることによって、強大な西洋諸勢力との同盟を、大君から取り上げることになる。現在も大君の権威を支持している日和見主義の大名、そして事態がどう展開するかを見守っているだけの多くの中立派の大名が存在する。

しかし、外交権の移動によって、すぐに「ミカド」に対する忠誠へと回帰することは想像に難くない。大君の虚偽の権力は地に墜ち、大君は「ミカド」の臣下として、再び相応の地位に落ち着くであろうと主張した。

「ミカド」と結ばれた条約は、外国人と日本人の双方にとって、平等に莫大な利益をもたらし、日本における外国人の生命と財産は保護され、外国人は日本で安全に暮らせるだろう。しかも、いかなる内乱も、もはや起こらないことは自明であるとつけ加え、山尾らは話を結んだ。

なお、ラッセルはこの覚書の中で、日本に駐在する外国勢力の外交代表たちは、まったくと言ってよいほど、大君の家臣たちによって語られたことや、通常の公式会見によって推論される印象から判断しなければならない。その上で、彼らは行動することを強いられているとの不満を述べる。

そして、時々は密かに、大名たちの家臣から多少の情報を得ることができる。しかし、実際には、不自然にもこれらの人々は、自国にいる時はいつも、大君の監視下に置かれており、多少なりとも拘束され、残念ながら真実の半分も話せないように思われる。

よって、これまで少なくともラッセル自身が話す機会を持った、いかなる日本人よりもかなり誠実にかつ自由に話せたように思うと述べ、山尾らの意見は信じるに値することを強調した。

長州ファイブ、英国政府を動かす

ラッセルによる山尾らのインタビューから分かることは、元治元年（一八六四）五月末ごろの段階での山尾らの主張は、攘夷実行の真意は、幕府と外国の不和を引き出し、幕府を弱体化させ、王政復古を実現することにあるとする。

また、欧米列強が幕府に見切りをつけて、現行の通商条約をいったん破棄し、天皇と直接交渉することによって、新たな通商条約を結び直すことを強く進言する。つまり、外交権を幕府から奪うという、武力を伴わない平和裡な手段によって、王政復古を目指していることがうかがえる。

しかも、もうこの段階では長州藩のみの方向性ではなく、多くの大名がその方向に同意しており、国民もそれを支持していると訴えている。まさに、武力を伴わない倒幕である。この構想は、井上・伊藤が帰国する前から、長州ファイブとして練られた現状打開策であった。

現実問題として、当時の長州藩は、文久三年五月以降の下関での攘夷戦によって、多大な損害を被り、しかも八月十八日政変によって中央政局から追放され、八方ふさがりの状況にあった。このインタビューは、禁門の変（元治元年七月）の直前であり、四国連合艦隊による下関砲撃（同年八月）の足音が聞こえていた段階に行われていた。

山尾らが、こうした状況をどこまで把握できていたかははっきりとしないが、彼らはイギリス外務省を通じて、同国政府を動かそうとしていた。そして、イギリスという世界一の大国の外圧を利用して、ラッセル覚書の内容を実現しようとしたのだ。まさに、長州ファイブによる外交工作であった。

この工作は、一つの成果を挙げた。というのは、オールコック公使から下関遠征計画の報告を得たラッセル外相（山尾らにインタビューしたレジナルド・ラッセルとは別人）は、「ラッセル覚書」からおよそ一ヶ月後にあたる七月二十六日付訓令の中で、下関遠征計画を否定し、外国貿易に好意があると思われる勢力への積極的な支持を要求している。

残念ながら、この訓令が届く前に、四国連合艦隊による下関砲撃は行われてしまったが、その責任を取らされたオールコック公使は解任された。このように、長州ファイブの外交工作は、間違いなくイギリス政府を動かしており、その努力は決して無駄にはならなかったのだ。

3　寺島宗則と英国首脳の交渉――英国の対日政策の転換

寺島・レイヤード会談――幕府の貿易独占権の打破を要請

ここからは、薩摩スチューデント・寺島宗則の対英交渉の業績を見ていくことにしよう。その前に、寺島外交に大きくかかわることになる一人の人物、作家・旅行家・外交官・神秘主義者といった、たくさんの肩書を持つ英国人、ローレンス・オリファントについて触れておく。

彼は、すでに本書でも何度か登場しているが、熱烈な親日家としても知られている。オリファントは、日本との通商条約を締結するため派遣されたエルギン伯爵の秘書として、安政五年（一八五八）六月に来日し、日英修好通商条約の調印に立ち会った。

オリファントはこの時の経験を、『エルギン卿遣日使節録』として出版している。なお、その後、外交官として日本に赴任することになるアーネスト・サトウは、この本に感銘を受け、日本行きを決意している。

オリファントは、オールコック公使から一等書記官に任命され、文久元年（一八六一）五月に再来日した。当初は、オールコックの一時帰国中の代理公使を務める予定であった。しかし、到着早々の五月二十八日、攘夷派の水戸藩浪士に襲撃された第一次東禅寺事件で重傷を負ったため、早々の帰国を余儀なくされた。

しかし、一回目の来日で日本の穏やかで友好的な国民性や、風光明媚な情景に魅せられていたオリファントは、これ以降も親日派としての姿勢を変えることはなかった。薩摩スチューデントが到着した時には、当選直後の英国下院議員であった。

寺島らはイギリスに着くやいなや、グラバーの紹介状を携えて、このオリファントを訪ねた。オリファントは彼らを歓待し、イギリスをはじめとする西欧諸国の国情を詳しく説明した。その上で、オリファントは寺島が驚くような日本に対する警告を、純粋な好意に基づいて行っている。

その内容は、欧米列強が日本と貿易すれば、必ず日本の財を奪い尽くしてしまうだろう。そのことを思うと、日本の行く末が心配であるとの忠告であった。寺島は、そのような警告を率直に話す外国人は、今までいなかったと驚き、オリファントに全幅の信頼を寄せた。そして、これ以降、今後の日本外交についてオリファントに相談することになった。

そして、寺島はロンドン到着から一ヶ月ほど後の慶応元年六月六日（一八六五年七月二十八日）、オリファントの仲介によって外務次官レイヤードとの会見を実現した。寺島は薩摩藩の正式な使節として、藩政府の覚書を手渡し、イギリスの好意的な協力を求めた。

その覚書によると、外交権を幕府から朝廷に移行させ、貿易独占権を幕府から奪うとともに、大名が治める所領において、自由に港を開かせる。そして、真の意味での自由貿易を日本にもたらすことへの尽力を要請している。

ラッセル外相

この直後、ラッセル外相が駐日公使パークス（オールコックの後任）に発した訓令（八月二十三日付）の中で、幕府の貿易独占権を継続する態度に疑問を表明した。さらに、薩長の貿易開始への意向を高く評価していることは見逃せない。

ラッセル外相が、このような情報を寺島以外から入手できるはずがない。そもそも、ラッセル外相は個人的には日本人との接触がなく、外務次官レイヤードからの報告は密であった。また、英国公文書館には、この手の史料は他に存在していない。

しかも、ラッセル外相は薩摩藩だけでなく、長州藩の対外方針にまで言及している。これは明らかに、事前に寺島が山尾とすり合わせをしている結果であろう。それにしても、ラッセル外相がパークスに対してまで、わざわざ訓令している事実は寺島外交の大きな成果である。

しかし、ラッセル外相は、外交権を幕府から朝廷に移行させることに尽力せよとまでは指示していない。この段階では第二次長州征伐が進行していたが、あくまでも幕府と長州藩、いずれにも肩入れせずに、内戦には不干渉、つまり、局外中立を維持することを求めている。イギリスの真の希望は、あくまでも通商条約が履行されて自由貿易が円滑に行われることであり、日本の植民地化といった政治的な野心は抱いていなかった。

その後、寺島の外交工作は小康状態にあった。これは、パーマストン首相が急死したことに伴う、政局の移行期にあたったためである。しかし、一八六五年十一月六日に第二次ラッセル内閣が誕生すると、事態は好転し始める。

このラッセル首相というのは、ここまで述べてきた、また、前節で述べた長州ファイブの外交工作において、ラッセル覚書を受け取ったラッセル外相その人であった。ここでも、寺島と英国トップとの仲介の労を取ったのは、オリファントであった。オリファントは新しく外相となったクラレンドンに対し、寺島との面会を求めた。

それに先立ち、オリファントは書簡をクラレンドンに送っている。そして、寺島が以下の内容を、イギリス政府をはじめとする通商条約締結国から、「ミカド」（天皇）に要請して欲しいと考えていると伝えた。

クラレンドン外相

その内容は、徳川御三家、国持十八大名、その他「ミカド」が助言を必要とする大名を招集し、京都で会合をすること。「ミカド」は招集した大名に対し、すでに批准した条約に署名させること。大名による批准後、各国公使は大坂で諸大名の代理人と会合し、批准を交換するというものである。

しかし、これを行うためには、「ミカド」・大君・諸大名による協議が必要となり、それは最低でも三ヶ月は要することになる。いずれにしろ、これが実現すれば、外交に関して、大君と諸大名の関係が一新されるとしている。どのように一新されるか具体的な言及はないが、双方が天皇の下で外交権を有するということであろう。

続けて、このことが実現せず、大君が新たな開港場所を定めるなど、貿易独占を継続するならば、大君と諸大名は戦争を始め、日本全国が内乱状態になるだろうと締めくくった。これは、通商条約の忠実な履行による自由貿易の促進を望んでいる、イギリスへの脅しとも捉えることができよう。

寺島・クラレンドン会談とその影響

こうしたやり取りが行われる中、一八六六年三月二十五日、四月二十六日（慶応二年二月九日、三月十二日）の二度にわたって、オリファント同席のもと、寺島とクラレンドン外相の面会が行われた。寺島からは、オリファント書簡と同様の申し入れがなされた。外務次官レイヤードとの会見から、すでに八ヶ月が経過していた。

寺島の後日談によると、クラレンドンは寺島の要請を受け入れ、駐日公使パークスに対して「帝権復興（王政復古）に助力せよ」（『薩藩海軍史』中）と訓令を発したとしている。しかし、実際には、イギリス政府は日本における特定の政治的勢力との同盟を求めず、単に貿易の発展と市場の拡大を志向していた。

この事実は、寺島の発言と齟齬を来しており、寺島の意向通りにイギリスの日本政策を転換するには至らなかった。寺島が誤解したのか、クラレンドンの社交辞令だったのか、その真相は分からない。とはいえ、寺島の工作は大きな成果をもたらすことになった。

というのも、クラレンドン外相はパークス公使に対し、幕府以外の諸藩も通商に参加させることが、国内の平和をもたらすと幕府に主張すること、もし内乱が発生した時は、厳正中立を維持することを訓令したからである。

確かに、クラレンドンは幕府から外交権を奪い、それを朝廷に移行することに加担することなく、引き続き局外中立を守ることを命じている。しかし、寺島の工作によって、日本の内乱の火種が幕府の貿易独占にあることを、イギリス政府に認識させたことは重要である。

クラレンドンの訓令が寺島外交によることは、外務次官エドモンド・ハモンドのパークス宛の「私的な極秘の書簡」（一八六六年四月二十六日、慶応二年三月十二日、『パークス伝』）によって明らかとなる。

ハモンドは、この書簡の内容は、クラレンドンがイギリスにいるある薩摩藩士（寺島）から得た情報であり、その内容をパークスに伝えるようにと、クラレンドン自身がハモンドに依頼したものであるとして、次のような内容を極秘に伝えた。

諸大名が表面的に外国人を敵視しているのは、幕府が諸外国との貿易利益を独占しているからである。このことが、幕府と諸大名の争点であり、すべての内乱の原因であるとする。そして、幕府は二つの危機にさらされており、それは通商条約の不履行によって、諸外国と対立するか、あるいは履行することによって、諸大名と対立するかのどちらかである。

この二つの危機を回避する方法として、幕府が、正当な特権として独占している貿易の権利を、諸大名にも許可することを挙げる。また、そのためには、天皇・将軍・諸大名の自由な議論を必要とすると、寺島は主張したとハモンドは述べた。

この内容は、先の寺島・クラレンドン会談での寺島の要請そのものである。繰り返しになるが、寺島は幕府の貿易独占権を諸悪の根源として弾劾し、その打破なくしては、イギリスが求めるような貿易環境の整備、貿易のさらなる推進は不可能であるとした。

そのための、天皇・将軍・諸大名によって日本の対外方針を決定する国是会議の開催の後押しを寺島は期待し、その先にある幕府のなし崩し的な崩壊を企図したのだ。

ハモンドは寺島の意見を伝えた上で、日本の体制が変更される場合、日本人のみの力によって成し遂げられたように見えなければならない。そして、イギリス人の望むものとは異なる方法であったとしても、真に永続的で有益なものであるためには、新体制が完全に日本独自の方法による体制変革であるとの印象を、日本人に与えるものでなければならないと示唆した。

ハモンドは、寺島の日本の政情分析を正しいものと判断しながらも、あくまでもイギリスとしては局外中立を守ることをパークスに求めていた。事実、パークスは、このイギリス本国の指針に沿う形で対日政策を展開した。

例えば、将軍家茂が第二次長州征伐のために大坂にいた慶応元年（一八六五）九月、朝廷に通商条約の勅許を直接求めて兵庫沖に侵入し、それに成功する。また、慶応二年（一八六六）五月の改税約書によって、諸大名の貿易参加を実現し、幕府の独占権を打破した。そして、第二次長州征伐や戊辰戦争では局外中立を守った。

パークスは、幕府以外の諸藩も通商に参加させること、内乱が発生した時は厳正中立を維持することという訓令を見事に成し遂げたのだ。

一方で、外交官として卓越した資質を有したパークスは、的確な状況判断をするために、組織的な諜報活動によって膨大な重要資料を入手している。その中には、薩摩藩士が兵庫開港に反対する上書写しなども含まれる。そうした情報の分析を通じて、幕府権力が回復不可能になっていく過程を正しく把握することができた。

パークスは大政奉還にあたっては、権力を犠牲にする尊さを教えたとして、徳川慶喜を称賛したが、その裏では「ミカド」に提出するかも知れない信任状の送付を、イギリス政府に要請することも忘れていなかった。

慶応四年（一八六八）閏四月一日、パークスは大坂城にてヴィクトリア女王の信任状を明治天皇に提出し、外国による明治政府の最初の正式承認を行った。これが叶ったのは、パークスの政治家・外交官としての資質の高さであろう。このパークスの態度によって、当時、戊辰戦争に日和見的だった列強の帰趨は決まったと言えよう。

以上見てきた通り、長州ファイブ・薩摩スチューデントとの、主として山尾庸三と寺島宗則によるロンドンでの外交活動によって、日本における政争の本質を、イギリス政府に伝えることが叶った。そして、以後のイギリスの対日政策は、それが前提となって構築された。

確かに、局外中立を守ることが、イギリスの政策の中心ではあったものの、いち早く幕府を見限り、新政府を承認できたのは長州ファイブ・薩摩スチューデントからの情報の中に、薩長の優越性を感じ取っていたからであろう。彼らの活躍は間違いなく、幕末政治史に記されるべきである。

おわりに——本書のまとめとして

本書では、これまでの多くの研究成果をもとにして、外国との対立・交渉史をメインに据え、攘夷思想を基軸とした対外認識論や幕末政治・外交史を深化させ、新たな幕末維新期の側面を提示することを目的とした。具体的には、幕末日本人がどのように鎖国から開国に舵を切っていったのか、その際には、攘夷思想とどのように折り合いをつけていったのかを丹念に追求した。

また、幕末日本人がどのような世界観を持つに至ったのか、世界を舞台に、世界を相手にどのように対応して危機を乗り切ったのかを、幕府や諸藩の動向、さらには、海外に派遣された使節や留学生の実態を通じて明らかにしてきた。本章では、これまで明らかにしてきたことを総括し、あらためて幕末の日本人が世界をどのように見ていたのかを論じたい。

対外政策の変転——即時攘夷から未来攘夷へ

幕末の日本は、欧米列強によるウエスタンインパクトの波に飲み込まれ、植民地にされるかも知れない未曽有の危機を迎えた。しかし、ペリー来航（一八五三）を迎えたまさにその時、国中がパニックになり、なす術もなく植民地化の道を歩んだかというと、そんなことはなかった。それまでに、知らず知らずに欧米列強と接触する十分な準備がなされていた。

江戸幕府は、中国帝国が形成する冊封体制外に日本を位置付け、東アジア的華夷思想に基づく「日本型華夷帝国」を形成し、海禁の一形態である「鎖国」政策を採用した。その後、十八世紀末からロシアが蝦夷地方に南下を始め、イギリスが日本各地に出没をしたことから、幕府は無二念打払令を出すに至った。

しかし、アヘン戦争（一八四〇〜四二）での清の敗北は、日本中を震撼させるに値した。我が国の対外政策は、撫恤政策である薪水給与令に改められ、来るべき西洋との接触に備えた。つまり、国是である鎖国は破棄することなく、撫恤政策の枠内で、何とか穏便に欧米列強と交際しようとしたのである。

その一方で、後期水戸学の登場によって、尊王攘夷論が勃興し、ナショナリズムの全国への浸透がもたらされていた。しかし、アジアに進出を始めた欧米列強の強大な軍事力を目の当たりにし、攘夷実行の時期や策略をどうするのかが、日本にとって大きな課題となった。

幕府は和親条約の締結（一八五四）によって、通商は回避して鎖国を守ることが叶ったものの、欧米列強に圧倒的な軍事力の差を見せつけられ、通商条約の締結は免れないものと覚悟した。岩瀬忠震ら海防掛は、むしろ積極的に開国し、富国強兵を主目的とした貿易開始の方針を打ち出した。この積極的な開明路線は、老中阿部正弘の支持するところとなり、鎖国から開国への対外方針の大転換が企図された。

この積極的な開明路線への転換には、幕閣の世界観が欧米列強との頻繁な接触によってグローバル化したことと、軍事的には欧米列強に歯が立たないという現実的な判断が背景にあった。また、この志向性は多かれ少なかれ、当時の諸侯階級においては、共通の対外認識であった。攘夷を声高に叫び続けた徳川斉昭ですら強硬な攘夷行動ではなく、「ぶらかし」戦法を支持していた。

通商条約は、鎖国から開国への対外方針の転換であると同時に、国体の転換を伴うものであった。問題は、国体の転換が自身の御代に起こることを痛烈に嫌い、勅許を許さない孝明天皇の存在であった。幕府は列強と朝廷の板挟みとなり、窮した挙げ句に通商条約を勅許なしで調印（一八五八）してしまった。

我が国は通商条約を締結し、対外的には開国政策を取りながら、国内的には、国是は依然として「鎖国」（攘夷）のままであった。そこで幕府は、開明路線から「未来攘夷」へと舵を切った。今回の通商条約は一時的なもので、いずれ攘夷を実行すると宣言したのだ。朝廷に対する方便でもあったが、幕閣の意志は間違いなく、武備充実後の攘夷実行にあった。

一方で、孝明天皇が認めない通商条約を、どうしても許せない勢力が登場する。久坂玄瑞を中心とする松下村塾グループに引っ張られた長州藩や、三条実美などの過激廷臣である。長州藩は、「未来攘夷」策である航海遠略策を捨て、「即時攘夷」を唱えて国政をリードした。

富国強兵を図って、世界に雄飛しようとする長州藩の主張は、航海遠略策そのものであり、孝明天皇が承認した対等な立場での通商条約であれば、むしろ歓迎する姿勢を示した。しかし、あくまでも勅許がある通商条約しか容認しない立場であり、尊王をないがしろにした幕府のやり方には断固として抗する強烈な志向があった。

しかし、長州藩は下関戦争（一八六三～六四）によって、欧米列強の前に沈黙を余儀なくされた。また、八月十八日政変（一八六三）や禁門の変（一八六四）によって、国政でも失脚してしまい、引き続き起こった第一次長州征伐（一八六四）によって、「即時攘夷」を推進する一派は、ここに潰えた。しかも、その一年後に通商条約は勅許されてしまい、理論的には我が国から攘夷は消え失せてしまう。この間に、長州藩も「即時攘夷」から「未来攘夷」へと、世界観の転換を余儀なくされた。

一方で、薩摩藩は島津斉彬による集成館事業や建艦などの富国強兵策が実行されていた。斉彬も、その路線を引き継いだ久光も、海洋国家特有の開明的な世界観を有しており、「未来攘夷」を志向して国政への参加を画策していた。通商条約の締結後は、小松帯刀が中心となって、積極的に軍艦や武器の買い付けに奔走しており、幕府を軽んじて藩地における開港すら視野に入れ、さらなる富国強兵策を推進しようと企図していた。

そんな中で起こった生麦事件（一八六二）は、まさに偶発的な事件であり、薩摩藩の世界観の変化によって生じた攘夷行動ではなかった。その後の薩英戦争（一八六三）も、イギリス側は戦闘に及ばないと確信していたほどで、事実、薩摩藩の「未来攘夷」志向はゆるぎのないものであった。しかし、イギリスの要求が誤伝されたため、戦闘に至ってしまうのだが、この衝突が転じて福となり、薩英両国は友好関係を築くことになる。

軍需貿易をめぐる幕府と雄藩の対立

通商条約によって貿易が始まったが、その中心は武器類や軍艦といった軍需品であった。軍需貿易は、日本の植民地化を防ぐため、武備充実を図る目的で規模を拡大しながら推進された。その後、幕府と西国雄藩の対立が深まると、軍需貿易は雄藩が藩地での割拠を実現したり、幕府と雄藩が激突する内乱に両者が備えたりする目的に転換した。

幕府は開港当初（一八五九）より、武器類については諸藩の購入を許可していたが、文久三年（一八六三）七月以降は、これを事前の届け出制にしている。また軍艦は、文久二年（一八六二）七月以降、諸藩の購入を許可したが、神奈川奉行・長崎奉行・箱館奉行経由による注文とした。

このように、幕府は諸藩の武器・軍艦の購入を認めていたが、結果として、いずれも常に幕府の了解が必要であった。抗幕姿勢を強める薩摩藩や長州藩などがこれを嫌い、いわゆる密貿易によって、幕府を通さずに軍需品を買い求めることになったのは、当然の成り行きであった。

西国雄藩は、軍需貿易の事前許可といった幕府の統制を忌避し、また、幕府が貿易利益を独占する構造を厳しく非難し続けた。薩摩藩はイギリスという外圧を利用し、薩摩スチューデントのロンドン外交での活躍もあずかって、改税約書（一八六六）の締結に関与した。これによって、諸大名の貿易参加が実現し、幕府の独占が打破されることに成功した。

海外渡航と近代日本人の誕生

幕末日本人の世界観の転換は、こうした国内での外圧によるものだけでなく、使節や留学生といった海外渡航によってももたらされており、むしろこちらの方が重要であろう。最初に幕府であるが、欧米への使節団の派遣は合計七回にも及んだ。

その目的は、条約批准書の交換、条約内容の変更や国境画定の交渉、軍需品の購入など多岐にわたった。池田長発らは、西洋文明に圧倒されながらも国際情勢をつぶさに観察し、日本の置かれている立場を十分に理解して、幕府に先進的で示唆に富む建白を行うに至った。

また、視察団の任務として「夷情探索」も重要であった。福沢諭吉ら「夷情探索」要員は、西欧の政治・社会・文化・教育・軍事などを熱心に視察し、西欧文明を形成する近代市民国家を深く洞察した。身分秩序の厳格な日本のような封建社会よりも、言論の自由が保障され、能力主義が徹底した西洋的な平等社会の方が、植民地化や内乱勃発の危機的状況を乗り切るのに適していると判断した。

このように、彼らの世界認識が、封建社会の容認から否定へと劇的に変化していることがうかがえる。また、この共通する国際認識の前提として、国家間の対等性や、秩序を維持する「万国公法」（近代国際法）への理解の始まりを感じ取ることが可能である。

海外渡航において、幕府使節団よりも重要な存在は、百三十名にのぼった留学生である。海外渡航の解禁は慶応二年（一八六六）であったが、それ以前から長州ファイブや薩摩スチューデントが非合法にロンドン渡航を果たしている。この両者は、留学生の中で最も知られた存在であるが、幕府留学生である西周と津田真道も軽視してはならない。

西らは、アジアが直面する西欧列強による植民地支配という事実の一方で、欧米間では普遍的な国際法の支配、つまり、万国公法によって国家間の平等や平和が保たれている事実を理解した。そして、列強の帝国主義的侵略行為への対抗措置として、万国公法に基づく世界新秩序に対応し得る統一国家としての日本を意識したのだ。

そのためには、国体の変革なくして、つまり、封建制から立憲制への移行なくして、日本は立ち行かないことを認識した。西と津田は西欧を体験し、そこから学ぶことによって、いち早く近代日本人に成長していた。

一方で、長州藩は早くから、海軍建設や「夷情探索」を心がけていたが、外国船砲撃といった即時攘夷の実践の中で、海軍建設などの方向性が失われつつあった。そんな中で、井上馨は勝算のない軽挙は慎むべきであり、即時攘夷の実行のため、そして、対等な通商条約を結ぶために海軍建設を最優先すべきであると考えた。

井上は、海軍建設のためには「生きたる器械」、すなわち海外渡航をして西洋の優れた産業・技術、とりわけ海軍を中心とした軍事技術を身に付け、様々な西洋事情に精通した人材になることを決心した。井上に賛同した伊藤博文らを加えた長州ファイブは、文久三年（一八六三）にロンドンに渡航した。

一方、遅れること約一年半、慶応元年（一八六五）にロンドンに到着した薩摩スチューデントは、五代友厚の上申書を契機に実現した。留学生は十五名で、開成所から多数が選ばれている。特定の家柄、年齢からではなく、幅広く選抜されており、思想的にはあえて攘夷思想が強い上級家臣が含まれた。また、五代や寺島宗則ら四名が使節として、この一行に加わった。

五代らの使命は、大名領にある港を開港し自由貿易ができるように、イギリス政府に協力を求めること、富国策の実現のため、外国市場を調査して紡績機械などを購入すること。さらに、強兵策の実現のため、必要な軍艦・武器などを調査・購入すること、必要な西洋知識を受容するために留学生を同行し、現地で諸々の手配をして監督することにあった。

長州ファイブは全員が自ら志願し、「生きたる器械」となることを使命としており、それこそが日本の将来に役立つと信じ、そこに邁進した。その過程で、長州藩、その先の日本の危機を知り、藩意識を超えて日本の将来を危惧するナショナリズムの高揚と、植民地化への危機感が醸成された。

そして、王政復古による国家統一を成し遂げ、攘夷という誤った見識を打破し、真の開国を国家の方針としなければ、日本を独立国家として維持することはできないという認識に至った。そこには、近代日本人としての意識の萌芽が見られ、藩意識を超えて国家レベルでの世界観を持つことができた。

薩摩スチューデントでは、五代と寺島が近世日本社会を脱した、近代日本人としての国家観と言えるレベルに達していた。彼らは欧米に対抗できる国家形成のため、天皇を戴く中央政権の下に挙国一致体制を構築し、藩権限は抑えるべきではないかという考えに至った。版籍奉還、その先の廃藩置県を見据えており、その考えはすでに明治国家を先取りした極めて斬新なものであった。彼らの世界観も藩を突き破って、日本という国家レベルにまで到達していたのだ。

ところで、長州ファイブと薩摩スチューデントはロンドンで邂逅している。当時の日本における薩長関係は最悪の段階であり、不倶戴天の敵に相違なかった。しかし、彼らは西洋の巨大な文明、軍事力をまざまざと見せつけられ、日本の危機を肌で悟っていた。藩同士がいがみ合い、つぶし合うことは愚の骨頂であり、むしろ連帯して外国にあたるべきであるという思いを強くした。

こうして、同じ日本人として、薩摩も長州もなく、異国の地で手と手を取り合った事実は軽視できない。彼らは日常的に交流を持ち、政治的密議を凝らす中で、将来的な共同による幕府対峙を志向するに至った。まさに、ロンドン薩長同盟の結成である。薩長同盟が日本に先駆けて、ロンドンの地で結ばれたのだ。

薩摩スチューデントと長州ファイブの活動は、海軍技術を中心とする西洋文物の修得に止まらなかった。薩摩スチューデントの寺島宗則は自力で、一方、長州ファイブの山尾庸三らは他力ではあったが、イギリスの対日交渉に影響を与える活動を行った。

まず、山尾らは外交権を幕府から奪うという、武力を伴わない平和裡な手段によって、王政復古を目指していた。そして、この考えは今や長州藩のみの方向性ではなく、多くの大名が同意しており、国民もそれを支持しているとイギリス政府関係者に訴えている。まさに、武力を伴わない倒幕である。

イギリス政府は山尾らの発言を重視し、オールコック駐日公使に対し、下関遠征計画を否定し、外国貿易に好意があると思われる勢力への積極的な支持を要求している。残念ながら、この訓令が届く前に、四国連合艦隊による下関砲撃（一八六四）は行われてしまったが、その責任を取らされてオールコックは解任された。

一方で、寺島はイギリス政府高官に対し、幕府の貿易独占権を諸悪の根源として弾劾し、その打破なくしては、イギリスが求めるような貿易環境の整備、貿易のさらなる推進は不可能であると主張した。そして、その打破のためには天皇・将軍・諸大名からなる、日本の対外方針を決定する国是会議の開催の後押しを要請した。寺島は、その先にある幕府のなし崩し的な崩壊を企図していたのだ。

イギリス政府は、寺島の意見をパークスに伝え、あわせて局外中立を求めた。パークスは、幕府以外の諸藩も通商に参加させること、内乱が発生した時は厳正中立を維持することという訓令を見事に成し遂げた。これは、寺島の工作による賜物である。

幕末日本人は、東アジア的華夷思想によって形作られた排外的な世界観から脱し、ある者は国内で外国人と接触したり、様々な海外情報を分析することを通じて、またある者は、自ら海外に渡航して、最先端の制度や文物に直接触れたり、外国人と様々な交渉を通じて、新たなグローバルで近代的な世界観に転換が図られた。

そして、その新しい世界観によって、幕末人は欧米列強による植民地化から我が国を守り、未曽有の大転換期である時代を乗り切ることが叶った。当時の日本人は、ナショナリズムに突き動かされながらも、柔軟でリアリスティックに世界観を転換させ、日本の近代化への架け橋を築いた。我が国は彼らの敷いたレールに乗って、例を見ないスピードで明治国家という近代日本を実現する。

ところで、我が国の近代のスタート地点である幕末とは、本書に登場した多くの若き日本人が、命を賭して欧米列強にそれぞれの立場で対峙した時代である。そして、攘夷思想によって培われ、共有された世界観を改めながら、我が国の植民地化を回避し、明治国家への礎を築いた画期的な時代でもあった。彼らの多くは、日本の危機を救った偉大なる先人であり、現代に直結する最初の近代人であった。

最後に、本書の生みの親であり、最初の読者である草思社の貞島一秀氏に感謝を申し上げたい。締め切りに間に合わなかった原稿を辛抱強くお待ちいただき、かつ、適切なご助言を賜った。心から、重ねて感謝を申し上げたい。

二〇一五年七月十七日

町田明広

主要参考文献

【史料】

今井宇三郎他校注『水戸学』（日本思想大系五三）、岩波書店、一九七六年
石井良助校訂『徳川禁令考』、創文社、一九五九～六一年
東京大学史料編纂所編『幕末外国関係文書』三・十五、東京大学出版会、一九七二年
佐々木克編『史料公用方秘録』（彦根城博物館叢書）、彦根城博物館、二〇〇七年
宮内省先帝御事蹟取調掛編『孝明天皇紀』三・四、平安神宮、一九六七～六八年
山口県教育会編『吉田松陰全集』、マツノ書店、二〇〇一年
藤井譲治・吉岡眞之監修『孝明天皇実録』、ゆまに書房、二〇〇六年
日本史籍協会編『木戸孝允文書』、東京大学出版会、一九八五年
日本史籍協会編『続再夢紀事』、東京大学出版会、一九七四年
信濃教育会編『象山全集』、信濃教育会出版部、一九七五年
鹿児島県維新史料編纂所編『鹿児島県史料 斉彬公史料』、鹿児島県、一九八〇～八二年
鹿児島県維新史料編纂所編『鹿児島県史料 忠義公史料』一～三、鹿児島県、一九七三～七五年
鹿児島県歴史資料センター黎明館編『鹿児島県史料 玉里島津家史料』一～三、鹿児島県、一九九二～九四年
『大日本維新史料稿本マイクロ版集成』、東京大学出版会、一九九七年
『海軍歴史』（『勝海舟全集』）、講談社、一九七三～七四年
一坂太郎編・田村哲夫校訂『高杉晋作史料』、マツノ書店、二〇〇二年
末松謙澄『修訂防長回天史』、マツノ書店、一九九一年復刻
公爵島津家編輯所編『薩藩海軍史』中、原書房、一九六八年復刻
国際ニュース事典出版委員会・毎日コミュニケーションズ共編
『外国新聞に見る日本』、毎日コミュニケーションズ、一九八九年
井上馨侯伝記編纂会編『世外井上公伝』、マツノ書店、二〇一三年復刻
大久保利謙監修、上沼八郎・犬塚孝明編『新修森有禮全集』、文泉堂書店、一九九八年
F・V・ディキンズ『パークス伝』（東洋文庫）、平凡社、一九八四年

【著書・論文】
石母田正『古代国家論』(石母田正著作集第四巻)、岩波書店、一九八九年
石井孝『日本開国史』(歴史文化セレクション)、吉川弘文館、二〇一〇年
松岡英夫『岩瀬忠震』、中央公論社、一九八一年
島田三郎『開国始末』(続日本史籍協会叢書)、東京大学出版会、一九七八年復刻
福地源一郎『幕末政治家』(東洋文庫)、平凡社、一九八九年
福地源一郎『懐往事談』(『幕末維新史料叢書』第八巻〈新人物往来社、一九六八年〉所収)
芳賀登「国学者の尊攘思想—大攘夷への道を中心にして」
(日本思想史懇話会編『季刊日本思想史』十三号、五八〜七七頁、一九八〇年)
周布公平監修『周布政之助伝』、東京大学出版会、一九七七年
萩原延壽『遠い崖—アーネスト・サトウ日記抄』一・二、朝日新聞社、一九九八年
宮澤眞一『「幕末」に殺された男—生麦事件のリチャードソン』、新潮社、一九九七年
石井孝『幕末貿易史の研究』、日本評論社、一九四四年
石附実『近代日本の海外留学史』、中央公論社、一九九二年
犬塚孝明『薩摩藩英国留学生』、中央公論社、一九七四年
犬塚孝明『密航留学生たちの明治維新—井上馨と幕末藩士』、日本放送出版協会、二〇〇一年
犬塚孝明「研究余録 レジナルド・ラッセル覚書—長州藩留学生の日本情報」
(日本歴史学会編『日本歴史』六六一号、六七〜七四頁、二〇〇三年)
青山忠正『高杉晋作と奇兵隊』、吉川弘文館、二〇〇七年
大久保利謙「五代友厚の欧行と、彼の滞欧手記『廻国日記』について」
(立教大学『史苑』二二号、二〇〜四一頁、一九六二年)

【拙著】
『島津久光＝幕末政治の焦点』、講談社、二〇〇九年
『幕末文久期の国家政略と薩摩藩—島津久光と皇政回復』、岩田書院、二〇一〇年
『攘夷の幕末史』、講談社、二〇一〇年

町田明広 まちだ・あきひろ
1962年長野県生まれ。上智大学文学部・慶應義塾大学文学部卒業。佛教大学文学研究科修士課程・同博士後期課程修了。博士（文学）。日本近現代史（明治維新史・対外認識論）研究者。明治維新史学会理事。神田外語大学専任講師。千葉商科大学・佛教大学非常勤講師。著書に『攘夷の幕末史』（講談社現代新書）、『島津久光＝幕末政治の焦点』（講談社選書メチエ）、『幕末文久期の国家政略と薩摩藩——島津久光の皇政回復』（岩田書院）がある。

グローバル幕末史
幕末日本人は世界をどう見ていたか

2015年8月26日　第1刷発行
2019年7月18日　第2刷発行

著者……町田明広
2015 ©Akihiro Machida
装幀者……岩瀬　聡
発行者……藤田　博
発行所……株式会社草思社
〒160-0022
東京都新宿区新宿1-10-1
電話　営業03（4580）7676
　　　編集03（4580）7680
振替　00170-9-23552
本文組版……浅妻健司
印刷所……中央精版印刷株式会社
製本所……大口製本印刷株式会社

ISBN978-4-7942-2152-0 Printed in Japan　検印省略

草思社刊

犬たちの明治維新 ポチの誕生　仁科邦男

松陰の米国密航を阻んだ横浜の村犬、ペリー艦隊に乗船し渡米した狆、犬連れ西郷の西南戦争……犬関連の史料を渉猟し全く新しい明治維新像を描く。

本体1600円＋税　四六判

異形の維新史　野口武彦

戊辰戦争での博徒たちの暴走、岩倉使節団の船中猥褻裁判、毒婦・高橋お伝の名器解剖……人間の欲望から幕末維新のもう一つの姿を描く傑作読み物。

本体1800円＋税　四六判

百姓たちの幕末維新　渡辺尚志

幕末の百姓たちの衣食住から、土地と農業への想い、年貢をめぐる騒動、百姓一揆や戊辰戦争へのかかわり、明治になってからの百姓までを希少な史料から詳説。

本体1800円＋税　四六判

かたき討ち 復讐の作法　氏家幹人

自ら腹を割き遺書で敵に切腹を迫る「さし腹」、先妻が後妻を襲撃する「うわなり打」……討つ者の作法から討たれる者の作法まで近世武家社会の実態が蘇る。

本体780円＋税　草思社文庫